Hummeln im Hintern
So erreichst Du alles was Du willst

SEBASTIAN WICK

Hummeln im Hintern

So erreichst Du alles was Du willst

Bibliografische Information der Deutschen Nationalbibliothek:
Die Deutsche Nationalbibliothek verzeichnet diese Publikation in der
Deutschen Nationalbibliografie; detaillierte bibliografische Daten sind im
Internet über http://dnb.dnb.de abrufbar.

ISBN: 978-3-7412-7173-1
1. Auflage 2016

Umschlaggestaltung: Cruzialdesigns
Illustrationen: Sebastian Wick
Bildnachweis: Bigstockphoto.com, iStockPhoto.com
Herstellung und Verlag: BoD – Books on Demand, Norderstedt

© 2016 Sebastian Wick
Alle Rechte vorbehalten. Vervielfältigung, auch auszugsweise, nur mit
schriftlicher Genehmigung des Autors.

www.sebastianwick.com

Inhalt

Einleitung 11

Kapitel 1
Philosophie 21
    Leben 23
    Der blinde Gelehrte 24
    Die drei heiligen Steine 26
    Das Sequenz - Problem 29
    „Warp 8, Mr. Sulu!" 30
    Mentale Überhitzung 31
    Gewohnheitsdenken 32
    Ein neues Erfolgsbild 34
    Aufzug: Nach oben bitte! 37
    Denken 39
    Wahrnehmung und Realität 40
    Die eine Realität 42
    Tod 43
    Dein Lebenszweck 45
    Action Steps 46

Kapitel 2
Unser Universum 49
    Die Struktur der Wirklichkeit 49
    Gott = Eine gespaltene Persönlichkeit? 51
    Infinitisimale Annäherungsversuche 55
    Die Physik des Allerkleinsten: Crashkurs Quantenphysik ...58
    Deep Dive: Tiefer hinab ins Kleine 62
    Zurück in die Zukunft 65
    Aber was bedeutet das nun alles? 67
    Vom Teilchenbeschleuniger in den Schoß Gottes 70

    Occam's Rasiermesser 74
    Ordnung und Bewegung 76
    Action Steps 79

Kapitel 3
Unser Verstand 83
    Die eine Kraft 83
    Du denkst in Bildern 85
    Veränderung durch Bewusstwerdung 86
    Das ‚Strichmännchen' Modell 87
    Die erste Aufmerksamkeit: Ultimative Freiheit 90
    Die zweite Aufmerksamkeit: Ultimative Macht 92
    Eins oder zwei - wer ist als nächstes dran? 96
    Wege in die zweite Aufmerksamkeit 99
    Gewohnheiten, Routinen und Konditionierung 100
    Der Stein der Weisen: Gedanke und Tat 102
    Erwartung 104
    Überleg Dir gut, was Du Dir wünschst 106
    Sein 107
    Was also bist Du? 109
    Das Rezept 110
    Dankbarkeit 113
    Action Steps 115

Kapitel 4
Unser Gehirn 117
    Welcome to Mental City! 121
    Die Schaltzentrale 125
    Gehirn: Chaos und Ordnung 130
    Sprunghafte Veränderungen 133
    Nootropika: Raketen - Treibstoff für Dein Gehirn 135
    Einsteiger Stack für angehende Nootropisten 139
    Action Steps 144

Kapitel 5
Energieblockaden **146**
   Angst 146
   Der Rhythmus der Veränderung...................................147
   Elektronische Psychotropika 149
   Moderne Ängste 152
   Den Dreck wegräumen..154
   Deine neue Allzweckwaffe 155
   Die Sedona Methode...166
   Die Lefkoe Methode..168
   Neuroloading..173
   Selbsthypnose & Autogenes Training 174
   NLP...176
   Der Booster für Deine Produktivität: Die App „Metamorphose" ..176
   Action Steps..178

Kapitel 6
Motivation **179**
   Motivation...179
   Wie genau entsteht denn nun Motivation?................181
   Was genau willst Du?..184
   Mentales Kino: Deine inneren Bilder 185
   Erfolgseintrittserwartung anstatt Erwartungshaltung.....................190
   Das alte Pärchen aus dem Hinterland.........................191
   Deine inneren Stimmen 192
   Dein neues Hitradio: Mental FM.................................193
   Mental Spa 195
   Der kleinste gemeinsame Nenner des Erfolgs 197
   So baust Du Dir neue Gewohnheiten auf..................199
   So baust Du Dir ein neues Paradigma auf 200
   Selbstsabotage..202
   Action Steps..204

Kapitel 7
Action! **206**
   Der große Aktivator: Action! 206
   Der Imperativ der Handlung 208
   Handle im Hier und Jetzt! 210
   Bist Du ein Nebendarsteller in Deinem eigenen Film? 212
   Vorbereitung 214
   Verbrenne Deinen Plan B - oder besser noch, erstelle ihn gar nicht erst! 215
   Attacke: Massive, kraftvolle und zielgerichtete Handlung! 216
   Schreite mutig voran: Anfangen ist der erste Schritt 219
   Bestimmung - Vision - Ziel 222
   Was willst Du von Deinem Leben? 224
   Der Action - Kickstarter: Die Cortés Strategie 227
   Risiko 228
   Herausforderungen 229
   Action Steps 233

Kapitel 8
Trinity **235**
   Das Power Team 235
   Synergie 238
   Exkurs: Entrepreneurship 242
   Mentoring: Auf der Suche nach Yoda 249
   Die Power des Lernens und Trainierens 253
   Wiederholung: Der Weg zur Meisterschaft 256
   Setze regelmäßig neue Impulse für Dein Gehirn! 260
   Unsichtbare Assets 262
   Action Steps 263

Kapitel 9
Leadership **265**
   Leadership statt Management 266
   Vom Gefolgsmann zum Leader 269

Die Fakten 270
Der Feuerlöscher..272
Autoritätshörigkeit: Die Angst vor langen Job-Titeln 273
Der unbequeme Angreifer 274
Exkurs: Konzern-Idiotie..276
Positive Flucht nach vorne 278
Der „Ein-Minuten-Manager" 280
Junk in = Junk out 286
Let's talk, man!..289
Was zum Henker ist da nur los?!...291
Bleib auf dem Teppich!..293
Action Steps...294

Kapitel 10
Produktivität 296
Deine morgendliche Power Routine: So kommst Du wach und klar in den Tag!...298
Die tägliche Power Agenda: So planst und startest Du Deinen Tag!..302
Aktivitäten Management: Attacke! 307
Mit dem Anfangen beginnen...309
Mit dem Beenden aufhören 310
Hüte Dich vor der Multitasking Falle!..311
Action Steps...316

Epilog 319

Danksagungen 324

Ressourcen 326

Einleitung

„Jeder möchte gern irgendwie die Welt verändern, aber niemand will bei sich selbst damit anfangen."

Leo Tolstoy

Herzlich Willkommen zur vermutlich aufregendsten Reise, die Du in Deinem Leben beginnen kannst - einer Reise zu Dir selbst! Jeder, der diese Art von Reise beginnt, kehrt reicher davon zurück. Reicher an Erfahrungen, Beziehungen, Gesundheit und materiellem Wohlstand. Dinge, die wir häufig als Glück bezeichnen, auf die wir aber viel mehr Einfluss haben, als uns gerade zu Beginn dieser Reise bewusst ist. Und kaum einer kann - einmal damit begonnen - wieder mit dem Reisen aufhören.

Du bist bereits jetzt Teil einer evolutionären Erfolgsgeschichte!

Immerhin bist Du das Resultat eines Entwicklungsprozesses, der seit vielen Millionen Jahren andauert, in denen sich Deine Vorfahren behaupten konnten und überlebt haben. Jetzt geht es aber darum, auch für die Zukunft gewappnet zu sein und ein selbstbestimmtes Leben führen zu können. Wir leben in einer Zeit mit nahezu unbegrenzten Möglichkeiten und doch machen wir so selten wirklich Gebrauch davon. Die meisten unter uns wissen oft intuitiv, was als nächstes zu tun wäre, tun es dann aber doch nicht. Wir können uns einfach nicht aufraffen, etwas Bestimmtes zu tun, oder wir sabotieren unsere Bemühungen unbewusst, sobald wir einmal angefangen haben. Kommt Dir das bekannt vor?

Hummeln im Hintern

Fragt man Menschen nach ihrem Erfolgsgeheimnis, kommt als Antwort oft verständnisloses Schulterzucken oder am ehesten vielleicht noch ein wohlwollender Ratschlag wie „Tu es doch einfach!". Diese Menschen können Dir kaum bei der Beantwortung der Frage helfen. Sie tun etwas richtig, können aber nicht artikulieren, warum sie es so tun. Verlieren sie irgendwann im Verlauf ihres Lebens diese Fähigkeit, sind sie noch schlimmer dran, weil sie bereits vom Baum der Erkenntnis probiert haben und nun nicht mehr in den Genuss davon kommen können. Tatsache ist, dass die meisten erfolgreichen Menschen nur eine sehr vage Vorstellung davon haben, was sie selbst eigentlich dazu befähigt, so zu sein wie sie sind. In der Psychologie bezeichnet man das als „unbewusste Kompetenz". Man kann etwas sehr gut, weiß aber weder genau warum, noch wie. Das ist solange kein Problem, bis es irgendwann mal nicht mehr so rund läuft und man nicht weiß, welche Kurskorrekturen nötig sind, um alles wieder ins Lot zu bringen. Oder auch dann, wenn man einer zweiten Person erklären möchte, wie man es geschafft hat, so effizient zu werden.

Über weite Strecken meines Lebens hatte ich starke Schwierigkeiten, mir überhaupt darüber klar zu werden, was ich gerne wollte. Und wenn es erst darum ging, Dinge zu erreichen, die ich mir vornahm, hatte ich sogar eine regelrechte und scheinbar angeborene Behinderung. Ich stamme aus den neuen Bundesländern und man könnte wohl sagen, dass der Familienwohlstand bei uns gerade vergriffen war und wir stets auf Nachlieferung warteten. Dazu kam, dass meine Eltern sich sehr früh trennten, nach der Wende ihre Jobs verloren und fortan leider nie wieder eine echte Chance bekamen, sich vernünftig in den Arbeitsmarkt zu integrieren. Sie taten alles, was sie konnten, aber ich trug in der Schule dennoch teilweise Klamotten, die davor bereits mein Bruder und davor unser Großcousin getragen hatten. Neue Kleidung kauften wir in der Regel auf Wochenmärkten und nicht in Kleidungsfachgeschäften.

Mein Selbstbewusstsein in dieser Zeit war kleiner als mein Fußnagel und ich begann aus dem Grund auch schon sehr früh, mich mit Themen

Einleitung

der Persönlichkeitsentwicklung zu beschäftigen. Zunächst allerdings noch ohne merklichen Erfolg. So trieb es mich dann auch nach einem abgebrochenen Studium der Physik von einem Gelegenheitsjob in den nächsten. Meine „Karriere" startete ich zunächst als Animateur auf einem Campingplatz in Spanien, dann probierte ich mich als Barkeeper und wurde nach weniger als 2 Stunden gefeuert. Immerhin für einige Jahre hielt ich es als DJ für Hochzeiten und Firmenveranstaltungen aus. Parallel dazu verkaufte ich Nahrungsergänzungen und Körperpflegeprodukte von Haustür zu Haustür. Ich merkte dabei sehr schnell, dass nicht jeder so brennend am Kauf interessiert war wie ich am Verkauf. Die meisten Menschen, die ich auf der Straße ansprach, nahmen sich nicht mal die Zeit, sich anzuhören, was ich zu sagen hatte. Und einige blieben erst gar nicht stehen. Verblüffend und völlig unerwartet, nicht wahr? Aber das waren meine Anfänge. Ich lernte auch, dass man sogar in Konflikt mit dem Gesetz geraten konnte, wenn man einfach wildfremde Leute aus dem Telefonbuch zuhause anrief.

Schließlich erfuhr ich, dass man mit dem Ablesen von Messgeräten an Heizungen recht gute Stundensätze erzielen kann. Da ich mir für beinahe nichts zu schade war, ging ich also für zwei Jahre durch fremde Wohnungen (dieses Mal aber immerhin mit offizieller Genehmigung) bis ich auch davon die Nase voll hatte. Oder die Branche von mir. Das ist aus heutiger Sicht rückblickend schwer zu sagen. Und schließlich kam ich an einen Job im IT-Support eines mittelständischen Unternehmens, das unter anderem von Siemens beauftragt wurde. Das war damals schon beinahe ein Celebrity Job für mich. Für äußerst kurze Zeit dachte ich, dass man als normaler Mensch eigentlich kaum viel höher kommen konnte. Und dann hatte ich auch davon genug und fing an, mir einige sehr ernste und schmerzhafte Fragen in Bezug auf mein Leben zu stellen und Dinge an mir zu verändern, von denen ich zuvor angenommen hatte, dass sie an und für sich völlig in Ordnung seien.

Binnen kürzester Zeit begann sich mein Leben zu drehen. Ich schrieb drei Bewerbungen, bekam damit drei Zusagen für Termine zum Vorstellungsgespräch und entschied mich für ein zweijähriges Traineeprogramm beim zur damaligen Zeit größten Anbieter für performancebasierte Online Marketinglösungen in Europa. Das Traineeprogramm war recht neu und ich war einer der ersten, die es durchliefen und sogar der Einzige, der es jemals komplett durchlief. Es wurde nämlich nach einigen Jahren wieder eingestellt. Über einen Zeitraum von 24 Monaten waren alle relevanten Abteilungen des Unternehmens zu durchlaufen. Die meisten Mitstreiter scheiterten entweder im Sales oder erreichten diese Abteilung gar nicht erst sondern zogen es stattdessen vor, in der aktuellen Abteilung zu verbleiben.

Was für ein gigantischer und kapitaler Fehler!

In der Sales Unit lief ich zur Höchstform auf und lernte mehr als in allen anderen Units zusammengenommen. Ich wechselte nach Beendigung des Traineeprogramms das Unternehmen und ging in ein Start-up, welches in den nachfolgenden Jahren ebenfalls zum Marktführer in seiner Branche wurde und leitete dort die letzten zwei Jahre das gesamte Vertriebsteam bestehend aus zehn phantastischen Mitarbeitern an vier Standorten in Deutschland. Die Umsatzverantwortung lag im mittleren achtstelligen Eurobereich und zu den Kunden zählten Unternehmen wie Apple, Google, Coca Cola, Volkswagen, Microsoft, Deutsche Telekom, Zalando, Vodafone, Deutsche Bank, Saturn-Media Markt und die Allianz.

Ich war für kurze Zeit wieder im Himmel angekommen. Alles um mich herum hatte sich verändert. Von einem bestenfalls liebenswürdigen aber dennoch kompletten Chaoten, der Schwierigkeiten hatte, sein eigenes Leben zu finanzieren und dafür von seinem eigenen Bruder subventioniert werden musste, um nicht auf der Straße zu landen (Danke Großer, wenn Du diese Zeilen liest) zu einem 180° Kurswechsel waren es nur wenige Jahre. Aber der entscheidende Switch in meinem Denken fand sogar nur innerhalb weniger Wochen statt. Schließlich besann ich mich darauf, was mir all diese Quantensprünge in meiner Entwicklung ermöglicht hatte und entschied, meine Erfahrungen mit anderen zu

Einleitung

teilen, die einen ähnlichen oder idealerweise sogar besseren Start hatten als ich, aber das Gefühl nicht los wurden, dass es in ihrem Leben einfach nicht schnell genug vorangeht.

Was ist aber nun das wirklich Wertvolle an einer solchen Erfahrung wie ich sie gemacht habe? Ist es der tolle Job, das Einkommen, das Reisen, sind es die Führungsaufgaben oder die irren Kundenevents? Nein. Das wirklich Wertvolle ist die eine Idee, die mir all das ermöglicht hatte. Und die mir auch in Zukunft ermöglichen würde, alles umzusetzen, was ich mir vornehme.

Und das ist genau das, wonach die meisten von uns suchen. Wir wollen nicht einzelne Erfolge, sondern den Code, gewissermaßen den Fahrplan, der uns all das ermöglicht und komplett vom Start zum Ziel bringt. Einer der Claims, die dieses Buch begleiten ist ja die Behauptung, dass es Dich unaufhaltsam und unwiderstehlich macht, wenn Du alles beherzigst und umsetzt, was es für Dich bereithält. Das mag sich sehr pathetisch anhören. Aber wenn wir genau nachdenken, finden wir, dass ein jeder von uns bereits von Geburt an diese zwei Eigenschaften in sich vereint! Babys sind auf ihre eigene Art unaufhaltsam. Sie hören nicht einfach auf zu sprechen, nur weil es nicht gleich beim ersten Mal klappt. Und sie bleiben sicher auch nicht einfach liegen, wenn es mit den ersten Gehversuchen hapert. Und es gibt wohl kaum eine Diskussion darüber, dass Babys unwiderstehlich sind: Es gibt nicht vieles im Leben, das wir ständig anfassen und küssen wollen. Wir verlernen nur über die ersten Jahre unseres Lebens unaufhaltsam und unwiderstehlich zu sein. Diese zwei Eigenschaften können jedoch wieder neu erlernt werden. Und angehende Eltern können dafür sorgen, dass es mit ihren Kindern erst gar nicht soweit kommt.

Dazu müssen wir jedoch zunächst selbst „bewusst kompetent" werden, um Herausragendes zu leisten und unser inneres Genie zu entfesseln. Und das setzt wiederum ein tieferes Verständnis darüber voraus, wie wir als Individuen funktionieren und unsere Entscheidungen treffen.

Hummeln im Hintern

Ich hatte in den rund 20 Jahren der Suche nie meine Zweifel daran, ob es überhaupt möglich ist, so einen Code zu finden und bin darüber hinaus mittlerweile überzeugt davon, dass man das Resultat regelrecht in Flaschen abfüllen und jedem verabreichen kann, der den entsprechenden Durst danach verspürt. Und genau das werden wir auf den folgenden Seiten auch tun!

Es geht darum, eine gemeinsame Verständnisbasis zu schaffen, die fortan wie ein Handlungsrahmen für alles agiert, was Du tust. Eine bestimmte Art zu denken, die Dir den nötigen Halt aber auch die gewünschte Flexibilität gibt. Von diesem Rahmen ausgehend wirst Du Deine innere Kraft wecken und das Feuer in Dir entfachen! Persönlicher Erfolg kommt nicht so sehr aus den analytisch-rationalen Teilen unseres Verstandes, als vielmehr aus dem Verständnis unserer eigenen Emotionen sowie denen unserer Mitmenschen. Dort befindet sich Deine innere Steckdose. Dein Antrieb!

In diesem Buch erfährst Du, wie Du Dein Leben nach Deinen eigenen Maßstäben gestalten kannst, um mit gleichem oder geringerem Kraftaufwand wesentlich größeren Output zu generieren und dadurch effizienter und produktiver zu werden. Du wirst in jeder Hinsicht darin bestärkt, vermehrt Deinem Herzen zu folgen, Entschlüsse schneller zu fassen und diese dann auch umzusetzen. Und wir bauen uns eine gehörige Portion Mut auf, welchen wir auch brauchen, wenn wir etwas Großes (oder Verrücktes?) anstellen wollen. Gleichzeitig erfährst Du, wie Du vermeidest, dass der anfängliche Schwung an Motivation irgendwann nachlässt und wie es Dir immer wieder gelingt, durch den Ozean an verfügbaren Informationen hindurch zu tauchen, das für Dich Wichtige dabei heraus zu filtern und unnötiges zu eliminieren. Gerade das Eliminieren von Unnötigem wird immer wichtiger. Und keine Angst, Du musst Dich dafür nicht verbiegen oder ein völlig neuer Mensch werden. Denn alles, was Du dafür benötigst, trägst Du bereits in Dir. Wir holen es nur an die Oberfläche!

Einleitung

Die zentralen Fragen dieses Buches lauten daher: Wie finde ich heraus, was ich wirklich von meinem Leben möchte? Wie beseitige ich meine Ängste auf dem Weg dorthin und erfülle mir meine Träume? Und wie installiere ich mir meinen eigenen kleinen Kobold, der mir stetig „in den Hintern" tritt, um das Beste aus mir herauszuholen und nicht mehr von meinem gewählten Weg abzukommen? Alle drei Fragen werden in diesem Buch beantwortet.

Neben der spannenden Möglichkeit individueller Weiterentwicklung gibt es auch eine zwingende Notwendigkeit dazu. Die Entwicklung unserer Technologien schreitet so rasant voran, dass es kaum vorstellbar ist, welche Möglichkeiten uns zu unseren Lebzeiten noch erwarten - in positiver wie auch negativer Hinsicht. Sobald sich unsere künstlichen Intelligenzen schneller entwickeln als unsere eigenen, ist das Ende nah. Wir machen uns auf diesem Planeten obsolet. Das ist kein Affront gegen die Technologisierung. Ganz im Gegenteil. Die Antwort kann nicht lauten, neue Entwicklungen abzubremsen, um mit ihnen Schritt halten zu können. Die einzig richtige Antwort lautet für jeden einzelnen Menschen, eine Verpflichtung einzugehen, sich selbst ständig weiterzuentwickeln und es genauso routiniert zu handhaben wie Atmen, Essen oder das Zähneputzen. Nur so können wir uns als Spezies künftig weiterhin behaupten. Zu schnell vergessen wir in unserer Arroganz, dass wir Menschen unter evolutionären Zeitmaßstäben bislang gerade mal ein Trend sind, noch nicht mal eine Modeerscheinung.

Es gibt enorme Unterschiede in den Ansprüchen jedes einzelnen, das Beste aus sich selbst heraus zu holen und damit auch das Beste aus seinem Leben zu machen. Von Personen, die täglich an vorderster Wissensfront kämpfen hin zu jenen, die einfach nur in den Tag hinein leben und sich damit begnügen, ihr iPhone richtig zu verstehen, ist das gesamte Spektrum abgedeckt. Es gab Zeiten, wo es genügt haben mag, einfach nur sein ‚Leben zu leben'. Nur bin ich überzeugt, dass sich dieses Stadium in rasanten Schritten seinem Ende zuneigt. Wer sich heute aus den zahlreichen, noch ungelösten Herausforderungen keine Aufgabe heraus sucht, sich ihr mit vollstem Einsatz widmet und einen entscheidenden Beitrag leistet, wird mehr und mehr Schwierigkeiten bekommen, mitzuhalten und nicht den Anschluss zu verlieren. Mangelnde Lebensqualität ist ein erstes Warnsignal der daraus resultierenden Konsequenzen. Es geht dabei nicht nur um die elementaren Probleme unseres Planeten, sondern insbesondere auch um die vielen kleinen Probleme des Alltags. Jeder Einzelne kann hier enorm viel Wert stiften und das Leben der Menschen um ihn herum bereichern und verbessern.

Eine weitere Notwendigkeit ergibt sich aus einer Bedrohung ganz anderer Natur: Gewaltsame Konflikte in Form von Kriegen und Terrorismus. Wenn Du der Ansicht bist, Religionen seien die Ursache für viele dieser Konflikte, halte kurz inne und denke darüber nach. Nicht der Glaube an eine bestimmte Religion ist die originäre Ursache für so viele Missstände, sondern etwas viel trivialeres. Etwas, das jedoch durch den Katalysator des Glaubens verstärkt wird und dadurch viel extremere Ausmaße annimmt. Es ist die Perspektivlosigkeit infolge mangelnder persönlicher Ressourcen, einfacher gesagt Armut, welche Menschen in fatale Gesinnungen und Entscheidungen hineintreibt, wenn ihnen vermeintlich nur noch dieser eine Ausweg offen steht. Diese Prämisse ist sehr wichtig für den weiteren Verlauf dieses Buches, da wir uns auch mit dem Glauben - jedoch nicht mit seiner institutionalisierten Form, der Religion - intensiv auseinandersetzen werden. Und zwar mit dem Glauben an sich selbst, aber auch mit dem Glauben an ein universelles Prinzip, welches sich durch Dich hindurch manifestiert.

Sich die hier empfohlene Art des Denkens anzueignen ist bedeutend leichter, als unter den Folgen zu leiden, wenn man es nicht tut. Die Alternative besteht darin, zu versuchen, das Rad von neuem zu erfinden und jeden Fehler zu wiederholen, der irgendwann einmal bereits gemacht wurde. Vielleicht ist Dir diese Philosophie auch gar nicht so neu, nur benötigst Du hin und wieder einen kleinen Motivationsschub, weil Dir die konsequente Umsetzung nicht ganz leicht fällt. Jedenfalls haben wir

Einleitung

damit ein klares Ziel für die kommenden Stunden vor Augen und einiges zu tun. Packen wir es also an!

Das Buch ist so aufgebaut wie Du auch Deine Handlungen initiierst. Erst entsteht ein Bild in Deinem Kopf, dieses löst eine Aktion aus und verändert damit letztlich immer auch ein bisschen etwas von dem, was Du bist. Vom Unsichtbaren beginnend bewegen wir uns kapitelweise zunehmend nach außen hin zum Sichtbaren. Am Ende jedes Kapitels gibt es einige Action Steps, die Dich ins Handeln bringen und Dir dabei helfen, neue und bessere Gewohnheiten aufzubauen. Die meisten Leser werden diese Übungen überspringen. Die wenigen, die es nicht tun sind auch diejenigen, die überdurchschnittlich stark von diesem Buch profitieren werden und ihre Welt nach wenigen Wochen nicht mehr wiederkennen.

Ein sehr wichtiger Bestandteil - vielleicht der kritischste überhaupt - ist die begleitende Smartphone App „Metamorphose". Du kannst sie Dir auf ***www.hummelnimhintern.com*** herunterladen. Nutze sie anfangs täglich für eine halbe Stunde in ruhiger und ungestörter Umgebung. Sie baut ohne Dein Zutun Eigenschaften in Dir auf, die Dich kraftvoll in Richtung Deines Ziels bewegen. Und falls Du Dein Ziel noch nicht kennen solltest, werden wir uns auch darum kümmern. Vielen geht es so, dass sie noch gar nicht genau wissen, was sie eigentlich von ihrem Leben wollen.

Bevor es gleich richtig losgeht, möchte ich gerne noch eine sehr wichtige Anmerkung an meine Leserinnen loswerden: In diesem Buch wird aus Gründen der besseren Lesbarkeit die männliche Form der Anrede benutzt. Diese Ansprache ist jedoch geschlechtsneutral zu verstehen. Bitte fühle Dich als Leserin ebenso herzlich angesprochen wie auch eingeschlossen!

Die kommenden Seiten sind der Anfang einer sehr persönlichen Reise, die - einmal begonnen - Dein ganzes Leben andauern kann, wenn Du es zulässt. Du wirst so fasziniert von den Resultaten sein, die Du in kürzester Zeit in Deinem Leben generierst, dass Du nicht mehr damit aufhören kannst, fortlaufend an Dir zu arbeiten und Dich zu verbessern. Und das garantiere ich Dir bereits an dieser Stelle, sowohl was die Erfolge, als auch die Abhängigkeit anbelangt!

In gewisser Hinsicht bin ich also ein Dealer. Und es wird mir ein riesige Freude sein, Dich von Dir und Deinem schier unermesslichen Potential abhängig zu machen!

Sebastian Wick
München, 22.08.2016

KAPITEL 1

Philosophie

„Alle Welten und alle Wünsche erlangt der, der selbst findet und erkennt. Der Geist ist für die Menschen die Ursache von Fessel und Freiheit. Zur Fessel dient das Haften an der Sinneswelt, die Abkehr von ihr zur Freiheit. Lies, studiere und meditiere ständig die Schriften, doch wenn das Licht einmal in Deinem Inneren aufgeleuchtet ist, lasse sie fallen, wie man eine Brandfackel fallen lässt, wenn man das Feuer entzündet hat."

Upanishaden

Steven hatte als Kind einige Probleme. Er war nicht nur klein und schmächtig sondern hatte auch große Schwierigkeiten, Freunde zu finden. Er war ein Nerd, ein Outsider und wurde von Mitschülern ob seiner jüdischen Herkunft verspottet und sogar verprügelt. Wenn nachts Äste gegen das Haus schlugen, versteckte er sich bei seiner Mutter Leah im Bett. Als er 16 wurde, bekam er eine Videokamera geschenkt und das veränderte für immer sein Leben. Aber auch nach sensationellen Filmerfolgen wie „Der weiße Hai", „E.T. - Der Außerirdische", „Jurassic Park", „Der Soldat James Ryan", „Minority Report" und die Indiana-Jones-Reihe wird Steven Spielberg auch heute immer noch nervös, wenn er Filme macht und er hätte auch nie gedacht, dass sich Zuschauer jemals für seinen Film „Schindlers Liste" begeistern würden.

William hatte es da nicht viel leichter. Von seinen Eltern wegen seiner extremen Schüchternheit zum Psychologen geschickt, verschanzte er sich am liebsten im Keller, um Lexika zu studieren, während andere in seinem Alter draußen spielten. Einige Jahre später wurde Bill Gates zum reichsten Mann der Welt.

Paul wurde kurz nach seiner Geburt als Sozialweise zur Adoption freigegeben. Sein Interesse an Ernährungswissenschaften, Buddhismus, Hinduismus, Zen, Yoga und Spiritualität begleitete ihn sein gesamtes Leben über. Auch öffentlich ein großer Verfechter psychedelischer Drogen, die ihm seiner Meinung nach einen Großteil seiner späteren Erfolge ermöglichten, wollte er ursprünglich nie ein Geschäftsmann werden. Steve Paul Jobs gründete mit Apple die wirtschaftlich erfolgreichste Marke der Welt.

Elon wuchs in Südafrika auf und war ein totaler Einzelgänger. Als Kind wurde er häufig von seinen Mitschülern belästigt. Einmal wurde er verfolgt und eine Treppe herunter gestoßen, woraufhin er ohnmächtig wurde und eine ganze Woche im Krankenhaus verbrachte. Seine Eltern trennten sich, als er 8 Jahre alt war. Nach Schulschluss verbrachte er seine Zeit am liebsten in Bücherläden und las dort von 14 bis 18 Uhr alles, was er über Science Fiction, Comics und später auch Sachbücher in die Finger kriegen konnte. Darunter befanden sich zwei komplette Reihen von Nachschlagewerken mit mehreren Bänden. Wenn er so vertieft über den Büchern hing, tauchte er in eine andere Welt hinab und bekam nichts mehr um sich herum mit. Heute ist Elon Musk bekannt als Mitgründer von PayPal, dem bedeutendsten System für digitales Banking, als Gründer und CEO von Tesla, dem wichtigsten Anbieter von Elektroautos, die ganz nebenbei über eine Beteiligung an SolarCity und flächendeckende Solarladestationen auch noch sprichwörtlich kostenlose Mobilität ermöglichen, sowie als Gründer und CEO von SpaceX, dem weltweit ambitioniertesten Projekt zur Kommerzialisierung der Raumfahrt und Besiedelung des Mars. Das Forbes Magazine nannte ihn die reale Verkörperung des Tony Stark aus „Iron Man".

Kapitel 1 – Philosophie

Bruce war Sohn des milliardenschweren Industriemagnaten Thomas und seiner Frau Martha. Als seine Eltern von einem Straßenräuber überfallen und vor seinen Augen erschossen wurden, sann er auf Rache. Er bereiste alle Kontinente, um sich von den größten Meistern auf der ganzen Welt in den Kampfkünsten, der Tarnung und Menschenjagd ausbilden zu lassen. Er setzte er sich eine Maske auf und warf sich einen flatternden Umhang über. Fortan nennt sich Bruce Wayne des Nachts Batman und kämpft gegen die Superschurken von Gotham City.

Zugegeben, das letzte Beispiel stammt aus der Hollywood Adaptation eines recht bekannten DC Comics. Aber ist es nicht interessant, wie wenig die Realität einem Film oft nachsteht? Manchmal verblasst eine milliardenschwere Hollywood Dramaturgie sogar regelrecht vor der Wirklichkeit. Die ersten vier Werdegänge stammen von Personen, die die Dämonen ihrer Kindheit besiegen konnten und etwas Phantastisches aus der freigewordenen Energie anstellten. Jetzt ist es an der Zeit für Dich, in den nächsthöheren Gang zu schalten und das Leben zu leben, von dem Du schon immer geträumt hast!

> *„Die größte Gefahr im Leben besteht nicht darin, sein Ziel zu hoch zu stecken und zu scheitern. Die größte Gefahr besteht darin, sein Ziel zu niedrig zu stecken und es zu erreichen."*
>
> *Michelangelo*

Leben

Unsere Welt verändert sich. Und sie verändert sich immer schneller. Mehr Menschen werden sich in den kommenden Jahren ihre Träume erfüllen können als jemals zuvor in der Geschichte unseres Planeten. Wir haben nicht nur einen Kenntnisstand erreicht, der es uns ermöglicht, produktiver zu arbeiten als jemals zuvor, wir haben auch den nötigen Grad an Technologisierung erreicht, den wir benötigen, um all unsere Wünsche und Ziele zu erreichen. Dennoch gibt es einige Herausforderungen und Fallstricke auf dem Weg dorthin und den meisten unter uns gelingt es trotz uneingeschränkten Zugangs zu diesem wunderbaren Schatz an Erfahrungen und Wissen, den wir uns über tausende von Jahren hinweg aufgebaut haben, leider noch nicht so recht, ihr persönliches, inneres Genie gänzlich zu entfesseln und freizusetzen. Das vorliegende Buch wird Dir dafür als theoretischer, praktischer und spiritueller Guide dienen!

Der Zugang zu Informationen jeglicher Art stellt heute kein Problem mehr für uns dar. Riesige Mengen davon gibt es überall sogar völlig umsonst. Die Herausforderung besteht mehr und mehr in der geeigneten Organisation dieser Informationen. Stell Dir vor, Du kennst die Telefonnummer eines guten Freundes oder wichtigen Geschäftspartners von Dir aber leider sind zwei Ziffern in der Rufnummer versehentlich beim Notieren vertauscht worden. Egal wie sehr Du Dich auch anstrengst und wie oft Du es versuchst, diese Nummer immer wieder auf 's Neue zu wählen, Du wirst niemals bei Deinem Gesprächspartner heraus kommen. Das ist keine Frage von „Versuch es doch nochmal!" oder „Viel hilft viel". Die Reihenfolge - gewissermaßen das Muster - der Informationen sind so entscheidend für unseren Erfolg wie ein Schloss auch nur mit dem passenden Schlüssel oder Code geöffnet werden kann.

Der blinde Gelehrte

Gerade bei kostenlosen Informationen - insbesondere bei Suchen im digitalen Pool an Informationen, dem „Netz der Netze" - besteht das Hauptproblem darin, als Laie nie so recht zu wissen, ob man nun wirklich alle Puzzle Teile eines zu erschließenden Themas beisammen hat und wenn ja, in welcher Reihenfolge diese Infos zusammengesetzt und abgefeuert werden müssen, um das gewünschte Resultat zu erzielen. Ich nenne diese Form der Herausforderung das „Paradoxon des blinden Bibliothekars". Ein Bibliothekar hat permanenten und uneingeschränkten Zugang zum gesamten Wissen der Menschheit. Bücher, die nahezu alle

Kapitel 1 – Philosophie

Fragen beantworten und ihm damit alles ermöglichen würden, was er sich nur in den Kopf setzt. Aber ohne zu wissen, wo er anfangen muss und was genau wann und in welcher Reihenfolge getan werden muss, wird er das Zahlenschloss voraussichtlich nicht in die richtige Stellung bringen und das Puzzle damit auch nie zusammengesetzt bekommen.

Im modernen Vertrieb kann es passieren, dass trotz guten Verlaufs einer Kundenbeziehung der Interessent doch noch im letzten Moment abspringt. Eine der Ursachen kann sein, dass zwar alle nötigen Punkte angesprochen wurden, die letztlich zum Abschluss beitragen. Allerdings wurden sie nicht in der richtigen Reihenfolge gesagt. Wenn einem Kunden etwa der Preis genannt wird, noch bevor ihm die Vorteile und damit der Wert des Produktes richtig kommuniziert wurden, ist die natürliche Abfolge des Verkaufsprozesses gestört. Egal was man danach auch anstellt, jeder Preis wird sich für den potentiellen Geschäftspartner zu hoch anhören. Indem vorab noch kein entsprechender Gegenwert zum Preis aufgebaut wurde, existiert im Kopf des Interessenten auch keine Referenz, die er dem Preis gegenüber legen kann. Solche Sequenzfehler gibt es überall im Leben, das ist nur eines von zahlreichen Beispielen aus der Praxis.

Genügt es denn nicht einfach nur, ein Buch zu lesen, das genau beschreibt, was zu tun ist? Auch ein Buch gibt uns jeweils immer nur einen Ausschnitt dessen wieder, was es alles zu beachten gilt, da kein Buch ein Thema umfassend erschließen kann. Was passiert, wenn ein Roman verfilmt wird? Er wird gekürzt und stilisiert, um den Ansprüchen des Publikums stärker gerecht zu werden, nicht wahr? Etwas ganz ähnliches passiert, wenn man reale Erfahrungen in ein Sachbuch zu übersetzen versucht. Jeglicher Anspruch auf Vollständigkeit ist von vornherein zum Scheitern verurteilt. Damit soll nicht der Wert von Büchern geschmälert werden - immerhin hältst Du gerade eines in der Hand. Du sollst Dir nur der Tatsache bewusst sein, dass Du blinde Flecken in Deinem Verständnis häufig erst dann erkennst, wenn Dich von außen jemand gezielt darauf stößt. Indem er Dich beobachtet, die Situation beurteilt und Dir dann konkret das sagt, was Du in diesem Moment hören musst. Daher ist ein guter Mentor auch so wichtig in unserem Leben. Er wirkt wie ein gravitativer Anker, der uns in die Richtung zieht, in die wir gehen wollen. Zugleich sorgt er dafür, dass wir uns dabei nicht verzetteln.

„Stärke erwächst nicht aus körperlicher Kraft - vielmehr aus unbeugsamem Willen."

Mahatma Gandhi

Die drei heiligen Steine

Wir stehen bei der Organisation der auf uns nieder prasselnden Informationsströme also vor drei größeren Herausforderungen:

- Die richtige Priorisierung: Was genau möchte ich?
- Die richtige Selektion und Eliminierung: Was genau benötige ich dazu? Was benötige ich nicht?
- Die richtige Sequenz der Informationskette: In welcher Folge muss was umgesetzt werden?

Den ersten Punkt steuerst Du über Deinen Willen. Das ist oft der härteste Teil. Erst wenn Du genau weißt, was Du willst, kannst Du auch anfangen, Dich in die entsprechende Richtung zu bewegen. In jedem anderen Fall begibst Du Dich in die Rolle des sprichwörtlichen Korkens auf dem Ozean, der keiner bestimmten Richtung folgt. Solange Du Deinen eigenen Kompass nicht ausgerichtet hast, wirst Du immer der Person folgen, deren Ideen sich für Dich vernünftig und überzeugend anhören. Warum? Weil diese Person Dir das Ausrichten und Lesen Deines Kompass erspart und Dir damit die Navigation durch Dein Leben abnimmt. Dagegen ist nichts einzuwenden. Jeder Mensch hat das

Kapitel 1 – Philosophie

inhärente, anthropologisch begründete Bedürfnis danach, sich jemandem anzuschließen und geführt zu werden. Man könnte sagen, wir laufen mit der Nabelschnur in der Hand durch unser Leben und suchen nach einem Port, wo wir dieses vermeintliche Kabel wieder einstöpseln können. Bist Du jedoch mit einer bestimmten Richtungsänderung plötzlich nicht mehr so richtig zufrieden, gerätst Du aus dem Gleichgewicht und fühlst Dich plötzlich unwohl: Warum sind wir denn nach links abgebogen, obwohl es doch rechts auch so schön aussah? Manchmal genügt es schon zu wissen, was wir wollen und die Motivation setzt unmittelbar ein.

Für den zweiten Punkt ist eine Entscheidung notwendig. Du trennst Dich von einigen mittelmäßigen oder sogar guten Alternativen zugunsten einer besten Option. Wichtig ist, dass Dir diese „eine Option" zu diesem Zeitpunkt nur als die beste erscheint. Du weißt nicht immer, ob Deine Wahl wirklich die beste ist, weshalb uns Entscheidungen auch so verdammt schwer fallen können. Man möchte sich nicht von etwas trennen, solange man sich nicht völlig sicher ist, ob man damit nicht versehentlich die Tür zu einem zweiten Schlaraffenland für immer verschließt. Die Entscheidung musst Du aber dennoch treffen! Das Paradoxe daran ist nämlich, dass Du weder in den Genuss der Vorzüge einer guten noch einer möglichen besten Wahl kommst, solange Du die Entscheidung hinaus zögerst. Napoleon Hill meinte, dass erfolgreiche Menschen Entscheidungen schnell und sicher treffen und sie nur sehr zögerlich wieder aufgeben, während weniger erfolgreiche Menschen sehr lange benötigen, um überhaupt zu einer Entscheidung zu gelangen, nur um sie dann beim geringsten Anlass des Zweifels sofort wieder in Frage zu stellen oder gänzlich aufzugeben. Mach es besser: Triff Deine Entscheidung zügig und falls nötig auch dann, wenn Dir noch nicht alle Details bekannt sind. Bleibe dann dieser Entscheidung auch in unbequemen Situationen treu, und zwar solange, bis Du gänzlich überzeugt davon bist, dass sie Dich in die falsche Richtung führt! Nichts verschafft mehr Ruhe, als ein gefasster Entschluss.

Hummeln im Hintern

Der dritte und letzte Punkt schließlich liegt außerhalb von Dir und wird von grundsätzlichen Zusammenhängen gesteuert, nach denen unsere Welt funktioniert. Entweder Du greifst auf den Erfahrungsschatz zurück, der durch andere Menschen bereits empirisch gesammelt wurde. Dabei können Dir auch Menschen helfen, die schon einen ähnlichen Weg gegangen sind. In der Wirtschaft verlässt man sich gerne auf vorhandenes Know-how. Innovation bedeutet hier häufig, bestehendes auf neue Art und Weise zusammenzusetzen. Wenn es noch keine Erfahrungen auf dem Gebiet gibt und Du echtes Neuland betrittst, kannst Du Dich entweder auf eine Try & Error Achterbahn begeben und solange herum probieren, bis Du zu brauchbaren Ergebnissen kommst. Oder Du versuchst aus den Zusammenhängen, die bereits bekannt sind, Dein Idealbild gedanklich abzuleiten: Weil A ist, muss automatisch B gelten, aber nicht C. Diese Vorgehensweise bezeichnet man auch als Deduktion. Der letzten beiden Methoden bedient sich die wissenschaftliche Forschung, allen voran die praktische sowie die theoretische Physik.

Priorisierung sowie Selektion und Eliminierung nimmst Du häufig intuitiv vor, auch wenn sie oft nicht konsequent genug umgesetzt werden. Das Dilemma der Sequenz ist jedoch sehr viel schwieriger zu lösen. Es ist uns meist nicht mal so richtig bewusst, da wir nicht wissen können, was wir noch nicht wissen - so paradox das auch klingen mag. Es ist der eben beschriebene blinde Fleck in Deinem Kopf. Du meinst, Du hättest bereits alle relevanten Fakten für ein neues Projekt beisammen, aber ohne dass Du es überhaupt merkst, fehlt noch etwas. Etwas, das für den positiven Ausgang von elementarer Bedeutung sein kann. Und deshalb ist in unserer Welt, wo sich das Wissen in immer kürzeren zeitlichen Abständen vermehrt und die gewonnenen Informationen in allen möglichen Kombinationen immer wieder neu zusammengesetzt werden können - ganz wie die falsch notierte Telefonnummer unseres Freundes von eben - das Thema der Sequenz der springende Punkt.

Kapitel 1 – Philosophie

„Ausbildung heißt das zu lernen, von dem Du nicht einmal wusstest, dass Du es nicht wusstest."

Ralph Waldo Emerson

Das Sequenz - Problem

Es ist der Grund dafür, warum wir trotz Zugang zu allen nötigen Informationen geradezu überwältigt davon sind, gute Entscheidungen in Bezug auf unser Wohlbefinden, unsere Finanzen und unsere Beziehungen zu treffen. Es scheint fast, als ob es einen umgekehrt proportionalen Zusammenhang zwischen der Menge an verfügbaren Informationen und der Qualität der daraus abgeleiteten Entscheidungen gäbe. Das Zusammenführen ursächlich korrekter aber dennoch unvollständiger Informationen kann sich zu einem wahren Teufelstanz entwickeln, wenn Du nicht bereit bist, über Deinen Schatten zu springen und Hilfe von jemandem anzunehmen, der außen steht und einen neutralen Blick auf die Situation hat. Allein durch Versuch und Irrtum kommst Du selten schnell genug voran. Sofern Du nicht gerade in der Forschung tätig bist, existieren die benötigten Informationen in den meisten Fällen ja bereits. Das Rad von neuem zu erfinden würde Dir einen starken persönlichen oder geschäftlichen Nachteil verschaffen. Während manch einer also zu weit von seinen Problemen entfernt ist, um sie überhaupt zu sehen, steckt der andere zu tief drin, um eine geeignete Lösung dafür zu finden.

Gewöhn Dir am besten in allen Bereichen Deines Lebens so schnell wie nur möglich an, Experten um ihre Hilfe zu bitten. Und nimm ihren Rat auch an. Mich hat meine Sturheit diesbezüglich einige Jahre an Umwegen in meinem Leben gekostet. Nicht vergeudet, aber wie Ayn Rand es so schön formulierte: „Der eine gewinnt, der andere lernt. Beide profitieren." Es ist ohne jede Übertreibung überlebensnotwendig für jeden von uns richtig zu priorisieren und zu selektieren, zu entscheiden welche Informationen wirklich nötig sind, um sich nicht zu verzetteln und diese Informationen dann in der richtigen Sequenz abzufeuern. Nur so kommen wir in unserem Leben voran, erreichen das, was wir wollen, und können uns unsere Hoffnungen, Wünsche und Träume erfüllen! Diese Vorgehensweise mag sich plausibel und geradezu einfach anhören. Aber es ist erstaunlich, wie wenig diese simple Idee im privaten wie auch geschäftlichen Bereich umgesetzt wird.

„Warp 8, Mr. Sulu!"

Unsere Welt wird immer schneller. Und je schneller sich Technologien um uns herum entwickeln und ausweiten, umso entscheidender werden dabei Informations-, Kommunikations- und Leadership - Philosophien, die mindestens genauso schnell wachsen. Es bedarf ausgereifterer Modelle, die keine starren Konstrukte sind und die Dir sagen „Tue dies, tue das". Es sind flexible Gebilde nötig. Denkschulen, die eher modularen Highways gleichen und welche die neuen Entwicklungen rasch in sich aufsaugen, integrieren und mit ihnen wachsen können anstatt sie auszubremsen. Wusstest Du, dass das Faxgerät in der Unternehmenskommunikation nach dem Festnetz - Telefon und der E-Mail noch immer den unangefochtenen dritten Platz einnimmt? Das ist kein Witz. Und das obwohl wir aus technologischer Sicht bereits mehrere Generationen über diese Ära hinaus sind. Erst mit weitem Abstand folgen dann Smartphones und schließlich Online Meetings mit Videokonferenzen, Mitarbeiterportale und schließlich soziale Netzwerke, die in Form sozialer Intranets auch in Unternehmen immer stärkeren Einzug halten. Die Entwicklung solcher Modelle allein eröffnet uns völlig neue und spannende Betätigungsfelder für zahlreiche der kommenden Generationen. Wir verlieren keine Jobs durch die Technologisierung, das genaue Gegenteil ist der Fall! Wir erschaffen neue und immer spannendere Tätigkeitsfelder für alle, die bereits sind, ihre Hand auszustrecken und nach diesen neuen Gelegenheiten zu greifen.

Denn auch die Anforderungen unserer Kunden werden nicht kleiner sondern wachsen und gedeihen in diesem neuen Ökosystem prächtig.

Kapitel 1 – Philosophie

Wo es früher noch genügte, seinem Kunden postalisch oder via Fax innerhalb von 2 Wochen zu antworten, wird heute innerhalb von 1-2 Tagen Feedback via E-Mail oder einer eigens dafür konzipierten Kommunikationslösung des Dienstleisters erwartet. In der Branche, in der ich zuletzt tätig war, vergingen oft nur 1-2 Stunden zwischen der Anfrage des Kunden und dem fertigen Angebot, selten jedoch mehr als ein halber Tag. Und wir sprechen hier auch nicht von den letzten 50 Jahren, in denen diese rasante Entwicklung erfolgt ist, sondern von gerade mal 10 bis 15 Jahren. Steigende Anforderungen schaffen auch automatisch neue Chancen, um Werte zu schaffen und unsere Welt ein bisschen besser zu machen.

„Je mehr Sand durch das Stundenglas des Lebens geronnen ist, umso klarer sollten wir hindurchsehen können."

Niccolò Machiavelli

Mentale Überhitzung

Deine Welt wird also immer schneller und sie wird auch trotz zunehmenden Komforts aufgrund der Technologisierung nicht einfacher, sondern komplexer. Du musst ständig neue Dinge in einer neuen Umgebung auf eine andere Art tun, als Du es bisher gewohnt warst. Und Gewohnheiten nachhaltig zu verändern bedarf immer einer gewissen Zeit. Das Phänomen mit dem Dilemma der Informationssequenz führt uns erst zur eigentlichen Ursache der Misere, nämlich der Überforderung. Dem Trend der zunehmenden Komplexität steht eine Gegenkraft und gewissermaßen auch eine Notwendigkeit gegenüber, die Dinge zu vereinfachen, zu standardisieren und zu kategorisieren, damit wir nicht von den neuen Entwicklungen überrollt werden und den Anschluss verlieren. Bild 1 veranschaulicht diesen Sachverhalt etwas näher.

Hummeln im Hintern

Warum tun wir oft in Angelegenheiten, wo wir nicht mehr weiter wissen, nicht das Naheliegende und fragen einen Experten? Warum suchen wir nicht in finanziellen Fragen einen professionellen Finanzplaner oder Investment Berater auf, anstatt im Internet zu recherchieren und die Hausbank zu befragen und hören dann genau auf das, was die Person uns zu sagen hat? Warum suchen wir uns nicht einen Job danach aus, wie kompetent die Führungskraft ist und was wir alles von ihr lernen können als danach, wie viele Gehaltszulagen es im ersten Jahr gibt und wie groß der Kofferraum des Firmenwagens ist? Warum kümmern wir uns immer erst dann um unsere Gesundheit, wenn wir bereits krank sind? Und warum muss die Beziehung zu unserem Lebenspartner erst kriseln, bevor wir Anstrengungen unternehmen, sie zu verbessern?

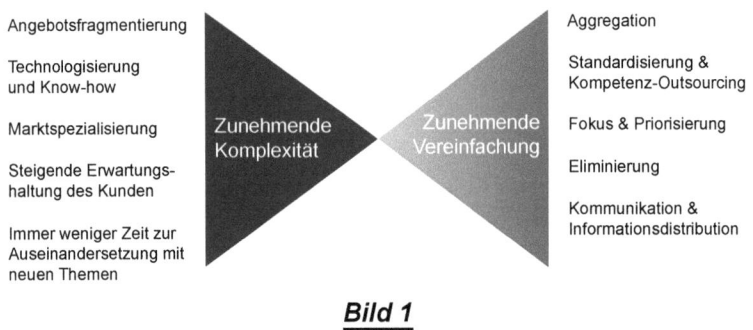

Bild 1

„Ich bin immer bereit zu lernen, aber nicht immer, mich belehren zu lassen."

Oscar Wilde

Gewohnheitsdenken

Die kurze Antwort darauf ist, weil wir diese Dinge aus Gewohnheit tun. Und etwas, das wir aus Gewohnheit tun, läuft in unserem Verstand zwar sehr ressourcenschonend und ökonomisch ab, weil dazu wenig mentale Prozessorleistung veranschlagt wird. Aber genau da liegt auch der Hase im Pfeffer begraben: Nur was wir uns bewusst machen, können wir auch gezielt verändern und damit verbessern. Darauf werden wir später noch sehr viel ausführlicher zurückkommen. Um die Informationsflut zu reduzieren, die Dinge zu vereinfachen und eine Überforderung zu vermeiden, laufen die meisten Prozesse bei uns also automatisiert und völlig unbewusst ab. Auch solche, die eigentlich dringend unserer vollsten Aufmerksamkeit bedürften, weil sie sich bereits kurz vor der Kernschmelze befinden. Das wenige, was in unserem Kopf bewusst abläuft, müssen wir so stark abstrahieren, vereinfachen und in gedankliche Schubladen hineinpressen, um es richtig zu verstehen und geistig verarbeiten zu können, dass vom ursprünglichen Sachverhalt kaum noch etwas übrig bleibt. Es lohnt sich, wenn Du Dir von Zeit zu Zeit vergegenwärtigst, dass wir in unseren Köpfen immer nur mit Modellen arbeiten - also mit gedanklichen Abbildern der Realität - und niemals mit der Realität selbst.

Nur so ist dann auch schlüssig zu erklären, warum wir häufig in finanziellen Angelegenheiten zuerst unseren Freund oder Nachbarn befragen, was er tun würde. Fakt ist, dass Dein Nachbar vermutlich nicht viel mehr von dem Thema weiß als Du selbst! Wenn wir uns einer Operation unterziehen lassen müssen, stellen wir doch auch sicher, dass der Arzt, der uns aufschneidet, exakt weiß, was er da tut. Und wenn wir in einen Flieger steigen, erwarten wir, dass der Pilot kompetent ist und zumindest einige hundert Flugstunden im Simulator absolviert hat, bevor er das erste Mal die Pilotenkanzel eines richtigen Flugzeugs betreten hat. Im geschäftlichen Bereich ist es noch am ehesten Usus, sich bei erfahrenen Kollegen Rat einzuholen oder den Vorgesetzten zu fragen. Sobald es jedoch um persönlichere Dinge geht, ist plötzlich der Cousin Dein Investmentberater und die Illustrierte versorgt Dich mit den neuesten Insider Tipps zum Thema Gesundheit. Mit anderen Worten, wir schalten unser wichtigstes Asset ab - den bewussten, menschlichen Verstand! Ein absichtsvolles Durchbrechen dieses habituellen Denkens ist enorm anstrengend und energieaufwendig. Die Gravitation unserer mentalen Trägheit zu verlassen ist wahrlich Schwerstarbeit. Darum tun es auch so wenige. Denken ist die mit Abstand schwierigste Tätigkeit, die es gibt. Wir tun es nur, wenn wir unbedingt müssen, etwa weil uns eine Notlage dazu zwingt, kreativ zu werden und etwas Neues auszuprobieren.

Das Interesse, etwas Neues zu lernen, sinkt zudem drastisch, sobald Schule und Ausbildung oder Uni erst einmal hinter uns liegen. Fast gewinnt man den Eindruck, dass Menschen nach all den Jahren des Studierens und der häufig damit verbundenen finanziellen Entbehrungen erst mal in den Erntemodus schalten, sobald sie ihre Karriere starten. Und manch einer verlässt diesen Zustand geistiger Katalepsie danach auch nie wieder bis hin zur Rente. Aber Säen und Ernten sind nicht zwei voneinander getrennte Prozesse, sondern bilden ein harmonisches Ganzes. Und einer der besten Wege, zu einem Gefühl der inneren Zufriedenheit, Ausgeglichenheit und Freude zurückzufinden, ist eben der, neue Saat in Deinem Verstand zu pflanzen und immer wieder etwas Neues zu lernen. Das Gehirn liebt es, laufend neuen Reizen und Impulsen ausgesetzt zu werden, da es sich sonst schnell langweilt. Es ist ein erstaunliches und überaus komplexes Organ, welches geschaffen wurde, um Informationen zu verarbeiten - also füttere es auch damit! Es ist egal, ob es sich dabei um akademisches Wissen, kommunikative Skills, dem Erlernen eines neuen Kartenspiels, Tanzen, Klettern, Para-Gliding, Jet Ski oder Stricken handelt.

„Wenn Du eine Entscheidung getroffen hast, töte die Alternativen."

Peter E. Schumacher

Ein neues Erfolgsbild

Was macht den Erfolg in Deinem Leben aus? Ein gutes Studium? Da die Komplexität der Jobs immer mehr steigen und triviale Tätigkeiten durch Outsourcing und zunehmende Automatisierung mehr und mehr

Kapitel 1 – Philosophie

verschwinden werden, ist das sicher jedem wärmstens ans Herz zu legen. Es ist jedoch leider weder ein Garant noch ein ausschlaggebender Faktor für den Erfolg. Schauen wir uns ohne Anspruch auf Vollständigkeit dazu mal eine Liste derer an, die auch ohne ein abgeschlossenes Studium einiges in ihrem Leben bewegt haben:

Steve Jobs
Mark Zuckerberg
Bill Gates
Michael Dell
Roland Emmerich
Vincent van Gogh
Steven Spielberg
Hans Zimmer
Quentin Tarantino
Reinhold Messner
Eric Clapton
Charles Darwin
Jacob Grimm
Leo Tolstoi
Friedrich Nietzsche
Gwyneth Paltrow
Stefan Raab
Til Schweiger
Anke Engelke
Günther Jauch
Barbara Schöneberger
Erich Sixt
Heike Makatsch
Otto Waalkes
Bastian Pastewka
Julian Assange
Johannes B. Kerner
Audrey Tautou

Hummeln im Hintern

Jörg Pilawa
Berthold Brecht
Martin Luther
Kai Pflaume
Oliver Kalkofe
Bernhard Hoëcker
Ulrich Meyer
Brad Pitt
Richard Gere
Jürgen von der Lippe
Ottfried Fischer
Wolfgang Joop
Herbert Feuerstein
Linda de Mol
Mick Jagger
Herbert Grönemeyer
Sabrina Setlur
Jürgen Drews
Thomas Anders
John Denver
Yoko Ono
René Obermann
Kai Diekmann
Eva Briegel
Judith Holofernes
Peter Handke
Anni Friesinger
Sönke Wortmann
Julio Iglesias
Kurt Masur
Siegfried Lenz
Ferdinand Alexander Porsche
Dirk Manthey
Faris al-Sultan

Kapitel 1 – Philosophie

Was ist es dann, das sich so stark auf unsere Leistungskapazität auswirkt, dass nahezu alles, was wir anfassen, wie von Midas berührt zu Gold wird? Warum tun wir bestimmte Dinge nicht, obwohl wir wissen, dass sie uns das gewünschte Resultat bringen würden? Warum tun wir dafür andere Dinge, von denen wir wissen, dass sie uns in die falsche Richtung bringen? Gibt es ein Geheimnis, eine Art magische Formel dahinter? Kann man diese Eigenschaften identifizieren? Kann man sie isolieren? Und noch wichtiger: Ist es möglich, diese Eigenschaften gezielt zu entwickeln?

„In der Einfachheit liegt die höchste Vollendung."

Leonardo Da Vinci

Aufzug: Nach oben bitte!

Dieses Buch ist insofern einzigartig als dass ich der Überzeugung bin, dass es einen solchen Zaubertrank nicht nur gibt, sondern dass Du ihn auch guten Gewissens und ohne jegliche Nebenwirkungen einnehmen sowie anderen Menschen verabreichen kannst. Nicht nur, weil ich mich seit fast 20 Jahren mit dem Thema auseinandersetze, sondern weil ich die Ideen ausgiebig getestet und immer weiter raffiniert habe. Kaum etwas musste dazu wirklich neu „erfunden" werden, über nahezu alles wurde irgendwann schon mal geschrieben oder gesprochen. Die Arbeit lag vielmehr in der Recherche, dem fortwährenden Testen der Methoden, und schließlich dem Guss in ein Format, das unterhaltsam und angenehm zu konsumieren ist.

Und obwohl ich ein ziemlich ungeduldiger Mensch bin, musste ich dafür unfreiwillig lernen, eine äußerst geduldige Versuchsperson zu sein. Denn wie so oft, wenn man in seinem Leben etwas Neues ausprobiert: Am Anfang klappt erst einmal rein gar nichts! Aber auch zu Beginn eines medizinischen Eingriffs sieht es eher aus wie Mord im OP-Saal.

Hummeln im Hintern

Bis man dann die Wunden gereinigt hat und feststellt, dass man doch genügend Verbandszeug hat, um den Patienten zu retten. Wenn man dann auch noch mehrere neue Ideen gleichzeitig auf ihren Wertgehalt hin überprüfen möchte, dauert es umso länger und die Frustration ist vorprogrammiert. Da ich in meiner Entwicklung aber recht weit unten angefangen habe, war der einzig mögliche Weg der nach oben. Daher hat sich mir die Frage nach dem Aufgeben auch nicht gestellt. Zudem hatte ich einige exzellente Mentoren, die man automatisch anzieht, sobald man anfängt, an sich zu arbeiten und die richtigen Fragen zu stellen.

Die wichtigsten Früchte dieser Arbeit werde ich Dir in den folgenden Kapiteln näher bringen. Und zwar in einer Form, die einerseits sicherstellt, dass Du anfängst, eine ähnliche Faszination für das Thema zu entwickeln wie ich. Dieses Buch kann eben lediglich der Anfang Deiner Reise sein, da kein Buch den menschlichen Verstand erschöpfend behandeln kann. Zum anderen sollst Du diese Ideen aber auch so einfach und schnell wie nur möglich umsetzen können. Jeder Idiot kann Dinge komplizierter machen meinte Albert Einstein einmal. Aber in diesem Buch geht es um Einfachheit, Klarheit und Effizienz. Daher werden wir die Dinge auch einfach halten. Mir ist sehr wichtig, dass Du weißt, wieviel Zeit und Energie in dieses Buch geflossen ist. Nicht um zu prahlen, sondern damit Du genügend Vertrauen entwickelst, die Anregungen in diesem und den folgenden Kapiteln für Dich umzusetzen. Teste sie, wie Du ein Kleidungsstück ausprobierst, bevor Du es kaufst. Du musst nicht alles sofort annehmen. Lass Dir so viel Zeit wie Du magst. Aber vertraue darauf, dass alle Ideen in diesem Buch Praxis erprobt und äußerst effizient sind.

Das sind also die drei grundlegenden Prämissen, unter denen dieses Buch konzipiert und geschrieben wurde: einfach, unterhaltsam und überaus effizient. Wenn es mir gelingt, dass Du auch nur eine einzige Idee beherzigst und wirklich umsetzt, dann bin ich mehr als zufrieden. Und Du findest auf den kommenden Seiten nicht nur eine neue Idee, sondern dutzende. Für größere Effizienz und Produktivität, aber auch für mehr Zufriedenheit in Deinem Leben. Wir alle sehnen uns letztlich nach mehr Harmonie und Balance, auch wenn wir unbewusst oder manchmal sogar völlig wissentlich dieses Gleichgewicht stören (...müssen), um ein bestimmtes Ziel zu verwirklichen.

> *„Ein Verstand, sobald er erst einmal durch eine neue Idee gedehnt wurde, kehrt nie wieder in seine ursprüngliche Form zurück."*
>
> *Oliver Wendell Holmes, Sr.*

Denken

Kommen wir zurück zu unserer Frage, was Erfolg im Leben eigentlich ausmacht. Um sie zu beantworten, müssen wir erst einmal genau festlegen, was dieses Wort überhaupt für uns bedeuten soll. Wenn wir uns so intensiv mit einem Thema auseinandersetzen, sollten wir auch das gleiche Verständnis davon haben. Was genau ist also Erfolg? Erfolg ist kein Zustand oder Ziel, es ist ein Prozess. Und solange das, was Du tust, in völliger Harmonie zu dem steht, was Du gern möchtest, bist Du auch erfolgreich! Ganz gleich was es auch ist. Wenn es Dein Wunsch ist, für die nächsten 3 Jahre in einer Höhle in Tibet zu meditieren und Du setzt dieses Projekt um, bist Du nicht weniger erfolgreich als ein Manager, der seine Unternehmensziele in Angriff nimmt. Earl Nightingale formulierte es noch konkreter. Erfolg war für ihn die schrittweise Umsetzung eines würdigen Ideals. Die Frage ist dabei jedoch nicht, ob Du des Ideals würdig bist, sondern ob das Ideal Deiner Aufmerksamkeit, Zeit und Widmung würdig ist. Immerhin tauschst Du Deine Lebenszeit für das ein, was Du verfolgst. Vielleicht sogar den Rest Deines Lebens.

William James, der vermutlich wichtigste Vordenker und Wegbereiter der heutigen, amerikanischen Psychologie, schrieb dazu: „Der größte Nutzen Deines Lebens besteht darin, es für etwas einzusetzen, das das

Leben überdauert." Ernest Hemingway drückte es poetisch aus: „Wir sterben alle. Das Ziel ist nicht ewig zu leben, das Ziel ist es, etwas zu schaffen, was ewig lebt." Wenn Du Dich inzwischen fragst, wie Du diesen Prozess in Gang setzt, fängst Du bereits an, die richtigen Fragen zu stellen. Die richtige Art zu Denken ist das kritische Element, das erfolgreiche und produktive Menschen von unsicheren und zögernden Menschen unterscheidet, die die Umsetzung ihrer Träume immer wieder aufschieben. Die gute Nachricht ist, dass ausnahmslos jeder nach obiger Definition erfolgreiche Mensch irgendwann in seinem Leben einmal in einer Situation begonnen hat, wo es ihm äußerst schwer fiel, sein Ziel auch nur ins Auge zu fassen, geschweige denn, es zu erreichen. Alles beginnt mit einer Entscheidung, die Du treffen musst. Es ist in diesem Zusammenhang die erste Entscheidung, die Du für Dich treffen musst.

> *„Die Welt ist meine Vorstellung - dies ist eine Wahrheit, die in Beziehung auf jedes lebende und erkennende Wesen gilt."*
>
> *Arthur Schopenhauer*

Wahrnehmung und Realität

Es ist erstaunlich, wie wenig wir uns im Verlauf eines Tages darüber bewusst sind, was uns an Gedanken so alles durch den Kopf rauscht. Du kannst dieses Rauschen für oder gegen Dich arbeiten lassen. Die meisten Menschen haben innere Bilder und Stimmen, die ihren Träumen und Wünschen nicht sonderlich zuträglich sind. Dr. Joseph Murphy meinte dazu „Worauf Du Deinen Fokus richtest, das wird real." Falsches und krankhaftes Denken besteht für ihn darin, sich auf das zu konzentrieren, was wir vor uns sehen oder was um uns herum geschieht. Richtiges Denken ist im Gegensatz dazu, sich auf das zu konzentrieren, was wir in unserem Inneren vorfinden. Die Bilder und Visionen in unserem Kopf. Unsere innersten Wünsche und Träume. Das, worauf wir uns den überwiegenden Teil unserer Zeit konzentrieren, wird schließlich zur

Kapitel 1 – Philosophie

Realität. Daher sind Deine Ideen und inneren Schätze sehr viel wichtiger und realer als die Welt um Dich herum. Allein dort entstehen neue Werte und menschlicher Fortschritt.

Ich glaube, die meisten von uns steuern durch ihr Leben, indem sie ihr Spiegelbild betrachten anstatt sich selbst. Ist Dir schon mal aufgefallen, wie schwer es ist, Dein Schuhe zuzuschnüren oder sonstige komplexe Bewegungen auszuführen, während Du Dich dabei nur spiegelverkehrt beobachten kannst? Wir konzentrieren uns auf das, was um uns herum passiert, nehmen es als gegeben hin und lassen unsere Gedanken dadurch leiten. Wenn etwas Positives geschieht, fühlen wir uns auch gut und stark. Wenn etwas weniger gutes geschieht, geht es uns schlecht. Wenn Du so denkst, entsteht Deine Realität von außen nach innen. Die Ereignisse um Dich herum prägen Deine mentale Aktivität und bestimmen damit Deinen aktuellen Gemütszustand. Diese negative Gemütsverfassung sorgt für eine noch unangenehmere Wahrnehmung der darauf folgenden Ereignisse. Es ist ein Teufelskreis. Ein Spiel, bei dem Du nicht gewinnen kannst.

Du kannst den Fokus aber auch auf Dich selbst lenken und Deine Umgebung als Wirkung Deiner Gedanken und Taten und nicht als deren Ursache betrachten. Deine Realität wird dann von innen nach außen geprägt. Indem Du Deine Gedanken bewusst veränderst und sie auf ein höheres Ideal ausrichtest, erhältst Du die Kontrolle über die Situation zurück, wie verfahren sie auch sein mag. Heißt das, dass es Dir dann nie wieder schlecht gehen wird? Natürlich nicht. Aber wenn Du Dir angewöhnst, jede Herausforderung, jeden Widerstand und jede Katastrophe in Deinem Leben als ein Investment in Dein persönliches Wachstum zu betrachten, liegt Dir eine völlig neue Welt zu Füßen. Merk Dir, wann immer Du das Gefühl hast, etwas nicht zu können, handelt es sich dabei um ein Feedback Deiner gegenwärtigen Konditionierung, nicht um Dein tatsächliches Potential! Es ist gleich ob Dein Gefängnis materieller oder geistiger Natur ist. Du kannst Dich regelrecht in die Freiheit zurück denken. Jedoch auch ins Verderben. Dein Leben kann entweder die Form eines nicht endenden Alptraums annehmen oder Du lebst Deinen Traum! Andere Menschen mögen für das verantwortlich sein, was aus Dir geworden ist. Aber Du bist dafür verantwortlich es zu verändern, wenn es Dir nicht gefällt. Und alles beginnt in Deinem Kopf.

Jährlich werden in Deutschland knapp 900 Millionen Euro für Antipsychotika ausgegeben. Irgendjemand wird also immer auch an Deiner Misere verdienen. Lass es nicht soweit kommen. Du hast es in der Hand! Fang damit an, indem Du Dich auf das konzentrierst, was Du willst, anstatt auf das, was um Dich herum passiert. Durchflute Deinen phantastischen Verstand mit Bildern von Dingen, Orten und Situationen, die Du Dir herbei wünschst und behalte diesen Fokus bei, was immer auch geschehen mag. Das ist anfangs der schwerste Teil, der Dir aber schnell zur Gewohnheit wird. Lass dann der Magie ihren freien Lauf!

> *„Alles was wir hören, ist eine Meinung, kein Fakt. Alles was wir sehen, ist ein Betrachtungswinkel, nicht die Wahrheit."*
>
> *Marcus Aurelius*

Die eine Realität

Deine Wahrnehmung bestimmt über Deine Realität. Etwas präziser formuliert müssten wir sagen, dass sich Deine Wahrnehmung im Verlauf des Lebens dadurch verändert, wie Du Erlebnisse bewertest, beurteilst und das Konstrukt aus diesen Erfahrungen samt der zugehörigen Evaluierung in Deinem Gedächtnis abspeicherst. Und über diese Bewertung, die wir einer bestimmten Situation oder Erfahrung zukommen lassen, haben wir die volle Kontrolle. Ich kann mich darüber aufregen, wenn mein Rechner kollabiert noch bevor ich die Möglichkeit hatte, meine Arbeit zu speichern, oder ich kann mich darüber kaputtlachen. Die Entscheidung liegt allein bei mir. Es gibt immer mehrere Betrachtungswinkel auf die Realität. Den der zählt, kennst Du jetzt: Deinen!

Kapitel 1 – Philosophie

Am Anfang ist alles schwer. Aber Du bildest schon nach sehr kurzer Zeit neue Denkgewohnheiten aus und es wird Dir immer leichter fallen, positiv zu bleiben und Deine Ziele im Blick zu behalten. Zudem werden sich auch in Deiner Außenwelt zusehends Resultate einstellen, die Dir den Atem verschlagen und Dich weiter bekräftigen und beflügeln werden. Falle dadurch aber auf keinen Fall in das alte Muster zurück, Dich von Deiner Umgebung beeinflussen zu lassen, indem Du Bestätigung außerhalb von Dir selbst suchst. Dieses Pendel schwingt zurück und wir wollen ja den Kreislauf durchbrechen, der dazu führt, dass es bei Dir mal gut und mal weniger gut läuft, so als ob Dein Schicksal vom Wetterbericht abhängen würde. Die Kraft ist einzig und allein in Deinem Inneren. Suche also auch nur dort danach und nirgendwo sonst. Du steuerst Dein Leben zu jeder Zeit, ob nun bewusst oder unbewusst. Deine Gedanken formen Deine Realität. Sobald Du anfängst, Dich auf Dein Ziel hin zu bewegen, bewegt sich Dein Ziel auch auf Dich zu. Es ist das rationale Prinzip, welches Epiktet als Gott bezeichnete, das hier am Werk ist.

„Den Tod fürchten die am wenigsten, deren Leben den meisten Wert hat."

Immanuel Kant

Tod

Warum beginnt ein Buch über das Leben und all seinen phantastischen Möglichkeiten mit einem Abschnitt über den Tod? Zunächst einmal liegt in der nüchternen Erkenntnis, dass wir alle nur zur Durchreise auf diesem Planeten sind, ein sehr mächtiger Antrieb für alles, was Du in oder mit Deinem Leben anfangen willst. Dabei geht es nicht um das Schüren von Ängsten, sondern um einen natürlichen und gesunden Respekt vor der Tatsache, dass uns allen nur eine begrenzte Menge an Zeit zur Verfügung steht, unseren innersten Wünschen und tiefsten Träumen nachzugehen.

Hummeln im Hintern

Die gleich folgenden Übungen sollen Dir daher unter anderem eines klar machen: Deine Zeit auf diesem Planeten hat ein Ablaufdatum! Du weißt nicht, wann das sein wird. Nicht einmal ungefähr. Es kann morgen sein oder in 70 Jahren. Aber es ist ein fixer Termin, der ansteht und den Du auf jeden Fall einhalten wirst. Du kannst ab sofort immer mehr Geld verdienen, wenn Du mit Deinem Einkommen noch nicht zufrieden bist. Aber verlorene Zeit bekommst Du nicht zurück. Alles was Du besitzt, gehört zum Zeitpunkt Deines Todes jemand anderem. Aber alles was Du bist, bleibt.

Ob Du an ein Leben nach dem Tod, an Wiedergeburt oder an ein unwiederbringliches Ende glaubst, spielt dabei keine Rolle: In jedem Fall bleibst Du eine wertvolle Erinnerung in den Menschen, denen Du etwas bedeutet hast. Das heißt auf keinen Fall, dass Du in Deinem Leben auf materielle Dinge verzichten solltest. Im Gegenteil, nutze alles, was das Leben an Geschenken für Dich bereithält und genieße es in vollen Zügen. Dafür ist es da. Entwickle Deine Fertigkeiten im Umgang mit diesen Dingen bis zur Vollendung und werde immer präziser in Deiner Fähigkeit, herausragendes zu vollbringen!

In manchen Religionen ist die Vorstellung vom Karma verbreitet. Wir verbessern uns, unsere Resultate und damit auch unsere gesamte Spezies in diesem Leben für alles, was möglicherweise nach unserem Leben geschieht. Ein Glaube an dieses Konzept ist nicht nötig, kann aber dabei helfen, beträchtliche Energien in Dir freizusetzen. Im Buddhismus stellt man sich Leben und Sterben wie eine schwarze Katze vor, die über einen Zebrastreifen läuft. Mal bist Du sichtbar, mal bist Du unsichtbar. Aber immer bist Du da. Eine andere Analogie vergleicht das Leben mit dem sich Aufbäumen einer Welle, und das Sterben mit dem Wiedereintauchen dieser Welle in den unendlichen Ozean des kollektiven Geistes. Der Tod verliert im Buddhismus damit seinen gesamten Schrecken, da er nichts weiter als der „große Schlaf" ist. Das Leben ist eine Etappe, um seine Fertigkeiten zu verbessern, bevor man sich wieder zum Schlafen hinlegt. Tag und Nacht sind die Mikrozyklen. Leben und Tod die

Kapitel 1 – Philosophie

Makrozyklen. Du kannst das Leben als einen Wettkampf betrachten, bei dem Du Dich ordentlich anstrengst, genießt und stolz auf Deine eigenen Leistungen bist, mit dem Du Dich aber immer auch bereits ein wenig für den bevorstehenden Wettkampf rüstest. Eine wunderschöne Vorstellung. Solange wir jedoch nicht sicher wissen, was uns nach dem Tod erwartet - warum wollen wir erst warten, bis es soweit ist, bevor wir anfangen, etwas wirklich Großartiges in unserem Leben zu unternehmen? Warum schöpfen wir nicht bereits diese Lebensspanne bis zu ihrem Maximum aus?

Dein Lebenszweck
Zum Abreißen, mitnehmen und an den Kühlschrank heften!

Du bist hier um Dinge zu benutzen und zu genießen, um zu lernen und Fertigkeiten bis zur Perfektion zu entwickeln und präzise in Deiner Fähigkeit zu werden, herausragendes zu leisten. Diese Dinge in Deinem Besitz definieren Dich jedoch nicht. Alles was Dir gehört, gehört zum Zeitpunkt Deines Todes jemand anderem. Aber alles was Du bist, ist auf ewig Deins. Energie kann niemals vernichtet, sondern nur umgewandelt werden und alles in diesem Universum ist Energie. Du kannst immer mehr Geld verdienen, aber verlorene Zeit bekommst Du nicht zurück. Wir haben nun mal kein Ticket, um ewig zu leben und sich dessen immer wieder bewusst zu werden, ist ein großer Schritt zur richtigen Bewertung der wertvollsten Ressource, die Du auf diesem Planeten besitzt: Deiner Zeit!

Action Steps
Attacke! Gang, kuppeln und Gas: Die Übungen für das Kapitel

Kommen wir zu etwas praktischem! Du kannst einige dieser Übungen allein und ungestört für Dich in Deinem Kopf machen. Noch besser ist es jedoch, Du nimmst Dir ein Blatt Papier und machst sie schriftlich!

Gang 1...2: Action

1. Was sind Dinge, die Du schon immer mal machen wolltest? Was sind Fertigkeiten, die Du schon immer mal erlernen wolltest, es aber dennoch nie getan hast? Egal ob Klavier spielen, Zeichnen, Yoga, Höhlentauchen oder einen Marathon laufen: Jetzt ist es soweit! Liste sie alle auf einem Blatt Papier oder einem digitalen Notizbuch auf und verschwende jetzt noch keinen einzigen Gedanken daran, ob Du die Sachen jemals umsetzen wirst. Soweit sind wir noch nicht. Ich kann Dir aber jetzt schon versichern, dass Du in 12 Monaten rückblickend verblüfft sein wirst, wie viel Du von dieser Liste bereits umgesetzt hast. Such Dir nun <u>eine</u> Aktivität davon aus und fang sofort damit an! Melde Dich zu dem entsprechenden Kurs an oder leite die ersten Schritte dazu in die Wege. Entscheidend ist jetzt noch nicht, wie produktiv Deine ersten Handlungen sind, sondern allein, dass Du ins Handeln kommst. Dadurch baust Du Dir neue Gewohnheitsmuster auf.

2. Plane regelmäßig Auszeiten zum Generieren neuer Ideen. Am Anfang genügt es z.B. etwas Zeit beim Joggen, in der Sauna oder auch vom Urlaub abzuzwacken. Später benötigst Du eventuell mehr Zeit dafür und wirst diese Blöcke ebenso penibel planen, wie Deinen Urlaub. Mal wirst Du diese Zeit für Dich allein zum Nachdenken benötigen und ein anderes Mal verspürst Du den Bedarf, Dich mit einer Person zu dem Thema auszutauschen. Plane auch feste Zeiten zum Lesen ein, um auf neue Ideen zu

Kapitel 1 – Philosophie

kommen. Setze den Termin für Deine erste kreative Session jetzt fest - egal ob eine Stunde oder ein Wochenende - und halte diesen Termin mit Dir selbst auch um jeden Preis ein! Nutze ihn für eine der Übungen in diesem Kapitel.

Gang 3…4: Energie

3. Stell Dir selbst immer wieder Fragen, die eine motivierende Antwort erfordern: Was habe ich alles erreicht? Worauf bin ich besonders stolz? Wie fühle ich mich dadurch? Wofür bin ich alles dankbar? Wer liebt mich? Wofür werde ich geliebt?

4. Fang gezielt an, Schönheit um Dich herum wahrzunehmen. Sie versteckt sich nahezu überall und in allem. Du musst nur lernen, darauf zu achten. Suche genau da, wo Du jetzt bist wenigstens drei schöne Dinge um Dich herum. Je besser Du darin wirst, Schönheit und Perfektion in der Natur und Deiner Umwelt zu finden, desto stärker wird Dein inneres Feuer! Außerdem schult es Deine Wahrnehmung und Intuition.

Gang 5…6: Bestimmung

5. Was schätzt Du, wie viele Tage Dir noch bis zu Deinem Tod verbleiben? Die durchschnittliche Lebenserwartung einer Frau in Deutschland beträgt etwa 82 Jahre, die eines Mannes 77 Jahre. Wie alt bist Du jetzt? Ziehe Dein Alter von Deiner durchschnittlichen Lebenserwartung ab und multipliziere das Ergebnis mit 365,25 um die Anzahl in Tagen unter Berücksichtigung von Schaltjahren zu erhalten. Voilà! Die meisten erschrecken sich, wenn sie zum ersten Mal diese Zahl auf dem Papier vor sich stehen sehen, weil sie viel kleiner ist, als man gefühlsmäßig erwarten würde. Aber keine Bange, der Schreck über diese Realisierung allein verkürzt Deine Lebenszeit noch nicht merklich weiter. Er ist jedoch ein wichtiger Ausgangspunkt für Deinen weiteren

Weg. Wenn Du keine Lust zum Nachrechnen hast, geht es noch einfacher mit dem kostenlosen Tool, dass Du Dir auf ***www.hummelnimhintern.com*** herunterladen kannst. Wenn Du regelmäßig den Countdown der Dir noch verbleibenden Tage vor Dir siehst, wird Dir das solange die Eingeweide zusammenziehen, bis Du eines Tages hinaus gehst und etwas Sinnvolles mit Deiner Zeit anstellst. Instant „Hummeln im Hintern"!

6. Stell Dir kurz vor, alle Menschen, die Dir wichtig sind, die Du liebst und die Dich lieben, haben sich in einem Raum um eine wunderschöne, längliche, hölzerne Kiste herum versammelt. In der Kiste liegst Du. Diese Menschen sind hier, um Abschied von Dir zu nehmen. Du bist gestorben. Was sagen diese Menschen am Tag Deiner Beerdigung über Dich? Beschweren Sie sich über Deine schlechten Witze und die Tatsache, dass Du ein Taugenichts warst? Wahrscheinlicher ist, dass sie betonen, wie viel Du Deiner Familie und Deinen Freunden bedeutet hast. Aber was genau sagen sie noch über Dich? Gibt es etwas, was Deinen Tod überdauern wird? Hinterlässt Du eine tolle Familie, auf die Du sehr stolz bist. Warst Du ein Mensch, der immer für andere da war, wenn sie ihn gebraucht haben? Warst Du besonders ehrlich? Was war Deine herausragendste Eigenschaft? Was gelang Dir nicht so gut? Worauf sind die Gäste Deiner Trauerfeier in Bezug auf Dich stolz und was macht sie besonders froh, Dich gekannt zu haben? Was genau möchtest Du, das am Tag Deiner Beerdigung über Dich gesagt wird? Wenn Du wirklich das Maximum aus dieser Übung herausziehen willst, dann schreibe diese Trauerrede auf. Und zwar auch genau in der Form, wie man sie halten würde, um Abschied von Dir zu nehmen.

KAPITEL 2

Unser Universum

„Komm, tritt hinaus in das Licht der Dinge, lass die Natur Dein Lehrer sein."

William Wordsworth

Die Struktur der Wirklichkeit

Philosophie, insbesondere wenn sie sich einem pragmatischen Zweck wie der Definition erfolgreichen Handelns verschreibt, kommt nicht umhin, sich etwas näher mit den Erkenntnissen der modernen Naturwissenschaften auseinanderzusetzen. Um zu erfahren, wie wir als Individuen funktionieren und unser Leben in Richtung unserer Ziele steuern, müssen wir uns zunächst einmal damit befassen, womit genau wir es überhaupt zu tun haben. Was genau ist es denn, worauf wir da Einfluss nehmen wollen?

Fangen wir damit an, uns zu überlegen wie viel Energie in unseren Körpern steckt. Du kannst die Energie in einem beliebigen Teil Deines Körpers leicht selbst bestimmen. Albert Einstein höchstpersönlich hat uns die Formel dazu auf dem Silberteller gereicht, um die einem Ding innewohnende, sogenannte Ruheenergie exakt zu bestimmen:

$E = mc^2$

Dabei entspricht **E** der Energieausbeute bei totaler Umsetzung der Masse in Energie. Das ist also die maximale Energie, die entstehen kann, wenn man die gesamte Energie eines Gegenstandes in reine Energie umsetzt. Das ist bislang jedoch selbst mit unkontrollierten, thermonuklearen Reaktionen noch nicht möglich. Selbst an verdammt heißen Orten wie dem Inneren unserer Sonne fusionieren bei einigen Millionen Grad Celsius immer nur winzige Bruchteile der Wasserstoffkerne tatsächlich, weshalb sie auch so angenehm lange brennt.

Aber spielen wir unser Gedankenexperiment einmal weiter. Das **m** steht für die Masse des Objektes und die Konstante **c** steht für die Lichtgeschwindigkeit. Licht breitet sich mit einer konstanten Geschwindigkeit von etwa 300.000 Kilometern pro Sekunde aus und ist die maximal erzielbare Geschwindigkeit in unserem Universum. Wenn Du noch schneller von A nach B reisen möchtest als das Licht, müsstest Du dafür den Raum krümmen. Ersetzen wir bei der Lichtgeschwindigkeit also noch die Kilometer durch Meter, dann lässt sich das Energiepotential z.B. Deines Fingernagels sehr leicht wie folgt berechnen, wenn wir annehmen, dass er 1 g (=0,001 kg) wiegt:

0,001 kg x (300.000.000 m/s)^2 = 90.000.000.000.000 Joule

Wir erhalten also 90 Billionen Joule - oder etwa 25 Millionen Kilowattstunden - an Energie, wenn wir die Masse Deines Fingernagels komplett in Energie umwandeln. Damit kannst Du einen Güterzug einige Male um den Äquator rasen lassen, eine handelsübliche 20 Watt Energiesparlampe für 150.000 Jahre ununterbrochen brennen lassen oder mit einer Tesla Limousine Model S bei Vollgas für fünfeinhalb Jahre unterbrochen fahren. Wir sprechen immer noch von Deinem Fingernagel.

Nun stell Dir nur mal für einen Moment vor, wie viel Ruheenergie erst Dein gesamter Körper enthält, wenn allein Dein Fingernagel schon ein solch gigantisches Potential besitzt. Und es gibt Menschen, die tatsächlich herumlaufen und jammern, sie hätten zu wenig Energie. Was für eine kuriose Aussage im Angesicht dieser Betrachtung. Alles was Du bist, ist pure Energie. Und Du kannst diese Energie über den Verlauf Deines Lebens entweder einfach ungenutzt verrauchen lassen oder sie gezielt für positive Zwecke einsetzen. Wenn Du bis zu diesem Punkt gelesen hast, hast Du Deine Entscheidung bereits getroffen.

> *„Es stellt sich heraus, dass eine gespenstische Art von Chaos hinter einer Fassade von Ordnung lauern kann, dass aber ganz tief im Inneren des Chaos eine noch gespenstischere Art von Ordnung lauert."*
>
> *Douglas Hofstadter*

Gott = Eine gespaltene Persönlichkeit?

Unser Universum ist ein bisschen schizophren. Einerseits ist es entropisch, das heißt, es ist lebensfeindlich! Entropie ist ein Begriff aus der Physik und ein Maß für die Zunahme der Unordnung in einem System. Stark vereinfacht ausgedrückt kann man sagen, dass die Unordnung in einem geschlossenen System ohne äußere Einwirkung niemals abnehmen, aber - und das ist sehr wichtig - durchaus zunehmen kann. Physikalische Unordnung bedeutet hierbei aber nicht das Gleiche wie im Alltag, wenn z.B. in Deiner unaufgeräumten Wohnung überall verteilt Kleidung herum liegt, was ja schon in gewisser Hinsicht auch den Charme einer komplex-chaotischen Kunstfertigkeit erkennen lassen kann. Es bedeutet vielmehr, dass der Informationsgehalt eines Systems ohne äußere Einwirkung abnimmt, was dazu führt, dass unser Universum auf lange Sicht betrachtet für alle Teilchen eine Gleichverteilung und eine niedrige Komplexität anstrebt. Bleib dabei, alles ergibt in wenigen Augenblicken deutlich mehr Sinn. Versprochen!

Was bedeutet nun Informationsgehalt in diesem Zusammenhang? Es steht für die Komplexität der Strukturen in einem System. Verschiedene Formen und Anordnungen von Steinen in der Natur besitzen eine höhere

Hummeln im Hintern

Komplexität (und damit eine geringere Entropie) als fein verteilter Sandstaub, der durch die Erosion aus den gleichen Steinen entsteht. Ein lebender Mensch besitzt allein aufgrund der Vielzahl an feinst koordinierten, biologischen Vorgängen in seinem Körper ebenfalls eine wesentlich höhere Ordnung (und damit wiederum auch eine geringere Entropie) als ein verstorbener Mensch.

Partikel in unserem Universum streben also immer einen Zustand gleichmäßiger Verteilung und damit höher Entropie an, so dass es keinerlei Muster oder Strukturen und keine intelligenten oder funktionalen Anordnungen gibt. Und damit leider auch keine Schönheit. So ein Zustand bedeutet zunächst mal grundsätzlich Tod. Nicht nur da draußen im Weltall, bei mehreren hundert Grad unter null, sondern durchaus auch bei Dir im heimischen Wohnzimmer. Nur durch ein gewisses Maß an Komplexität kann auch Leben entstehen. Dennoch hinkt der Vergleich mit Deiner Wohnung nicht völlig: Immerhin steigen der Staubgehalt und die Unordnung in Deiner Wohnung ebenfalls und können von allein auch niemals kleiner werden, sondern nur größer. Deswegen musst Du dort auch regelmäßig den Staubsauger schwingen und von Zeit zu Zeit auch mal aufräumen. Man könnte daraus also voreilig schlussfolgern, dass Entropie dem Leben nicht gerade zuträglich ist.

Nun, gleichzeitig ermöglicht das Universum paradoxerweise aber auch gerade unser Leben. Um Leben zu erschaffen und zu erhalten ist es z.B. notwendig, Ungleichgewichte wie Konzentrations- und Temperaturunterschiede in unserem Gewebe herzustellen und zu erhalten, Ordnungen hoher Komplexität aufzubauen, anstatt dem Bestreben nach Gleichverteilung zu verfallen, was den Gesetzmäßigkeiten der Entropie jedoch eigentlich widerspricht. Dazu bedient sich das Universum eines Tricks, der die Gesetze der Entropie zumindest innerhalb gewisser Grenzen aushebelt.

Die Entropie eines lokalen, geschlossenen Systems kann nämlich durch Einfluss von außen verringert werden, allerdings wird dadurch die Entropie der Umgebung erhöht. Das Gesetz der Entropie wird dadurch also nicht verletzt. Wann immer Du etwas erschaffst, ob Du eine Familie gründest, ein Business aufbaust oder Deine Wohnung einrichtest; immer strebst Du damit einen Zustand höherer Ordnung an. Ein Business entsteht niemals von selbst, dafür sind umfangreiche Ressourcen in Form von Wissen sowie zeitlicher und finanzieller Art nötig. Auch eine Beziehung oder unsere Gesundheit verbessern sich nicht von allein sondern wir müssen aktiv daran arbeiten. Das willkürliche Erschaffen von intelligenten Strukturen - und damit das Verringern von Entropie - ist die Aufgabe eines kreativen Menschen. Tiere können auch Komplexität erschaffen, indem sie sich z.B. Nester bauen oder einen Futtervorrat für den Winter anlegen. Aber der Mensch ist die einzige uns bekannte Lebensform, die den Verstand hat, um über bloße Lebenserhaltungsmaßnahmen hinaus Ordnungen von hoher Komplexität zu erschaffen. Den Prozess dafür bezeichnen wir als Kreieren, Erschaffen, Aufbauen oder im theologischen Sinn als Schöpfung, die niemals abgeschlossen ist, sondern sich immer weiter entfaltet.

Auch als Menschen können wir jedoch keine physikalischen Gesetze aushebeln. Wenn wir Entropie lokal verringern, vergrößern wir sie an einer anderen Stelle auf Kosten unserer Umwelt. Wenn Du z.B. etwas isst, nimmst Du Nahrung mit geringer Entropie auf und gibst Stoffwechselprodukte mit hoher Entropie an Deine Umwelt ab. Wenn Du Sport treibst, generierst Du Komplexität in Form einer Bewegung und der Entwicklung Deines Muskelapparates, aber Du produzierst dabei auch Wärme, die der Körper an die Umgebung abstrahlt. Diese Wärmeenergie kann aus der Luft niemals zurückgeholt werden und selbst wenn man es könnte, wäre dazu erneuter Energieaufwand nötig, der die Entropie erhöht. Mit anderen Worten: Wir haben die Entropie der Umgebung erhöht, um unsere eigene Entropie zu senken.

Hummeln im Hintern

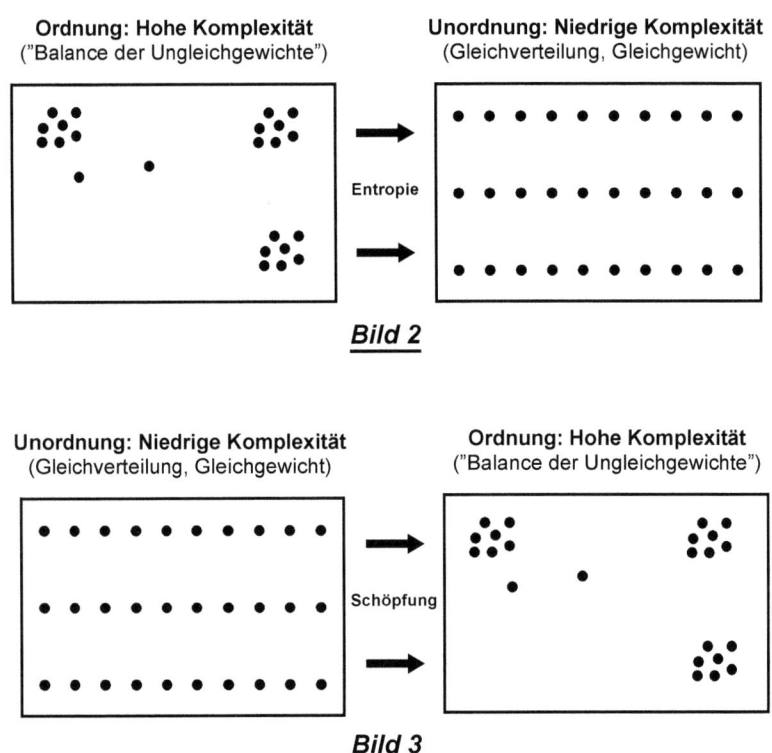

Bild 2

Bild 3

Schau Dir dazu kurz die 2 Skizzen an, welche den Punkt noch etwas eingehender verdeutlichen sollen. Bild 2 zeigt eine Struktur, die ein Muster hat, welches ohne weiteres Zutun langsam in eine ungeordnete Gleichverteilung übergeht. Bild 3 zeigt den umgekehrten Prozess, der von der Gleichverteilung (=Unordnung) ausgehend Muster erschafft, die intelligenten Anordnungen folgen und bestimmte Funktionen erfüllen. Dazu ist jedoch Energie von außen nötig. Das ist das, was Du als Mensch tust, wenn Du produktiv tätig wirst, arbeitest und dadurch Werte erschaffst. Das ist aber auch das, was mit allen Lebensformen passiert ist, als sie entstanden sind.

Kapitel 2 – Unser Universum

„Der erste Trunk aus dem Becher der Naturwissenschaft macht atheistisch, aber auf dem Grund des Bechers wartet Gott."

Werner Heisenberg

Infinitisimale Annäherungsversuche

Welche Rolle spielt der Zufall in unserem Leben? Durch zufällige Ereignisse oder Umwelteinflüsse, wie z.B. Tornados, können manchmal durchaus komplexe oder sogar ästhetische Gebilde entstehen. Unser Körper und all seine Organe wie dem Gehirn, unser Auge oder allein eine Hand gleichen aber vielmehr einem mühevoll komponierten, feinmechanischen Kunstwerk als einer Anordnung, die durch eine willkürliche Aneinanderreihung glücklicher Zufälle entstanden ist. Wenn wir lediglich Kreaturen des Zufalls sind, woher kommt dann der Wille zur Entwicklung und stetigen Verbesserung sowohl von uns als Individuen als auch der Gesellschaft? Woher kommen Werte und Moral, wodurch unterscheiden wir gut von böse? Hätte es allein den Mond nicht gegeben, würde unser Tag heute nur noch 10-15 Stunden dauern, da der Mond die Erddrehung alle 50.000 Jahre um etwa eine Sekunde abbremst. Ganz gleich welcher Auffassung man diesbezüglich auch ist: Kunstwerk oder Zufall; die Gesetze, die unser Leben bestimmen, müssen durch irgendetwas festgelegt worden sein.

Vielleicht ist das einer der Gründe, warum manche Forscher im Laufe ihrer Karriere zu dem Schluss kommen, dass „da draußen" doch etwas sein muss, eine Kraft, die wir zumindest derzeit noch nicht so richtig erfassen und in eine einfache Formel packen können. Die Hauptaufgabe der Physik ist es, nach einer Gleichung zu suchen, die genau diese Kraft exakt beschreibt. Diese Formel wäre dann quasi mit dem Namen Gottes gleichzusetzen, und lautet daher auch zünftig und standesgemäß „Theory Of Everything" oder Weltformel, das heißt eine Formel, die alle uns bekannten Kräfte in diesem Universum miteinander vereint und in mathematischen Bezug zueinander setzt. Allerdings gestaltet sich die Suche nach dieser Theorie wesentlich zeit- und nervenaufreibender, als ursprünglich erwartet.

So riet denn auch der Münchner Physikprofessor Philipp von Jolly, bei dem sich Max Planck 1874 nach den Aussichten für ein Studium der Physik erkundigte, Planck davon ab, Physik zu studieren. Die Begründung lautete, dass „in dieser Wissenschaft schon fast alles erforscht sei, und es gelte, nur noch einige unbedeutende Lücken zu schließen". Das mag rückblickend betrachtet mehr als lächerlich erscheinen, wenn man bedenkt, dass einige der wichtigsten Entdeckungen gerade im 20. Jahrhundert gemacht wurden. Glücklicherweise hörte Max Planck nicht auf diesen Rat und wurde später ironischerweise auch noch zu einem der wichtigsten Wegbereiter der „neuen Physik", wie anfangs die Quantenphysik genannt wurde.

Es gelingt uns bis heute noch nicht, Einsteins Relativitätstheorie, welche die Schwerkraft und damit die Bewegung von Planeten und Sternen sowie die Zusammenhänge von Raum und Zeit exakt beschreibt, und die Aussagen der Quantenphysik, die uns die Welt des Allerkleinsten besser zu verstehen hilft, miteinander in Beziehung zu setzen. Beide Theorien funktionieren jeweils für sich genommen ausgesprochen gut. Sie führten zu Entwicklungen wie dem Internet, ohne welches unsere heutige Weltwirtschaft gar nicht mehr vorstellbar wäre. Wir können durch sie die Fusionsvorgänge im Inneren der Sonne ebenso beschreiben wie die Bewegung von Gestirnen und damit die Landung auf einem anderen Planeten exakt vorausberechnen. Dennoch passen beide Theorien einfach nicht so richtig zusammen und stellen die Forscher vor große Herausforderungen.

In der Physik spricht man von vier fundamentalen Wechselwirkungen, aus der alle uns bekannten Phänomene in der Natur ableitbar sind: Elektromagnetische Wechselwirkung, Schwache Wechselwirkung, Starke Wechselwirkung und Gravitation. Man nimmt an, dass sie zum

Zeitpunkt des Urknalls eine einzige Kraft bildeten, die sich erst nach Abkühlung in diese vier Grundkräfte aufspaltete. Ein erster Schritt, eine Art Vorstufe zur Weltformel, ist eine Theorie, welche mit Ausnahme der Gravitation drei Kräfte vereint. Das bezeichnet man als sogenannte „Grand Unified Theory" (Große Vereinheitlichte Theorie) und ist in Ansätzen sogar bereits gelungen. Und auch wenn sich das zunächst eher nach dem kleinen Stiefbruder des Allmächtigen anhören mag, ist das für die Forschung bereits ein unglaublicher Erfolg und jeder weitere Tag bringt uns ein bisschen näher an die ultimative Wahrheit heran. Gelänge es anschließend, auch noch die Gravitation widerspruchsfrei in dieses Theoriekonstrukt einzubetten, was als die größte Herausforderung betrachtet wird, dann wären wir sozusagen „fertig" und könnten alle Aspekte im uns bekannten Universum mathematisch exakt und zusammenhängend beschreiben.

Ein recht vielversprechender Ansatz für eine solche ultimative „Weltformel", ist die sogenannte Stringtheorie. Aber diese wirft enorm viele neue Fragen und Probleme auf und würde zum Beispiel implizieren, dass wir nicht in einer 4-dimensionalen Welt leben, sondern in einer Welt mit 10, 11 oder sogar 26 Dimensionen. Das könnte natürlich wiederum bedeuten, dass recht viele Dinge um uns herum passieren, von denen wir gar nichts mitbekommen und wir bislang noch nicht mal an der Oberfläche der Erkenntnis unserer Welt gekratzt haben, was die Empfehlung von Professor Jolly an Max Planck umso absurder erscheinen lässt.

Jeder Schleier, den die Physik enthüllt, eröffnet den Blick auf einen weiteren Schleier - ähnlich wie bei den Schichten einer Zwiebel - und es gibt nicht wenige Forscher, die der Meinung sind, dass wir der Natur niemals ihre letzten Geheimnisse werden entreißen können, um am Grunde des „Bechers der Weisheit" anzukommen. Und falls Du Dich das gerade fragen solltest, jemand hat die Anzahl der notwendigen Dimensionen in unserer Welt tatsächlich ausgerechnet. Aber es kommt leider noch sehr viel verrückter!

Hummeln im Hintern

„Es gibt keine andre Finsternis als Unwissenheit."

William Shakespeare

Die Physik des Allerkleinsten: Crashkurs Quantenphysik

Die klassische Physik wollte beweisen, dass unsere Welt in einen Rahmen aus verschiedenen Schubläden passt und ist daran gescheitert. Ihr größter Nutzen besteht heute immer noch darin, uns etwas über das relative Verhalten und Zusammenspiel von Naturgrößen zueinander zu sagen. Sie kann uns jedoch nichts über die Ursache von Kräften sagen. Die moderne Physik hat uns gezeigt, dass Determinismus, also die unbedingte Vorhersagbarkeit von Prozessen nicht nur nicht immer gänzlich möglich, sondern auf subatomarer Ebene sogar gänzlich irrelevant ist. Dort spricht man von Tendenzen und Wahrscheinlichkeiten. Allein der Versuch einer Festlegung scheitert, wie sich mittlerweile experimentell zeigen lässt. Schauen wir uns das einmal genauer an!

In der Welt des Kleinsten und Allerkleinsten wird es ungeheuer abenteuerlich und faszinierend. Zunächst einmal können keine festen Aussagen mehr über Zustände von Elementarteilchen - den kleinsten Gegenständen überhaupt - getroffen werden, sondern nur noch Wahrscheinlichkeitsaussagen. Es gibt also die Möglichkeit, dass etwas Bestimmtes passiert, aber eben keine Garantie dafür!

Außerdem können Teilchen wie z.B. Elektronen unter bestimmten Umständen *gleichzeitig* an zwei verschiedenen Orten sein oder anders formuliert, die Teilchen *wissen,* dass es mehrere mögliche Wege und Aufenthaltsorte für sie gibt. Stell Dir mal ein Auto vor, das aus einem Parkhaus herausfährt und dabei beide verfügbaren Schranken gleichzeitig nimmt. Das wurde bereits in den 60er Jahren des letzten Jahrhunderts mit der sogenannten Elektronenbeugung am Doppelspalt festgestellt und gilt als eines der wichtigsten Experimente für die Quantenphysik, wenngleich die theoretischen Grundlagen dafür sogar schon wesentlich früher gelegt wurden. Die Interpretation und Folgen dieser ambivalenten Eigenschaften der Elektronen bereitet den Forschern aber noch bis heute Kopfzerbrechen.

Erklären lassen sich solche Phänomene nur noch, wenn man die Elektronen nicht mehr als feste Teilchen betrachtet, sondern ihnen auch die energetischen Eigenschaften einer Welle zuschreibt. Also ganz ähnlich wie beim Licht. Wellen haben nämlich keinen bestimmten Ort - man sagt auch sie sind *nichtlokal* - und daher können sie auch bequem beide Ausfahrten aus unserem Parkhaus heraus nehmen. Diese Überlagerung zweier möglicher Zustände, aus denen entweder eine Welle oder ein Teilchen hervorgeht, nennt der Physiker ‚Superposition'. Wir können jedoch immer nur einen dieser beiden Zustände - Welle oder Teilchen - sehen.

Umgekehrt kann sich auch gewöhnliches Licht so verhalten, als ob es aus Teilchen bestehen würde, indem es etwa Partikel aus festem Material regelrecht herausschlägt. Eine Variante dieses Effekts macht man sich in den Bild erfassenden Sensoren von Digitalkameras zunutze. Wir sind also vom Bereich der festen und greifbaren Materie ausgehend in den Bereich der immateriellen Energie vorgestoßen.

Fassen wir nochmal kurz zusammen: Viele Eigenschaften kleinster Teilchen lassen sich allein dadurch beschreiben, dass man sie *nicht* allein als Materie, sondern gleichzeitig auch als Welle - also einer Energieform - betrachtet und umgekehrt! Daher spricht man in diesen Fällen auch von einem Welle-Teilchen-Dualismus. Mal verhält sich Materie wie Energie, mal verhält sich Energie wie Materie. Du kannst auch sagen, Materie ist kondensierte Energie. In der Broschüre „Energie wird zu Materie", herausgegeben von CERN, dem weltgrößten Forschungszentrum auf dem Gebiet der Elementarteilchenphysik, heißt es: „Nach unseren heutigen theoretischen Anschauungen, die durch viele Experimente bestätigt sind, muss man Materie als eine kompakte, verdichtete Form von Energie ansehen, kondensierte Energie sozusagen."

Hummeln im Hintern

Physiker und Nobelpreisträger Werner Heisenberg schrieb bereits 1959 in „Physik und Philosophie": „Alle Elementarteilchen sind aus derselben Substanz, aus demselben Stoff gemacht, den wir nun Energie oder universelle Materie nennen können; sie sind nur verschiedene Formen, in denen Materie erscheinen kann (…) die Energie tritt als materielle Realität durch die Form in Erscheinung, wenn ein Elementarteilchen erzeugt wird." Weiter heißt es: „Der quantentheoretische Dualismus zwischen Wellen und Teilchen bewirkt, dass dieselbe Realität sowohl als Materie als auch als Kraft in Erscheinung tritt." Werner Heisenberg war einer der bedeutendsten Physiker des 20. Jahrhunderts.

Laut Anton Zeilinger, einem der wichtigsten Experimentalphysiker auf dem Gebiet der Quantenphysik der Gegenwart, wird Materie in erster Linie durch Information charakterisiert. Wir können aus nur drei Zutaten, den Elektronen, den u-Quarks und den d-Quarks das gesamte uns bekannte Universum in all seinen Facetten zusammensetzen: Menschen, Pflanzen, Tiere und sämtliche uns umgebende Dinge des Alltags. Aber erst die Struktur ihrer Zusammensetzung entscheidet, was am Ende aus diesen Zutaten wird. Das Rezept entscheidet über die Funktion. Deshalb ist seiner Meinung nach die Information wichtiger als die Materie selbst. Oder anders gesagt, ohne Information keine Materie. Er ist auch der Ansicht, dass wir als Beobachter in dieser Welt keine gänzlich passive Rolle in der Interaktion mit Materie spielen.

Ein weiteres Phänomen auf Partikel-Ebene, das bereits länger bekannt ist, ist, dass von einem bestimmten Elementarteilchen auch nie gleichzeitig der Ort und der Impuls (also Richtung und Geschwindigkeit) beliebig genau bestimmt oder errechnet werden können. Wir wissen also entweder recht genau, wo sich ein Teilchen aufhält, können dann aber nichts über seine Richtung und Geschwindigkeit sagen. Oder wir kennen Richtung und Geschwindigkeit, aber können dann nicht exakt bestimmen, wo es sich gerade aufhält. Wie seltsam das ist, merkst Du erst wieder, wenn Du das auf unsere Alltagswelt überträgst. Wenn Du zu Fuß, mit dem Rad oder Auto unterwegs bist, kannst Du zu

Kapitel 2 – Unser Universum

jedem Zeitpunkt immer beide Faktoren genau bestimmen. Aber in der Mikrowelt sieht es ganz anders aus: Je genauer eine dieser beiden Kenngrößen wird, desto ungenauer wird die andere. Das bezeichnet man auch als Heisenbergsche Unschärferelation, nach Werner Heisenberg, der diesen Zusammenhang entdeckte. Das Problem beruht nicht auf einer technischen Unzulänglichkeit unserer derzeit verfügbaren Messapparaturen, sondern ist prinzipieller Natur.

Hans Peter Dürr, emeritierter Direktor des Max-Planck-Instituts für Physik (Werner-Heisenberg-Institut) in München und ein ehemaliger Schüler Heisenbergs forderte deshalb, nicht von Elektronen im Sinne von Materieteilchen oder Partikeln zu sprechen, weil das irreführend für das Verständnis ihrer Funktion sei, sondern von winzigen Prozessen, die er mit einem Augenzwinkern als „Wirks" oder „Passierchen" bezeichnete, und die wie kleinste Stücke von Software agieren, aus denen ein größeres Programm geschrieben werden kann bis hin zu der Software, aus der Lebewesen bestehen. Heisenberg hat tiefer gehende philosophische Auseinandersetzungen mit der Rolle und den Implikationen unseres Bewusstseins im Rahmen der Erkenntnisse der Quantenphysik vermieden. Dürr wurde da wesentlich konkreter. In einem Interview im Jahr 2007 sagte er: „Im Grunde gibt es Materie gar nicht. Jedenfalls nicht im geläufigen Sinne. Es gibt nur ein Beziehungsgefüge, ständigen Wandel, Lebendigkeit. Wir tun uns schwer, uns dies vorzustellen. Primär existiert nur Zusammenhang, das Verbindende ohne materielle Grundlage. Wir könnten es auch Geist nennen. Etwas, was wir nur spontan erleben und nicht greifen können. Materie und Energie treten erst sekundär in Erscheinung - gewissermaßen als geronnener, erstarrter Geist. Nach Albert Einstein ist Materie nur eine verdünnte Form der Energie. Ihr Untergrund jedoch ist nicht eine noch verfeinerte Energie, sondern etwas ganz Andersartiges, eben Lebendigkeit. Wir können sie etwa mit der Software in einem Computer vergleichen." 1987 empfing er den Right Livelihood Award („Alternativer Nobelpreis"). 1995 wurde ihm der Friedensnobelpreis und schließlich 2004 das Große Bundesverdienstkreuz verliehen. Hans Peter Dürr verstarb 2014 in München.

Hummeln im Hintern

„Was hinter uns liegt und was vor uns liegt sind Kleinigkeiten im Vergleich zu dem, was in uns liegt."

Ralph Waldo Emerson

Deep Dive: Tiefer hinab ins Kleine

Falls Dir bislang bereits etwas mulmig zumute war, wird es jetzt noch etwas gespenstischer. Kommen wir nochmal zurück zu unserem Beispiel mit dem Parkhaus. Das Auto, das aus dem Parkhaus herausfährt und dabei beide verfügbaren Schranken gleichzeitig nimmt, tut es nämlich nur solange, *wie keiner dabei zuschaut*! Schaut dagegen jemand zu, entscheidet sich das Auto spontan für eine der beiden Ausfahrten und wir erhalten ein faktisches, objektiv messbares Ergebnis über den Weg und den Zustand des Autos. Es legt sich allein aufgrund der Tatsache, dass wir es beobachten, fest. Wenn man Elementarteilchen im Rahmen eines Versuchsaufbaus über Messanordnungen beobachtet, verändert allein die Tatsache, *dass* man sie beobachtet, ihr Verhalten! Auch wenn nur die Möglichkeit besteht, dass man den Autos zuschauen könnte, würden sie sich bereits für eine der beiden Schranken festlegen. Entscheidend ist also die prinzipielle Verfügbarkeit der Information, nicht so sehr die Tatsache, ob sie auch tatsächlich abgerufen wird. Es gibt also eine bislang noch nicht annähernd geklärte Interaktion zwischen Subjekt und Objekt. Möglicherweise ist diese Form der Unterscheidung sogar gänzlich falsch, da eine Interaktion nur dann möglich ist, wenn es eine Verbindung zwischen beidem gibt. Oder präziser ausgedrückt, wenn man in erster Linie erst gar keine Trennung von beidem unterstellt.

Kleinste Teilchen können unter bestimmten Voraussetzungen auch Hindernisse überwinden und Barrieren durchdringen, die sie eigentlich aufgrund ihrer Beschaffenheit und Bewegungsenergie niemals durchdringen können dürften. Auf unsere Verhältnisse übertragen wäre das ungefähr so, wie wenn man einen Fußball mit etwas Anlauf gekonnt durch eine massive Betonwand kickt, wobei weder die Betonwand noch der Ball irgendeinen Schaden davon nehmen. Diesen Prozess bezeichnet man als Tunneleffekt und wirklich ausnahmslos jedes elektronische Gerät heutzutage - ob Radio, TV, Spielkonsole, Tablet, PC oder Smartphone - macht sich diesen Effekt in einigen Hundert-Millionen seiner Halbleiterschaltkreise zunutze.

Man kann einzelne Elementarteilchen auch so miteinander verknüpfen und gleichschalten, dass beide Teilchen sich völlig identisch verhalten. Wenn man dann das erste Teilchen verändert, macht das zweite Teilchen immer genau das gleiche. Dieses als „Verschränkung" bezeichnete Prinzip gilt selbst dann, wenn die beiden Teilchen weit voneinander entfernt sind. Stell Dir doch einfach mal zwei Spieler vor, die gemeinsam würfeln und es kommt bei jedem Wurf zwar immer eine neue Zahl heraus, jedoch sind die Augenzahlen beider Würfel immer identisch, auch wenn einer der Spieler in München und der andere in Hamburg sitzt. Mehr noch, der Zustand des zweiten Teilchens ändert sich *genau in dem Augenblick*, wo man das erste Teilchen *beobachtet*. Die Angleichung der Teilcheneigenschaften findet nämlich in Echtzeit statt, also mit Überlichtgeschwindigkeit. Das verletzt jedoch Einsteins Relativitätstheorie, der uns für alles, was durch das Universum rast, ein kosmisches Tempolimit verhängt hat. Danach darf sich in den uns bekannten vier Dimensionen nichts schneller bewegen als das Licht, welches sich mit etwa 300.000 Kilometern pro Sekunde ausbreitet. Schnell, aber nicht schnell genug für unsere verschränkten Elektronen. Dieses Phänomen ist - wie die meisten Quanteneffekte - bereits sehr lange bekannt. Einstein nannte es die „spukhafte Fernwirkung" und die fehlende Erklärung dieses Phänomens hat ihn bis an sein Lebensende sehr stark frustriert.

Auch ohne den Hype um eine kommerzielle Nutzung von Quantencomputern ist die Quantenmechanik historisch bereits die wirtschaftlich erfolgreichste und wichtigste Umsetzung von Forschungsergebnissen in die Praxis. Es ist schwer, verlässliche und belastbare Zahlen zu finden, aber laut einem Artikel in „Bild der

Hummeln im Hintern

Wissenschaft" aus dem Jahr 2012 geht man in den USA von etwa 30% des Bruttoinlandproduktes aus, die auf Erkenntnissen der Quantenmechanik basieren. Das ist wahrscheinlich noch sehr konservativ geschätzt. Die Quantenmechanik spielt neben ihrer Rolle in der Halbleiterelektronik und in Lasern künftig auch immer mehr in der Materialforschung eine Schlüsselrolle, z.B. im Flugzeugbau bei der Gestaltung anpassungsfähiger Tragflächen mittels Nanotechnologie.

Vielleicht hast Du Dir bei all diesen haarsträubenden Beispielen eine Frage gestellt: In unserer Makrowelt treten diese Phänomene eigenartiger Weise nicht auf oder zumindest in so kleinem Ausmaß, dass wir sie nicht wahrnehmen können. Warum ist das so? Die derzeit gängige und am meisten akzeptierte Interpretation dieses Phänomens lautet „Dekohärenz". Dekohärenz besagt vereinfacht ausgedrückt, dass bei großen Gegenständen die Interaktionen der Quanten mit sich selbst und mit ihrer Umgebung eine so große Rolle spielen, dass die Wahrscheinlichkeiten verschwinden und es den zu beobachtenden Gegenstand dahingehend beeinflusst, dass er gewissermaßen zu einem festen Gegenstand „erstarrt". Eine Quantentendenz wird also erst und allein durch die Wechselwirkungen mit sich selbst und ihrer Umgebung zu dem, was sie ist. Erstarren ist hierbei allerdings auch wieder begrifflich irreführend, da wir bei Materie mehr von einem stabilen Gleichgewicht von Partikeln ausgehen müssen, die sich mit extrem hoher Geschwindigkeit bewegen, vibrieren oder schwingen. Es verschwinden lediglich die Quanteneigenschaften der Information, die wir ab dann getrost als „Objekt" bezeichnen können. Die Verbindung aller Dinge in unserer Welt und die Interaktion zwischen ihnen macht unsere Welt also offenbar überhaupt erst möglich. Deine Umgebung legt sich in dem Moment fest, wo sie mit anderen Teilchen der Umgebung interferiert. Das gilt auch für Photonen, also den Lichtteilchen, wie wir gelernt haben und diese brauchst Du ja, um Dinge überhaupt erst sehen zu können. Photonen treffen auf den Gegenstand und werden in Dein Auge reflektiert, was es Dir erlaubt, Dinge um Dich herum wahrzunehmen.

Kapitel 2 – Unser Universum

Was sich nach einem schlechten Science Fiction Roman anhört, ist der derzeit am weitesten verbreitete Versuch der Physiker zur Erklärung, warum uns die geradezu verrückten quantenmechanischen Effekte nicht auch im Alltag begegnen, sondern nur, wenn man einzelne Teilchen völlig isoliert betrachtet oder sie auf sehr tiefe Temperaturen herunter kühlt. Anton Zeilinger hat sogar bereits erfolgreich Versuche mit recht großen Molekülstrukturen durchgeführt, die ähnliche Ergebnisse hervorbrachten und er versucht nun auch die Welleneigenschaften von Viren nachzuweisen, die nochmal um ein Vielfaches größer sind. Dort vermutet man die Grenze des Machbaren, weil die Interferenzen mit der Umgebung dann so groß werden, dass sie nicht mehr richtig abgestellt werden können, um die Quanteneffekte noch sauber nachweisen zu können. Wir können uns als Beobachter bei Messungen im Bereich des Mikrokosmos nicht mehr ausklammern, wie das in unserer Alltagswelt noch problemlos möglich ist. Wir beeinflussen den Ablauf der Dinge aufgrund unserer Beobachtung und werden ein Teil davon. Neben der Dekohärenz gehen einige Forscher übrigens noch von anderen Interpretationen aus und vermuten eine Interaktion unseres Bewusstseins mit der Realität, wodurch diese überhaupt erst entstehen kann. Spätestens ab hier teilen sich die Ansichten der Wissenschaftler jedoch in verschiedene Lager auf.

„Das Übernatürliche ist das Natürliche, das über unsere derzeitigen Erkenntnisse hinausgeht."

Elbert Hubbard

Zurück in die Zukunft

Sofern Du noch immer nicht von Deinem Glauben abgefallen sein solltest, kommt jetzt eine Erkenntnis, die Dir vermutlich vollends den Teppich unter den Füßen wegziehen wird. In Experimenten mit sogenannten Quantenradierern konnte man zeigen, dass sich das

Hummeln im Hintern

Verhalten von Quanten nicht nur durch unsere Beobachtung verändert, sondern dass sich der Zustand eines Quants auch rückwirkend - also in der Vergangenheit - ändern kann. Wenn Quanten, z.B. Photonen oder Elektronen, eine Versuchsanordnung durchlaufen, wo sie die Möglichkeit haben, entweder ihre Wellen- oder ihre Teilcheneigenschaften zur Schau zu stellen, hängt das beobachtbare Ergebnis immer davon ab, ob man herausfinden kann, welchen Weg das Quant durch die Versuchsanordnung genommen hat. Besteht auch nur die Möglichkeit, dass wir den Weg hätten bestimmen können, „switcht" das Quant in den Teilchenmodus und wir können alle Eigenschaften sehen, die man bei Materie feststellen kann.

Unterdrücken wir jede Möglichkeit, den Weg des Teilchens zu bestimmen, zeigt es auf einmal Welleneigenschaften. Dies gilt auch, wenn das Quantenobjekt nicht schon dort gemessen wird, wo es sich entscheiden muss, ob es Welle oder Teilchen es sein will, sondern erst zu einem späteren Zeitpunkt (verzögerter Messprozess). Nur wenn der Weg *objektiv unbestimmbar* ist, so dass eine Gewinnung der „Welcher-Weg"-Information völlig unmöglich ist, ergibt sich ein Wellenmuster. Das bedeutet nicht, das Zeitreisen jetzt ab sofort möglich sind, sondern dass wir den Zustand eines Quants zwischen Welle und Teilchen (= die sogenannte ‚Superposition') völlig neu bewerten müssen. Befindet sich ein Quant in der Superposition, ist es weder Welle noch Teilchen. Es legt sich erst fest, wenn wir es beobachten - notfalls auch rückwirkend. In der Superposition scheint es keinen Raum und keine Zeit zu geben, sondern lediglich den Begriff der Information.

Sobald wir eine Möglichkeit haben, etwas über ihre Natur heraus zu finden, indem wir ihren Weg durch eine Messapparatur verfolgen, kondensiert sie in Form eines Teilchens und wird zu dem, was wir als Materie - also als „anfassbar" - bezeichnen. Wenn wir keine Möglichkeit haben, heraus zu finden, welchen Weg eine Quanteninformation nehmen kann, verhält sich das Quant wie eine Welle. Es hält sich damit alle Wege und Türen offen und kann aufgrund seiner Natur an mehreren

Orten gleichzeitig sein. Nicht sprichwörtlich, aber im Rahmen unserer Sprache und unseres Verständnisses. Dabei spielt es auch keine Rolle, ob wir die Information tatsächlich abrufen oder nur abrufen *könnten*, also die Möglichkeit hätten, es zu tun. Wenn wir zwar nicht hinschauen, es aber insgeheim könnten, entscheidet sich das Quant trotzdem, ein Teilchen zu sein. Quanteninformation ist offenbar recht stark von Schamgefühlen geprägt.

Kommen wir im Rahmen unseres kleinen Ausflugs in die Welt der Physik zu einem der letzten Spektakel des Mikrokosmos: Dem Wunder echter Alchemie, in welcher aus einem Teilchen plötzlich neue Teilchen mit gänzlich anderen Eigenschaften entstehen können. Wenn man Partikel mit sehr hoher Geschwindigkeit in einem sogenannten Teilchenbeschleuniger aufeinander schießt, kann man dadurch ihre natürlichen Eigenschaften gänzlich verändern und neue Teilchen entstehen lassen. Was in der Chemie lange als unmöglich galt, nämlich aus einem Element ein anderes Element zu erzeugen, gelingt in einem Teilchenbeschleuniger relativ leicht, wenn auch nur in sehr kleinen Mengen und mit der Einschränkung, dass die erzeugten Partikel radioaktiv sind und nur extrem kurze Lebensspannen besitzen. Aber sein wir bei so einer Möglichkeit nicht allzu streng mit unseren Maßstäben.

> *„Was wir beobachten, ist nicht die Natur selbst, sondern Natur, die unserer Art der Fragestellung ausgesetzt ist."*
>
> *Werner Heisenberg*

Aber was bedeutet das nun alles?

Erst in jüngerer Zeit beginnt sich die Öffentlichkeit stärker diesen Themen zu öffnen und damit auseinander zu setzen. Das ohnehin schwierige Begreifen dieser Zusammenhänge wird noch durch unsere Sprache erschwert, die aus einer Kultur der rein stofflichen Weltsicht heraus entstanden ist und einfach nicht für diese Art von Phänomenen ausgelegt ist. Nur wenige von uns beherrschen das mathematische Handwerkszeug, um quantenmechanische Effekte exakt zu beschreiben, ganz zu schweigen davon, sie zu verstehen. Jeder, der sich hinreichend lange mit der Quantenmechanik beschäftigt meint oft demütig, dass man sie eigentlich kaum richtig begreifen kann. Physiker und Nobelpreisträger Richard Feynman meinte dazu „Ich denke, ich kann sicher sagen, dass heute niemand die Quantenphysik versteht." Hinzu kommt noch, dass vor und während der Zeit des zweiten Weltkrieges die Erforschung der Quantenphysik in Deutschland von den Nationalsozialisten stark ausgebremst wurde. Sie wollten eine rein mechanistische „Deutsche Physik" und lehnten Einsteins Relativitätstheorie sowie die gesamte Ideenwelt der Quantenmechanik als zu mathematisch und zu theoretisch ab. Die sich anschließende atomare Aufrüstung in der Zeit des kalten Krieges hat das öffentliche Interesse an der Quantenphysik ebenfalls nicht gerade in einem positiven Sinn entfacht, sondern eher Ängste davor geschürt.

Derzeit klafft eine so große Lücke zwischen den aktuellen Erkenntnissen der Forschung und dem öffentlichen Verständnis dieser Vorgänge, dass kaum Hoffnung besteht, diesen Abstand jemals aufzuholen. Noch immer wird an vielen Schulen das Bohrsche Atommodell gelehrt, bei dem Elektronen den Atomkern wie Planeten die Sonne umkreisen. Diese Vorstellung ist komplett überholt und schlichtweg falsch. Sie trägt nicht eben dazu bei, das Verständnis unseres Weltbildes zu verbessern. Es ist elementar wichtig, diese Kluft wieder zu schließen, indem wir uns mit dem aktuellen Stand der Dinge wesentlich stärker auseinandersetzen.

Die Quantenphysik bietet uns einen völlig neuen Zugang zu den Schätzen dieses Universums und einen Schlüssel zu ihrem Verständnis. Ihre Applikationen sind aus dem heutigen Alltag nicht mehr wegzudenken - wir sind von ihrer Technologie täglich umgeben, ganz zu schweigen von den Entwicklungen, die uns in den kommenden Jahrzehnten noch erwarten. Allerdings wurde sie in der Vergangenheit auch häufig zur Untermauerung eher fadenscheiniger Praktiken aus dem Bereich der Esoterik herangezogen, dabei oft oberflächlich recherchiert, falsch interpretiert und teilweise sogar regelrecht verbogen, um sie den Vorstellungen oder Heilpraktiken verschiedener Gurus anzupassen. Es ist etwas ganz natürliches, dass man nach Bestätigungen seiner eigenen Überzeugungen sucht. Jedoch sollten wir nicht mehr in die aktuelle Forschung hinein interpretieren, als der Stand der Erkenntnisse es uns bislang erlaubt. Die Quantenphysik eröffnet uns ein faszinierendes, neues Feld an Möglichkeiten und Forschungsthemen und ist auch so spannend genug, ohne dass wir ihr weitere Aspekte hinzu dichten.

Die gegenteilige Ansicht ist jedoch genauso stark verbreitet und mindestens ebenso naiv. Nämlich ganz einfach pauschal zu ignorieren, dass es Umstände gibt, die auf eine Interaktion zwischen Geist und Materie hindeuten. Gute Forschung heißt eben, den sicheren Hafen des Komfortbereichs konservativer Denkmuster zu verlassen, so wie es auch jeder andere tun muss, der etwas Großartiges leisten möchte. Und genau darum geht es uns ja in diesem Buch. Wir können bislang nur vermuten, dass es eine wie auch immer geartete Interaktion zwischen unserem Bewusstsein und Materie geben muss, da letztlich beide aus der gleichen Energie bestehen. Beweisen können wir es noch nicht und sobald jemand etwas gegenteiliges behauptet, ohne dafür zumindest bereits einen Nobelpreis in Empfang genommen zu haben, solltest Du vor dieser Person das sichere Weite suchen. Solche Behauptungen sind nicht nur falsch, sie schaden auch all denjenigen, die sich mit diesem spannenden Thema ernsthaft auseinandersetzen.

Um es in der Sprache der Quantenphysik auszudrücken, sie eröffnet uns die *Möglichkeit,* unsere Thesen und unser Verständnis über Gott irgendwann einmal zu untermauern, aber bis dahin ist es noch ein recht weiter und steiniger Weg. Vertreter der großen Religionen sind offener und weniger dogmatisch, Naturwissenschaftler in ihren Formulierungen vorsichtiger geworden. Erstere räumen wissenschaftlich gesicherten Erkenntnissen zunehmend Platz in ihren Ideologien ein. Letztere sprechen jetzt nicht mehr von gesicherten, determinierten Erkenntnissen, sondern von Beobachtungen und Interpretationen. Forscher akzeptieren mehr und mehr die Tatsache, dass nicht wir das Raster vorgeben, in das die Forschung hineinpassen muss, sondern, dass unsere Aufgabe darin besteht, gute Beobachter zu sein und ständig dazu zu lernen. Bob Proctor, ein Protegé Earl Nightingales, formulierte bereits vor über 30 Jahren recht treffend: Die Naturwissenschaften untersuchen die Kräfte des Äußeren. Die Theologie ergründet die Kräfte des Inneren. Irgendwann werden beide feststellen, dass sie im Grunde genommen ein und dieselbe Kraft erforschen.

> *„Wissenschaft ohne Religion ist lahm, Religion ohne Wissenschaft ist blind."*
>
> *Albert Einstein*

Vom Teilchenbeschleuniger in den Schoß Gottes

Was ich Dir hier gegeben habe, ist - wenn auch sehr stark vereinfacht - der aktuelle Stand der Forschung und die derzeitigen Herausforderungen mit denen sich die Physiker bei der Suche nach der einen Antwort konfrontiert sehen und das Hirn zermartern. Die Physik kann uns auf die für uns wichtigste Frage aktuell zwar bereits überaus wertvolle Anhaltspunkte aber eben noch keine allumfassende und gänzlich zufriedenstellende Antwort geben. Die Zusammenhänge werden die Forscher also durchaus noch eine Weile beschäftigen. Gott zeigt uns sein Gesicht eben nicht so ohne weiteres und lässt sich auch nicht mal eben so in seine Karten blicken oder auf einen Plausch zum Kaffee einladen. Möglicherweise stellen wir auch irgendwann fest, dass wir uns Gott zwar unendlich dicht *annähern*, ihn aber niemals gänzlich *erreichen* können.

Wenn wir uns einen großen Tunnel vorstellen, der das menschliche Denken repräsentiert, dann stehen Mystizismus und Esoterik am Anfang

Kapitel 2 – Unser Universum

aller Überlegungen oder noch bevor diese überhaupt stattfinden. Es bedeutet sich gar nicht erst die Mühe zu machen, die Taschenlampe herauszuholen und in das Dunkel hinein zu leuchten. Spiritualität kann man sich als das Licht am Ende des Tunnels unserer Überlegungen vorstellen. Sie ist das, was uns inspiriert und antreibt. Denken ist der Weg, den wir nehmen müssen, um diesen Tunnel zu durchschreiten und irgendwann vielleicht zu verlassen. Wir wissen nicht, ob wir das Ende des Tunnels jemals erreichen werden oder nur die nächste Streckenabschnittsbeleuchtung. Aber es ist jede Anstrengung wert. Denn diese Anstrengung, sich immer weiter zu verbessern, trägt ihre Belohnung bereits in sich.

Vieles deutet heute darauf hin, dass unser Verstand eine wesentlich größere Rolle bei der Interaktion mit unserer materiellen Umgebung spielt als bislang angenommen aber wir sind noch einige größere Schritte davon entfernt, es beweisen zu können. Wir müssen also einen anderen Weg einschlagen. Was bleibt uns dann? Es ist eine einigermaßen sichere Wette anzunehmen, dass sich hinter den 4 grundlegenden Wechselwirkungen der Physik eine größere, ursächliche Kraft verbirgt, die alles andere bedingt und zueinander in Beziehung setzt. Ob wir diese nun in Form eines physikalisches Prinzips beschreiben oder sie Gott, Allah, Jehova, Heiliger Geist, Buddha, Universelles Gesetz, Spirit, Krishna, Nirvana, Pachamama, Kausales Prinzip, Quellenergie oder morphogenetisches Kraftfeld nennen, ist eher Geschmackssache und für unsere Zwecke auch nebensächlich. Alle Glaubensrichtungen vereinen den Kern der Wahrheit in sich, wenn auch historisch viele Religionen den Kern ihrer Lehren stark verdreht, ausgeschmückt, romantisiert und ihren Gott personifiziert haben. Und nur wenige lehren wirklich konkret, wie man diese universelle, schöpferische Kraft, die uns alle ständig umgibt, richtig nutzt. Entscheidend ist für uns also nicht so sehr der Name sondern die Beschreibung der Funktion dieser Kraft und wie wir sie uns nutzbar machen können. Dabei betrachten wir den Glauben als einen essentiellen, mentalen Erfolgstreiber und befassen uns nicht mit der Institutionalisierung des Glaubens, wie es bei kirchlichen Religionen der Fall ist. Diese Form von Glauben kann uns in unseren Ambitionen unter bestimmten Umständen sogar einschränken und bremsen.

Die Naturwissenschaft braucht der Mensch zum Erkennen, den Glauben aber braucht er zum Handeln, meinte Max Planck. Und genau um das Handeln geht es uns. Von den Wissenschaften lernen wir, dass dies ein geordnetes Universum ist, das bestimmten Gesetzen folgt. Wenn wir diese Gesetze kennen und richtig anwenden, verschafft uns das eine geradezu magische Aura der Überlegenheit. Wenn wir diese Gesetze nicht beachten und bewusst oder unbewusst dagegen verstoßen, will uns nichts so recht gelingen, egal wie sehr wir uns auch anstrengen. Alles geht ungleich schwerer, wir stoßen auf Wände, wo sich soeben noch Türen befanden und fühlen uns einfach nicht so recht auf der Spur.

> *„Im Gegensatz zur Methodik des religiösen Menschen ist für den Naturforscher das einzig primär Gegebene der Inhalt seiner Sinneswahrnehmungen und der daraus abgeleiteten Messungen. Von da aus sucht er sich auf dem Wege der induktiven Forschung Gott und seiner Weltordnung als dem höchsten, ewig unerreichbaren Ziele nach Möglichkeit anzunähern. Wenn also beide, Religion und Naturwissenschaft, zu ihrer Betätigung des Glaubens an Gott bedürfen, so steht Gott für die eine am Anfang, für die andere am Ende allen Denkens. Der einen bedeutet er das Fundament, der anderen die Krone des Aufbaus jeglicher weltanschaulicher Betrachtung. Religion und Naturwissenschaft - sie schließen sich nicht aus, wie manche heutzutage glauben oder fürchten, sondern sie ergänzen und bedingen einander. Wohl den unmittelbarsten Beweis für die Verträglichkeit von Religion und Naturwissenschaft auch bei gründlich-kritischer Betrachtung bildet die historische Tatsache, dass gerade die größten Naturforscher aller Zeiten,*

Kapitel 2 – Unser Universum

Männer wie Kepler, Newton, Leibniz von tiefer Religiosität durchdrungen waren."

Max Planck

Ein anderer großer Quantenphysiker und Nobelpreisträger des 20. Jahrhunderts, der Österreicher Erwin Schrödinger, der übrigens im Gegensatz zu Heisenberg nach eigener Aussage Atheist war, formuliert in „Mein Leben, meine Weltansicht" so: „Man könnte danach sich wohl versucht fühlen zu zweifeln, ob die allgemeine Ansicht, alles sei von Haus aus unorganisch, das Organische sei nur eine spezielle Modifikation des Unorganischen, auch zutrifft und nicht den wirklichen Befund gerade auf den Kopf stellt." Damit versuchte er darauf hinzuweisen, dass unser Planet zu einem erheblichen Teil aus lebenden Organismen und Material von verstorbenen Organismen besteht und die Vorstellung, das Organische sei aus dem Anorganischen entstanden, vielleicht völlig skurril und entrückt ist. Schrödinger war der Ansicht, dass Materie und Bewusstsein letztlich die zwei Kehrseiten ein und derselben Medaille sind und dass es nur ein globales Bewusstsein in unserem Universum gäbe und wir alle Bestandteil dieses einen Bewusstseins sind, wie er in „Was ist Leben" näher ausführt. Diese Vorstellung orientiert sich an den Upanishaden, den philosophischen Schriften des Hinduismus, die Schrödinger auch als Quelle nennt und die bereits Schopenhauer in seinem Denken stark beeinflusst haben.

Albert Einstein äußerte sich teilweise recht abfällig über die „kindliche" Vorstellung eines biblischen Gottesbildes und die Kirchenreligion als Institution an sich. Er meinte, er glaube einfach nicht an einen personifizierten Gott (sog. ‚Monotheismus'), der sich mit den Schicksalen eines einzelnen oder dem aller Menschen befasst. Er glaubte aber durchaus an einen Gott nach der Definition Spinozas, im Sinne einer unendlichen, alles durchdringenden Substanz mit unendlichen Attributen, aus der alles besteht und entsteht (sog. ‚Pantheismus'). In einem seiner Briefe sagte er ferner, dass nahezu jeder, der sich eingehend und ernsthaft mit den Naturwissenschaften auseinandersetzt, früher oder später von der Überzeugung erfüllt wird, dass sich in den Gesetzmäßigkeiten der Welt ein „überlegener Geist manifestiere, demgegenüber wir mit unseren bescheidenen Kräften demütig zurückstehen müssen". Was in aller Welt veranlasst nun ultra-rationale Naturwissenschaftler sich zu solchen Schlussfolgerungen hinreißen zu lassen?

> *„Das Nicht-Vorhandensein von Beweisen ist kein Beweis für das Nicht-Vorhandensein."*
>
> *Price Pritchett*

Occam's Rasiermesser

Das nach William of Occam (auch Wilhelm von Ockham, 1288-1347) benannte Prinzip stellt einen Effizienzrahmen für Hypothesen in der Forschung auf und besagt, dass man bei der Erklärung eines Phänomens immer die Theorie bevorzugen sollte, die mit den einfachsten und geringsten Grundannahmen auskommt. Gibt es also zwei plausible Ansätze zur Erklärung eines Phänomens, dann ist die einfachere Variante der beiden zu bevorzugen. Es ist gewissermaßen das ökonomische Prinzip der Wissenschaft. Alles, was wir nicht beweisen oder ändern können, ist irrelevant für unsere Betrachtungen, wir schließen sie nach Occam aus unserem Denken komplett aus. Das heißt nicht, dass wir Gott aus der Welt ausschließen, sondern dass wie das Thema der Beweisführung zu den Akten legen.

Agnostizismus bedeutet, sich nicht dafür zu interessieren, ob die Existenz eines Gottes bewiesen werden kann oder nicht. Agnostiker halten diese Frage für irrelevant oder prinzipiell nicht zu beantworten. Man kann übrigens sehr wohl Agnostiker sein und dabei an Gott glauben. Es ist sowohl mit Atheismus, der Verneinung einer übermächtigen Kraft, als auch mit dem Theismus, also dem unbedingten Glauben an einen

Kapitel 2 – Unser Universum

Gott vereinbar. Man spart sich lediglich die Mühe, anderen Leuten seinen Standpunkt zu erklären, der sich ohnehin nicht innerhalb eines vertretbaren Aufwandes erläutern oder gar beweisen lässt. Und Effizienz ist nun mal sehr sexy.

Immanuel Kant erörterte bereits vor über 200 Jahren, dass man weder die Existenz noch die Nichtexistenz eines Gottes beweisen kann. Mögliche Erkenntnisse über Sachverhalte beschränken sich für uns also allein auf den Bereich des sinnlich Wahrnehmbaren. Natürlich wäre ein wissenschaftlicher Beleg einer überlegenen und unterstützenden Kraft in diesem Zusammenhang sensationell. Aber brauchen wir den tatsächlich, um einen Nutzen aus ihrer Anwendung zu ziehen? Wir haben Zugriff auf einen umfangreichen Schatz von Aufzeichnungen von Unternehmern, Theologen und Philosophen der letzten 6.000 Jahre seit Erfindung der Schrift. Sie bilden ein überaus reichhaltiges Buffet an „Erfolgsliteratur". Und die Kernthese lautet immer: Deine Gedanken formen Deine Realität!

Jeder kann diese Thesen anhand eigener Erfahrungen überprüfen. Dazu ist es nötig, einige der bisherigen Überzeugungen auf ‚on hold' zu setzen, um diese These unvoreingenommen zu testen. Selbst oder gerade dann, wenn sie etwas haarsträubend klingen mag. Ein erheblicher Vorteil ist, dass wir nicht gänzlich von vorne anfangen müssen, weil bereits zahlreiche, großartige Denker vor uns die Schwerarbeit geleistet haben. Aber wenn wir ganz ehrlich mit uns sind, sind Glaubenssprünge und Veränderungen in unseren Überzeugungen nicht Voraussetzung für alles wichtige, was wir im Leben tun? Bevor wir über etwas Gewissheit haben, müssen wir zunächst immer an den Erfolg glauben, um es überhaupt erst umsetzen zu können. Sonst stirbt die Idee bereits im Kindsbett.

Letztlich musst Du also eine Entscheidung für Dich treffen, worauf Du Deine Überzeugungen basieren und woran Du glauben möchtest. Keiner kann Dir das abnehmen. Meine Empfehlung ist überaus pragmatisch. Wenn Du derzeit nicht immer verlässlich alles erreichst, was Du Dir vornimmst, wenn also Deine derzeitige Strategie nicht so funktioniert, wie Du es erwartest, dann probiere einfach die hier beschriebene Denkweise aus. Wenn Du überhaupt keine konkrete Vorstellung davon hast, wieso bestimmte Dinge in Deinem Leben immer wieder passieren oder ausbleiben, dann wird Dir die in diesem Buch vermittelte Philosophie beim Verständnis enorm weiterhelfen.

Zunächst mal das Tollste vorweg: Kein Mensch kann Dir auch nur im Entferntesten vorschreiben, woran Du zu glauben hast! Und wenn doch, dann ist es Dein Recht, einfach darauf zu pfeifen. Nur in unseren Gedanken haben wir die Domäne ultimativer Freiheit. Und da der Glaube nun mal eine der mächtigsten Triebfedern ist, die wir kennen, sollten wir uns auch sehr genau überlegen, woran wir glauben möchten, um uns dieses Prinzip auf die richtige Art nutzbar machen zu können. Wenn Du sehr stark an eine Sache glaubst, wirst Du nicht nur unwiderstehlich sondern auch nahezu unbesiegbar.

„Gott ist ein rationales Prinzip, das alles bestimmt und lenkt."

Epiktet

Ordnung und Bewegung

Ordnung und Bewegung sind die zwei treibenden Kräfte in unserem Leben. Ordnung ist dabei das Prinzip, das dafür sorgt, dass Du einerseits im Einklang mit universell gültigen Gesetzen arbeitest und zum anderen Ordnungen höherer Wertigkeit erschaffst. Bewegung ist die notwendige Voraussetzung für Veränderung und dafür, dass überhaupt etwas geschieht. Sobald Du Deinen Verstand auf die richtige Art einsetzt, zieht es Dich mit voller Wucht in Richtung Deiner Ziele, da Ordnung und Bewegung in Deinen Gedanken die Kraft Deines inneren Antriebes geradezu potenzieren. Du wirst bei den Übungen in diesem Buch auch bereits schnell merken, dass „Hummeln im Hintern" nicht zu viel versprochen

Kapitel 2 – Unser Universum

ist. Wenn Du alles wie beschrieben tust, wird es sich viel mehr nach einer Rakete in Deinem Allerwertesten anfühlen. Es mag Dir zum jetzigen Zeitpunkt noch nicht bewusst sein oder sich vielleicht sogar völlig absurd anhören, aber in Dir schlummert viel mehr Potential, als Du es Dir im Moment überhaupt vorstellen kannst! Paradoxerweise kannst Du Dein Potential auch immer nur in dem Maß ausschöpfen, *wie* Du es Dir vorstellen kannst. Noch bevor Du das Buch zu Ende gelesen hast, wirst Du überzeugt davon sein, wozu Du alles in der Lage bist!

Sobald Du auf eine Aufgabe stößt, die größer ist als Du selbst, brauchst Du auch einen Glauben an etwas, das größer ist als Du selbst es bist. Glaube ist der Kampf gegen unsere eigene innere Schwäche und Dunkelheit. Glaube ist der Treibstoff, der Dich in Bewegung setzt, bevor Deine Erfolge diese Funktion übernehmen können und sich Deine Motivation aus diesem Erfolgsmomentum heraus speist. Ohne Glauben an eine bestimmte Sache setzt Du Dich gar nicht erst in Bewegung. Die Funktion des Glaubens wurde in der Vergangenheit oft missverstanden. Auch wenn Du Schwierigkeiten mit dem Wort Glauben haben solltest macht das nichts. Probiere es einfach aus und Du wirst sehen: Selbst wenn Du nur die Möglichkeit akzeptierst, dass es keine Grenzen für das gibt, was Du tun kannst, verbessert sich Deine Performance bereits um ein Vielfaches. Du wächst regelrecht über Dich hinaus!

Wenn Dich ein bestimmter Glaube produktiver und stärker macht, warum würdest Du dann darauf verzichten? Ganz gleich wie man sich dieser Frage auch nähert und wofür man sich letztlich entscheidet, das wirklich Spannende ist: Du wirst immer mit Erfahrungen belohnt, die Dich in Deiner Meinung bekräftigen! Ein sehr guter Freund von mir ist atheistisch, und stellt dabei immer wieder anhand eigener Erfahrungen fest, dass es einen Gott einfach nicht geben kann. Ich bin ebenfalls atheistisch erzogen worden. Aufgrund einer Entscheidung, die ich getroffen habe, bin ich nun jedoch Pantheist. Und ich werde dafür ebenfalls fortlaufend mit Erfahrungen belohnt, die mich in meiner Meinung bekräftigen. Allerdings halte ich es ähnlich wie Einstein was dieses Thema anbelangt. Meine Idee einer schöpferischen Kraft hat so gut wie keine Schnittmengen mit einem kirchlichen Gottesbild. Es ist wie mit der sich selbst erfüllenden Prophezeiung. Glaubst Du daran, dass Dir schlechte Sachen immer wieder zustoßen und dies der natürliche Lauf der Dinge ist, dann wird sich genau das in Deiner Realität widerspiegeln. Du wirst kaum Schwierigkeiten haben, Beispiele in Deinem Leben zu finden, die genau diesen Umstand bestätigen. Glaubst Du aber an ein kosmisches Fangnetz, das Dich immer wieder auffängt, sobald Du stolperst, dann passiert auch genau das. Nun, welche der beiden Realitäten gefällt Dir besser?

Mittlerweile kann ich voller Überzeugung und aus eigener Erfahrung versichern, dass jemand, der an ein primäres, ursächliches Prinzip glaubt, welches wir der Einfachheit halber in diesem Zusammenhang als Gott bezeichnen wollen, stets ein paar Grad mehr Hitze verträgt, als sein ungläubiger Mitstreiter, der nur an sich selbst glaubt und das, was er um sich herum sieht. Gott ist jedoch nicht Dein kosmischer Hotelpage, der Dir Deine Koffer auf das Zimmer hinauf trägt. Das göttliche Prinzip ist eher eine Art Katalysator. Es mag das Spielfeld und die Spielregeln aufgestellt haben. Du bist jedoch der Spieler! Die Gesetze der Ordnung, an denen Du Dich orientieren musst, sind also vorgegeben. Die Bewegung erfolgt durch Dich.

Trotz dieser universell gültigen Spielregeln und Gesetzmäßigkeiten ist unbegrenzter Raum für eigene Akte der Schöpfung vorgesehen. Sobald Du das begreifst und Dir selbst hilfst, kommt Unterstützung aus allen nur erdenklichen Richtungen auf Dich zugeflogen. Wenn Du Dich also ohnehin entscheidest an irgendetwas zu glauben, kannst Du Dich genauso gut für einen Glauben entscheiden, der Dir hilft, das Beste aus Dir heraus zu holen. Ein Glaube der Dir hilft, Optimismus, Selbstbewusstsein und Motivation aufzubauen - Deinen inneren Antrieb!

Action Steps
Attacke! Gang, kuppeln und Gas: Die Übungen für das Kapitel

Gang 1…2: Action

Kommen wir wieder zu etwas praktischem. Du hast die Bedeutung von Ordnung und Bewegung kennengelernt. Ordnung motiviert zur Bewegung. Chaos in Deiner Umgebung sorgt auch für Chaos in Deinem Kopf und raubt Dir wertvolle, mentale Ressourcen.

1. Vielleicht hast Du auch schon gemerkt, wie gut es sich anfühlt, einfach mal auszumisten und alten Krempel in Deiner Wohnung loszuwerden. Eine aufgeräumte Wohnung oder ein aufgeräumter Schreibtisch verschaffen Dir auch einen aufgeräumten, wachen und klaren Geist. Vielleicht ist gerade jetzt der richtige Zeitpunkt für Dich, Dir ein paar Kisten zu schnappen und etwas Ordnung um Dich herum zu schaffen? Senke die Entropie in Deiner Wohnung. Was Du nicht mehr benötigst, schmeißt Du entweder weg oder Du verschenkst es an Freunde. Räume auch Deine Kleiderschränke aus und gib Sachen, die Du nicht mehr trägst, an Bedürftige. Neben der wohltuenden Wirkung auf Deinen Verstand, geht es uns auch darum, in Bewegung zu kommen sowie gute, aktive Gewohnheiten aufzubauen. Die Übung zahlt sich also gleich mehrfach für Dich aus. Wenn Du ein Typ sein solltest, der vom Chaos inspiriert wird, wirst Du das spätestens jetzt bewusst feststellen. Dein Minimallohn ist dann immer noch eine aufgeräumte Bude und glücklichere, weniger verspannte Gesichter unter Deinen Besuchern.

Gang 3…4: Energie

2. Sich Klarheit darüber zu verschaffen, was alles getan werden muss ist der nächste Schritt. Gehe online auf *www.evernote.com/intl/de* sowie *www.asana.com* und lege

Hummeln im Hintern

Dir dort jeweils einen Account an. Lade Dir auch gleich die zugehörigen Apps auf Dein Smartphone runter. Du wirst sie später brauchen.

Evernote ist ein System, mit dem Du künftig nicht nur alle Deine Notizen sondern regelrecht Deine Gedanken organisieren und von überall via Laptop, Tablet oder Smartphone darauf zugreifen kannst. Es wird zu Deinem digitalen Zentralarchiv für einfach alles: Businesspläne, Roadmaps, Rezepte, Fotos, Urlaubsplanungen, Tickets, Kopien von wichtigen Dokumenten. Du kannst über ein Browser-Plugin ganze Webseiten oder Ausschnitte clippen und sie mit Schlagwörtern versehen. Damit schreiben sich ganze Artikel oder Blogposts fast von selbst. Die App verfügt über einen Visitenkartenscanner, der automatisch die Kontakte daraus extrahiert und in Deinem Adressbuch ablegt. Du kannst Volltextsuchen sogar in eingescannten Dokumenten vornehmen. Du kannst Notizen an Kontakte freigeben und mit ihnen daran arbeiten oder sie von Deinem Smartphone aus präsentieren. Auch PDFs, Powerpoint, Excellisten oder Word Dokumente lassen sich aus Evernote heraus problemlos darstellen. E-Mails lassen sich einfach an eine eigens für Dich kodierte E-Mail Adresse weiterleiten und sie werden dann in Deinem Evernote abgelegt. Es ist super einfach zu bedienen und je mehr Du es nutzt, desto mehr Anwendungsmöglichkeiten werden Dir einfallen. Dieses Buch inklusive aller Recherchen ist komplett in Evernote entstanden.

Asana ist ein smartes und ebenfalls genial einfach zu bedienendes Task Management System, das vollständig teamfähig ist. Es wurde von ehemaligen Facebook Mitarbeitern entwickelt und man spürt bei der Nutzung das durchdachte Bedienkonzept. Sobald Dir etwas einfällt, was zu erledigen ist, trägst Du es im Webinterface oder in der App auf Deinem Smartphone ein und weist den Task einer oder mehrerer Personen Deines Teams sowie einer Deadline zu. Hast Du es erledigt, wischst Du kurz den Task nach rechts und er wird abgehakt. Die App synchronisiert in Echtzeit mit Deinem Web Account und denen Deines Teams. Du wirst staunen was für ein Unterschied es in Deiner Produktivität ausmacht, wenn Du Dich bislang über Outlook oder eine Task - Liste organisiert hast. Ich hab zahlreiche Apps in dem Bereich für mich getestet aber Asana ‚is the way to go'! Es ist mit Abstand am einfachsten zu bedienen und verfügt dennoch über die notwendige Funktionstiefe ohne den Nutzer von Beginn an damit zu erschlagen. In der kostenlosen Version können bis zu 15 Personen miteinander zusammenarbeiten. Über Erweiterungen lassen sich Funktionen wie Gannt Charts ergänzen und auch eine Verknüpfung zu Evernote herstellen.

Beschäftige Dich mit beiden Tools und lass Dir ihren Gebrauch zur zweiten Natur werden. Die Lernkurve ist bei beiden Systemen aufgrund ihres intuitiven Designs minimal kurz.

Gang 5…6: Bestimmung

3. Brain Dumping: Aufräumen im Kopf!

   Welche Ideen schwirren Dir zurzeit im Kopf herum? Was hast Du noch alles zu erledigen? Verschaffe Dir mentale Ruhe und Klarheit, indem Du Deinen Verstand von allen Dingen frei schaufelst. Erst dann kommen wieder frische Ideen in Deinen Kopf. Brainstorming funktioniert auch nur dann richtig gut, wenn Dein Kopf klar ist und nicht von zehn Dingen belastet wird, die gerade anbrennen. Bringe alles zu Papier, was Dir gerade durch Deinen Kopf geistert. Noch besser ist, Du nutzt gleich Dein neues Evernote dafür. Es ist perfekt für alle Ideen und Notizen, die noch sehr vage sind und später raffiniert werden müssen. Schreib erst mal ungefiltert alles auf, ohne Dir Gedanken darüber zu machen, welchen Wert die Info für Dich haben mag. Du kannst später immer noch sortieren und die Ideen verfeinern oder verwerfen. Hast Du konkrete ToDos, nutze am besten gleich das Asana.

KAPITEL 3

Unser Verstand

„Wir sehen die Dinge nicht so wie sie sind, wir sehen sie so wie wir sind."

Anais Nin

Die eine Kraft

Es gibt eine Kraft in diesem Universum. Eine Kraft, die alles durchdringt. Sie hält Planeten auf ihren Umlaufbahnen und kleinste Energieklümpchen in so perfekt geordneter Form zusammen, dass wir sie als Gegenstände in unserem Alltag nutzen können. Sie nährt unseren Körper und ist ursächlich für alle uns bekannten Phänomene - allen voran das Leben! Diese Kraft ist intelligent, überall und jederzeit gleichmäßig verteilt vorhanden und enthält - nicht unähnlich einer Bibliothek - das gesamte Wissen der Menschheit, völlig unabhängig davon, ob wir heute bereits auf dieses Wissen zugreifen oder nicht. Sie materialisiert dieses Wissen in Form von neuen technischen Errungenschaften mittels und durch den Menschen. Sie ist sowohl Ursache als auch Wirkung zugleich.

Die größten Denker und Philosophen aller Zeiten wussten von ihrer Gegenwart. Diese Kraft veranlasst die besten Forscher unserer Welt, in schlaflosen Nächten nach ihr zu suchen wie nach einem verloren gegangenen Kind, nur um einen noch so kleinen Beweis ihrer Existenz zu erhaschen. Künstler versuchen dieser Kraft Ausdruck zu verleihen und ihr eine Form zu geben, indem sie sie in wunderschönen Kompositionen erklingen lassen, ihr auf einer Leinwand Gestalt geben oder sie in Form von Geschichten zu Papier bringen. Jetzt erfährst Du, wie Du diese Kraft auch für Dich arbeiten lässt! Genau genommen tut sie das schon, nur sind wir uns dessen nicht immer vollständig bewusst oder haben einen willentlichen Einfluss darauf.

Genauso wie Du viele Geräte in Deinem Alltag einsetzt, ohne die genaue Funktionsweise zu verstehen, musst Du auch nicht zwingend bis ins kleinste Detail verstehen, wie diese Kraft funktioniert, um sie dennoch ihre Magie für Dich verrichten zu lassen. Nur die wenigsten unter uns verstehen die exakten technischen Vorgänge hinter etwas so alltäglichem wie einem Smartphone. Dennoch nutzen wir es täglich, um uns mit anderen auszutauschen. Es ist auch nicht notwendig, sich erst durch esoterische Einweihungsrituale für diese Energie zu öffnen, um sie zu nutzen. Sie steht Dir bereits vollumfänglich zur Verfügung. Sie ist in Dir und um Dich herum vorhanden. Du wirst permanent von ihr durchdrungen. Sie arbeitet mit Dir und durch Dich hindurch, völlig gleich, ob Du Dir dessen bewusst bist oder nicht.

Es gibt Menschen, die wir als „unbewusst kompetent" bezeichnen. Diese Menschen wissen nicht, warum sie etwas bestimmtes besonders gut können, sie tun es einfach so wie sie es für richtig halten. Leider wissen diese Personen aber auch nicht, was genau sie korrigieren müssen, wenn es einmal nicht mehr so gut für sie läuft. Vielleicht ist es Dir bisher ähnlich ergangen, wenn Du nicht genau wusstest, warum die Dinge um Dich herum plötzlich sehr gut liefen oder eben nicht. Wenn dem so ist, wirst Du Dich freuen: Bis zum Ende dieses Kapitels, hast Du nicht nur verstanden, wie Dinge in Dein Leben kommen sondern kannst auch bewusst Einfluss darauf nehmen. Von da an aufbauend werden wir uns immer stärker mit den Implikationen und der praktischen Umsetzung dieser Einsicht befassen.

Kapitel 3 – Unser Verstand

„Es ist das Zeichen eines gebildeten Verstandes, sich mit einer Idee zu beschäftigen, ohne sie notwendigerweise zu akzeptieren."

Aristoteles

Du denkst in Bildern

Wenn Du Dir eine bestimmte Person vorstellst, was siehst Du dann? Siehst Du den Namen in großen 3D-Lettern vor Deinem inneren Auge vorbeifliegen? Nein, es entsteht ein Bild von der Person in Deinem Kopf, oder? Oft in einer bestimmten Situation, die Du erlebt hast oder Dir vorstellst. Denkst Du an Dein Fahrrad oder Dein Auto, entstehen neue Bilder in Deinem Kopf. Probiere es aus und denke zuerst an Dein Smartphone, dann an den Spiegel in Deinem Badezimmer, an Deinen Wohnungsschlüssel, an Deinen Arbeitsplatz, an Dein Bett. Jetzt denke erneut an eine bestimmte Person, die Du liebst, wie etwa Deinen Lebenspartner oder Deine Eltern. Es schießen Dir immer wieder neue Bilder durch den Kopf.

Wenn Du einen neuen Gegenstand siehst und jemand erklärt Dir den Begriff sowie seine Bedeutung dazu, entsteht Verständnis. Wenn Du einen neuen Begriff hörst und jemand zeigt Dir den passenden Gegenstand dazu, entsteht ebenfalls Verständnis - durch Assoziation von Bild und Begriff. Solange Begriff und Gegenstand voneinander getrennt sind, ist kein Verständnis vorhanden. Wenn Du also einen neuen Begriff hörst und kein passendes Bild dazu in Deinem Kopf parat hast, hast Du auch keinerlei Verständnis dafür. Das ist sicher keine neue Erkenntnis, dennoch für uns an dieser Stelle eine sehr wichtige, der man sich nicht immer gänzlich bewusst ist.

Warum ist das so wichtig? Du bist täglich gezwungen, mit vielen Konzepten und Begriffen umzugehen. Oft ohne die exakte und konkrete Bedeutung dahinter zu kennen. Besonders schwierig wird es bei sehr abstrakten Begriffen wie Liebe, Freiheit oder Deinem Verstand. Es kann durchaus helfen, sich die Zeit zu nehmen, einige der täglich benutzten Begriffe und Definitionen einmal nachzuschlagen. Selbst dann, wenn Du meinst zu wissen, was die Bedeutung dahinter ist. Du merkst ob Du etwas richtig verstanden hast, wenn Du in der Lage bist, es einer anderen Person so zu erklären, dass auch sie es versteht. Erst wenn wir eine wirklich bildhafte Vorstellung von Begriffen haben, können wir auch etwas damit anfangen.

Veränderung durch Bewusstwerdung

Wir haben Schwierigkeiten, etwas an uns zu verändern, solange wir keine klare und bewusste Vorstellung davon haben, was es genau ist, das wir verändern wollen. Verständnis entsteht durch die Zuordnung von Bildern zu bestimmten Sachverhalten oder Gegenständen. Testen wir daher doch gleich nochmal mit dem eben durchgeführten Experiment, was passiert, wenn Du an Deinen eigenen Verstand denkst. Was genau siehst Du dann in Deinem Kopf? Wenn es Dir so wie den meisten geht, siehst Du entweder gar nichts oder ein Bild von Deinem Gehirn. Der Begriff ist zu abstrakt und die wenigsten denken darüber nach, was darunter bildhaft zu verstehen sein könnte. Dein Gehirn ist jedoch nicht Dein Verstand. Denk jetzt darüber nach, wer oder was Du bist. Wenn Du ein Bild von Deinem Äußeren siehst, ist das kein Anzeichen von Narzissmus und muss Dir auch nicht unangenehm sein. Aber Dein körperliches Abbild ist nicht das, was Du bist. Alles gar nicht so leicht, oder?

Um etwas Abstraktes wie unseren Verstand bildhaft darzustellen, müssen wir zunächst Funktion und Eigenschaften beschreiben, um schließlich daraus eine bildhafte Darstellung der Funktionsweise skizzieren zu können. Wir gehen hier aus rein pragmatischen Gründen den umgekehrten Weg und leiten die Funktion von einem bereits fertigen Bild des Verstandes ab, das Du sofort übernehmen kannst. Sobald Du das tust, werden zahlreiche Lichter in Deinem Kopf anspringen und Du wirst eine Basis haben, von welcher aus kein Ziel für Dich zu hochgesteckt und alles erreichbar sein wird!

„Alles, was Du in Deinem Leben erreichst oder nicht erreichst ist ein direktes Resultat Deiner Gedanken."

James Allen

Das ‚Strichmännchen' Modell

Auch wenn der letzte Satz vielleicht etwas wuchtig klingen mag - er drückt genau das aus, was er soll. Was ist nun Verstand, was ist Gehirn und was ist Körper? Ich bin sehr froh, dass Du fragst! Wir verwenden im Kontext dieses Buches nicht die recht eng gefasste, philosophische Definition, die den Verstand auf die Funktion des Denkens und unser Urteilsvermögen beschränkt. Wir setzen für unsere Zwecke auf eine etwas nützlichere Definition, die zudem auch deutlich tiefer geht.

Wie wir im vergangenen Kapitel festgestellt haben, ist alles in unserem Universum Energie. Dein Verstand ist davon nicht ausgeschlossen. Er ist eine Aktivität, eine Schwingung und immerwährend in Bewegung. Er ist der nicht sichtbare Teil von Dir. Dein Körper ist die Manifestation - die Verstofflichung - dieser Bewegung und damit der sichtbare Teil von Dir. Beide Teile zusammen bilden genau wie die zwei Kehrseiten einer Münze ein gemeinsames Ganzes - das, was Du als „Ich" bezeichnest. Der Unterschied zwischen Deinem Verstand und Deinem Gehirn ist, dass Dein Verstand mit Deinem Gehirn denkt. Dein Gehirn ist ein Organ, eine Schaltzentrale und ohne Deinen Verstand ist es nicht sonderlich nützlich, was wir dann besonders schmerzlich feststellen, wenn ein Verstand seinen Körper verlässt.

Hummeln im Hintern

Die Analogie unseres Gehirns mit dem zentralen Prozessor eines Computers ist für bestimmte Betrachtungen gar nicht so schlecht. Auch der zentrale Rechenkern eines elektronischen Gerätes schaltet Milliarden von winzigen Schaltern in Bruchteilen von Sekunden und erstellt dadurch Bitmuster - Folgen aus Einsen und Nullen - die wir beliebig weiterbearbeiten können. Sie können zu Bildern, Musik oder komplexen Programmen zusammengesetzt werden. Sie können die Informationen eines Videospiels oder die Funktion eines Facebook Likes enthalten. Aber auch der beste Prozessor benötigt Strom um zu funktionieren und zwar weder zu viel davon noch zu wenig und er benötigt ihn auch in der richtigen Polarität. Allerdings gibt es auch einige gravierende Unterschiede zwischen einem Prozessor und Deinem Gehirn wie wir im nächsten Kapitel noch sehen werden.

Schauen wir uns gemeinsam einmal die folgende Grafik an. Was wir sehen, ist die schemenhafte Darstellung eines Modells, das die Funktion unseres Verstandes bildlich veranschaulicht. Wie alle Modelle ist es stark vereinfacht dargestellt, um die nötigen Kernideen daraus abzuleiten, ohne zu sehr von überflüssigen und im Moment nebensächlichen Details abzulenken. Die obere, wesentlich größere Kugel stellt Deinen Verstand dar. Das ist der nicht sichtbare, spirituelle Teil Deines Selbst. Es handelt sich dabei also nicht um Deinen Kopf. Über die Antennen auf der oberen Kugel, unseren fünf Sinnen, nehmen wir Informationen innerhalb eines bestimmten Wahrnehmungsspektrums aus unserer Umwelt auf. Wir können H (hören), S (sehen), R (riechen), S (schmecken) und T (tasten). Was außerhalb des Wahrnehmungsspektrums dieser fünf Sinne liegt, wird nicht aufgenommen oder verarbeitet. Natürlich sind die Sinne eigentlich Bestandteil unseres Körpers, aber die Registrierung der Information erfolgt über die Wahrnehmung in unserem Verstand.

Die untere, kleinere Kugel mit den vier Strichen steht für Deinen Körper und seine Gliedmaßen. Das ist der sichtbare Teil Deines Selbst, dem wir nahezu all unsere Aufmerksamkeit schenken. Das Strichmännchen ist also keine vereinfachte Darstellung eines Menschen

Kapitel 3 – Unser Verstand

mit einer krankhaften Vergrößerung des Kopfes und die Linie ist auch nicht Dein Hals sondern bildet die für uns unsichtbare Verbindung zwischen unserem immateriellen Verstand und dem materiellen Körper. Der Körper ist in diesem Modell kleiner dargestellt als der Verstand, um die größere Potenz unserer Gedanken gegenüber der physischen Kraft unseres Körpers zu verdeutlichen. In Wirklichkeit ist unser Körper jedoch immer genau die physische Entsprechung dessen, was sich in unseren Gedanken abspielt.

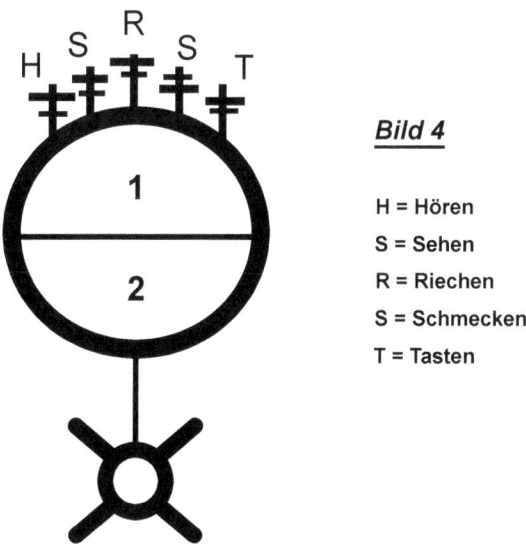

Bild 4

H = Hören
S = Sehen
R = Riechen
S = Schmecken
T = Tasten

Die Aufteilung des Verstandes in zwei Halbkugeln erfolgt deshalb, weil er sich aus zwei wesentlichen Bestandteilen zusammensetzt: Der ersten und der zweiten Aufmerksamkeit. Die erste Aufmerksamkeit ist uns besser als unser Bewusstsein bekannt. Die zweite Aufmerksamkeit hat mehrere Namen, die gängigsten dafür lauten inneres Bewusstsein, Unterbewusstsein oder auch das Unbewusste. Manchmal wird es als Herz oder als Bauchgefühl bezeichnet. Beide Aufmerksamkeiten sind in ihrem Zweck und ihrer Funktion sehr verschieden voneinander.

„Die Aufmerksamkeit zu kontrollieren bedeutet unsere Erfahrungen und damit die Qualität unseres Lebens zu kontrollieren."

Mihaly Csikszentmihalyi

Die erste Aufmerksamkeit: Ultimative Freiheit

Deine erste Aufmerksamkeit ist der Teil von Dir, der denkt. Hier liegen neben Deiner Wahrnehmung auch Dein freier Wille und Deine Vernunft. Über Deine erste Aufmerksamkeit kontrollierst Du Deinen Gemütszustand und Deine Emotionen und damit letztlich den Schwingungszustand Deines Körpers, indem Du Dich auf Ziele, Personen, Situationen oder Dinge konzentrierst. Besonders wichtig ist, dass hier auch die einzige echte Freiheit liegt, die Du in Deinem Leben benötigst: Die Freiheit, zu denken was immer Du möchtest. Kein Mensch oder Zustand kann Dich veranlassen etwas zu denken, das Du nicht denken möchtest, nicht mal unter dem Zwang körperlicher Folter, wie wir von Überlebenden aus Konzentrationslagern wissen.

Bitte tue Dir selbst einen großen Gefallen und lies den letzten Absatz noch einmal. Er ist überaus wichtig! Wie oft lassen wir uns von Mitmenschen einschüchtern, nicht weil sie smarter, sondern vor allem weil sie lauter sind. Niemand ist besser als Du und niemand kann dafür sorgen, dass Du Dich schlecht fühlst, es sei denn Du lässt es zu. Wir alle haben die gleichen Voraussetzungen mit auf den Weg bekommen. Der eine denkt daran, sich eine Eigentumswohnung zu kaufen, während der andere die exakt gleichen mentalen Werkzeuge dazu benutzt, sich zu überlegen, wie er sich das ganze Haus aneignen kann. Der Unterschied liegt in der Wahl der Bilder in Deinem Kopf. Daher ist es auch völlig richtig, wenn Du groß denkst, selbst wenn Deine Ressourcen zunächst nur eine „Light" - Version Deines mentalen Bildes erlauben. Aber die Materialisierung Deiner Idee schreitet immer weiter voran, solange Du

Kapitel 3 – Unser Verstand

das Bild in Deinem Kopf trägst. Lass daher niemals Deine derzeitigen Ressourcen über die Bilder in Deinem Kopf bestimmen.

> *„Was also ist der Mensch? So fragen wir nochmals. - Er ist ein Wesen, das immer entscheidet, was es ist. Ein Wesen, das in sich gleichermaßen die Möglichkeit birgt, auf das Niveau eines Tieres herabzusinken oder sich zu einem heiligmäßigem Leben aufzuschwingen. Der Mensch ist jenes Wesen, das immerhin die Gaskammern erfunden hat; aber er ist zugleich auch jenes Wesen, das in eben diese Gaskammern hineingeschritten ist in aufrechter Haltung und das Vaterunser oder das jüdische Sterbegebet auf den Lippen."*
>
> *Victor E. Frankl (1905 - 1997) „Der Mensch vor der Frage nach dem Sinn" 1979*

Da Du nun weißt, dass Dich niemand zwingen kann, etwas auf eine bestimmte Art und Weise zu tun oder etwas bestimmtes zu denken, kannst Du jederzeit sagen: „Vielleicht ist das so, aber das ist nur Deine Meinung. Ich sehe das anders." Niemand kann Dir diese Form von Freiheit nehmen, auch wenn in manchen Regionen unserer Welt noch nicht alle Gedanken immer gänzlich frei artikuliert werden können. Aber es ist nur eine Frage der Zeit, bis sich freies Denken auch in den letzten Winkeln unseres Planeten durchsetzt.

Diese Interpretation von Freiheit kommt aber auch mit einer Bürde: Alles was Du bewusst über einen genügend langen Zeitraum denkst, manifestiert sich in Deiner zweiten Aufmerksamkeit, dem unbewussten Teil Deines Verstandes. Das heißt also auch, dass alles was Dir widerfährt - ob nun Freude oder Schmerzen, Wohlstand oder Armut, Gesundheit oder Krankheit - ihren Ursprung in Deiner ersten Aufmerksamkeit finden, dem bewussten Teil Deines Verstandes und damit in Deiner Verantwortung liegen. Was jedoch auf den ersten Blick wie eine ungeheure Last wirkt, ist in Wirklichkeit ein Segen, sobald Du verstanden hast, wie Deine zweite Aufmerksamkeit alle Räder in unserem Universum in Bewegung setzt, um Dein Bild in seine physische Entsprechung zu bringen.

„Ich träume mein Gemälde und dann male ich meinen Traum."

Vincent van Gogh

Die zweite Aufmerksamkeit: Ultimative Macht

Dieser Teil Deines Verstandes ist in seiner Funktion mindestens ebenso phänomenal wie die erste Aufmerksamkeit! Es ist der Teil Deines Verstandes, auf den Du nicht zu jeder Zeit uneingeschränkten, bewussten Zugriff hast. Hier liegen Deine Vorstellungskraft, Deine Intuition und Dein Gedächtnis. Auch wenn Du bewusst und gezielt auf einzelne Gedächtnisinhalte zugreifen kannst, befinden sich nicht all Deine Erinnerungen permanent in Deinem Bewusstsein. William James, der Begründer der amerikanischen Psychologie, sagte vor über hundert Jahren „Die Erkenntnis, dass das Unterbewusstsein durch Gedanken gelenkt werden kann, ist vermutlich die größte Entdeckung aller Zeiten." Schau nochmal auf die Skizze unseres Strichmännchens von eben. Die Ideen strömen von oben nach unten durch Deinen Verstand. Sie stammen entweder aus dem sensorischen Input Deiner Sinne oder aus dem gewaltigen Ozean der universellen Kraft, der alles um Dich herum durchsetzt.

Wenn Du Auto fährst, Klavier spielst, mit zehn Fingern gleichzeitig auf einer Tastatur herum hämmerst oder mit dem Mountain Bike einen Abhang hinunter donnerst und dann einen Salto über eine Sprungchance machst wird immer Deine zweite Aufmerksamkeit übernehmen und Dich leiten, da Dich Deine erste Aufmerksamkeit hier nur ausbremsen

Kapitel 3 – Unser Verstand

oder gar verletzten würde. Die meisten eher anspruchsvollen Fertigkeiten im Sport sind nur dann gefahrlos für uns möglich, wenn wir in unseren Körper hineinhören und der zweiten Aufmerksamkeit vollständig vertrauen. Auch unsere vitalen Körperfunktionen wie das Atmen oder unser Herzschlag wären bewusst nicht dauerhaft zu kontrollieren. Nicht, dass es nicht möglich ist, jeder kann das sogar verhältnismäßig schnell erlernen. Praktizierende von autogenem Training oder erfahrene Yogis können bis zu teilweise extremen Graden bewussten Einfluss auf ihre Körpertemperatur, die Atmung und den Herzschlag nehmen. Wenn es jedoch immer in unserer bewussten Verantwortung läge, bestünde die Gefahr, es auch mal zu vergessen. Wir wären dann kaum in der Lage etwas anderes zu tun, wenn unsere Vitalfunktionen ständig unsere volle Aufmerksamkeit erfordern. Allein der nächtliche Schlaf würde uns vor lebensgefährliche Herausforderungen stellen.

Deine erste Aufmerksamkeit funktioniert wie ein Schutzfilter für Deine zweite Aufmerksamkeit indem Du dort Ideen akzeptierst oder ablehnst. Sobald Du eine Idee bewusst akzeptierst, muss sie auch durch Deine zweite Aufmerksamkeit akzeptiert werden. Deine zweite Aufmerksamkeit kann von Natur aus keinerlei Idee zurückweisen sondern akzeptiert jeden Impuls, den Deine erste Aufmerksamkeit bewusst oder auch ungewollt passieren lässt. Es fängt dann sofort an, diese Idee zu manifestieren und in Deine Realität zu bringen. Erreicht eine Idee also erst einmal Deine zweite Aufmerksamkeit, wird sie nicht mehr geprüft sondern sofort umgesetzt. Das ist so wichtig, dass wir es noch einmal wiederholen: Dein Unbewusstes kann keine Ideen ablehnen, es nimmt alles an, was es erreicht! Es ist gar nicht sonderlich schwer, neue Ideen in der zweiten Aufmerksamkeit zu verankern. Viel schwieriger ist es, ungewollte Ideen daran zu hindern, in die zweite Aufmerksamkeit vorzudringen.

Eine solche Idee bezeichnen wir ab sofort als Suggestion. Sie kann entweder von Dir selbst stammen oder von einer anderen Person. Sie kann hilfreich sein oder schädlich. Gewohnheiten sind nichts weiter als fixierte Ideen in Deinem Unbewussten. Routinen, über die Du nicht mehr bewusst nachdenkst. Sie sind ein Teil von Dir geworden. Die Summe all unserer Gewohnheiten und Überzeugungen bezeichnet man auch als Konditionierung oder Paradigma. Ein Großteil unserer Überzeugungen entsteht bereits in den frühen Jahren unserer Kindheit, wenn unsere erste Aufmerksamkeit noch nicht voll entwickelt ist und Deine zweite Aufmerksamkeit wie ein großes Gefäß alles in sich aufnimmt, was um Dich herum geschieht.

Jeder Gedanke, den Du durch wiederholte Konzentration über einen genügend langen Zeitraum hinweg immer wieder in Deine erste Aufmerksamkeit bringst, wird schließlich unweigerlich in Deiner zweiten Aufmerksamkeit verankert, woraufhin sich nicht nur Dein Körper sondern auch das gesamte Universum in Bewegung setzen, um dieses Bild in seine physische Entsprechung zu bringen und auf stofflicher Ebene zu materialisieren. Dabei wird nichts neu erschaffen, sondern lediglich eine auf energetischer Ebene bereits vorhandene ‚Realität' für Deine Sinne - und die aller Menschen um Dich herum - erlebbar gemacht. Du wirst sprichwörtlich das, was Du denkst. Du ziehst aber auch an, was Du denkst: Personen, Situationen und Gegenstände. Je stärker Deine Gedanken emotional aufgeladen sind, je stärker Du diese neue Realität auch fühlst und mit all Deinen Sinnen in Deiner Vorstellung erlebbar machst, umso eher tritt sie in Erscheinung. Manchmal dauert die Realisierung Deiner Idee länger als Deine Geduld reicht. Aber sie muss sich manifestieren, ebenso wie ein Apfel nach unten fallen muss, sobald Du ihn loslässt und niemals nach rechts, links oder nach oben schießt. Deine zweite Aufmerksamkeit ist Dein Gottesverstand, sie erschafft aus dem Buffet aller Möglichkeiten heraus Deine Realität. Ich weiß nicht genau, wie es Dir dabei geht, aber für mich ist diese Vorstellung ziemlich episch!

Stell Dir einen Wasserschlauch vor. Das Wasser stellt die Kraft zur Verfügung und je nachdem was Du am Ende dieses Schlauches anschließt, bestimmst Du über Form und Funktion des Wassers. Du kannst mit dem Wasser einen Garten sprengen, einen Pool füllen, einen Springbrunnen

Kapitel 3 – Unser Verstand

betreiben oder ein Feuer löschen. Das Wasser allein liefert nur die Potenz. Der Charakter der Arbeit, die es verrichten soll, wird durch das bestimmt, was Du mit dieser Kraft anstellst.

Oder betrachten wir eine mit einem wunderschönen Mosaik bemalte Glasscheibe. Was immer Du auch hinter diese Glasscheibe hältst, wird in ein Licht getaucht, welches in Form und Farbe durch die bemalte Glasscheibe geprägt ist. Die bemalte Glasscheibe mit dem Mosaik wirkt also bestimmend und agiert hier wie ein Filter, der nur bestimmte Facetten oder - genauer formuliert - Frequenzen des Lichtes hindurch lässt, während es andere blockiert und herausfiltert. In ganz ähnlicher Weise arbeitet Dein Verstand: Das Bild, das Du in Deinem Kopf formst und in Deinem Bewusstsein hältst, verändert die Struktur der Energie, die durch Dich hindurch strömt - nicht unähnlich der Glasscheibe, welche vom Licht durchsetzt wird.

Willst Du ein besseres Resultat für einen bestimmten Bereich in Deinem Leben? Dann verändere das Bild. Mach es größer, bunter, schöner und lass mehr Licht hindurch scheinen. Öffne Dich der Idee, dass Du die Kontrolle über alles hast, was in Deinem Leben passiert. Die Inspiration und die Kraft zu einer Handlung kommen nicht aus Dir heraus sondern durch Dich hindurch. Du bist ein Instrument, durch welches diese gewaltige Energie fließt, die uns alle umgibt. Und über die Bilder in Deinem Kopf bestimmst Du, was daraus entstehen soll. Das macht Dich zu einem kreativen Individuum. Und zwar dem einzigen auf unserem Planeten, das wir momentan kennen.

Wenn Du es bis hierhin geschafft hast, hast Du einen äußerst wichtigen Punkt erreicht und Dir eine kleine Pause verdient. Nimm Dir ein kühles Getränk - ich trinke eisgekühlten Matcha Tee - und entspann Dich etwas. Lass die Idee, dass die Welt sich um Dich herum in Echtzeit reorganisiert um Deine innersten Bilder umzusetzen in aller Konsequenz auf Dich wirken!

Hummeln im Hintern

„Die Vernunft kann nur das an der Natur erkennen, was sie vorher in sie hinein denkt."

Immanuel Kant

Eins oder zwei - wer ist als nächstes dran?

Sobald wir uns der Tatsache bewusst werden, dass wir von zwei Aufmerksamkeiten gesteuert werden, die in Form und Funktion verschieden voneinander sind, ist das schon ein sehr guter Start. Du entscheidest, wann welche Aufmerksamkeit das Ruder übernehmen darf. Wenn wir uns auf eine Aufgabe konzentrieren müssen, die unseren analytischen Verstand erfordert, wenn wir eine neue Tätigkeit erlernen wollen oder uns einfach nur mal aufraffen müssen, um einen bestimmten Anruf zu machen, den wir schon länger vor uns herschieben, dann muss unsere erste Aufmerksamkeit die Kontrolle übernehmen. Dein Wille liegt in der ersten Aufmerksamkeit. Übst Du Deinen Willen über genügend lange Zeit aus, bildet sich daraus innerhalb Deiner zweiten Aufmerksamkeit ein äußerst wertvolles Asset: Es wird zu einer Routine, die wir auch als Disziplin bezeichnen!

Deine erste Aufmerksamkeit ist bei eindimensionalen, simplen Problemstellungen äußerst genau und überaus verlässlich. Es ist aber kaum in der Lage, größere Mengen an Informationen zu verarbeiten. Deine zweite Aufmerksamkeit berücksichtigt und bewertet hingegen ein Vielfaches der Informationen Deines bewussten Verstandes und gibt Dir daraufhin Handlungssignale, die wir als Motivationsschub oder Drang empfinden, etwas zu erledigen. Die Informationen, die Deine zweite Aufmerksamkeit auswertet, müssen Dir dabei nicht einmal bewusst sein. Dein Unbewusstes kann Informationen auch ohne sichtbaren konkreten Bezug zueinander in einen Zusammenhang bringen. Dafür ist es nicht ganz so präzise wie Dein bewusster Verstand. Gerade bei komplexen Sachverhalten lohnt es sich jedoch stärker auf Dein Bauchgefühl zu achten als auf Deinen Verstand. Hunderttausende von Informationen werden dort ausgewertet und geben Dir ein intuitives Gefühl darüber, was als nächstes zu tun ist.

Wie man bereits seit einiger Zeit weiß, treffen wir auch Kaufentscheidungen immer in unserem ‚Bauch' und rechtfertigen sie erst anschließend über rationale Nutzenargumente. Emotionen entstehen in einem viel älteren Teil Deines Gehirns und sind der Vernunft vorgelagert. So verrückt es auch klingen mag, aber Deine Vernunft wird von Deinen Emotionen geleitet. Und lange bevor überhaupt eine rationale Nutzenargumentation in Deinem Kopf entsteht, wurden auf emotionaler Ebene bereits zahlreiche Urteile darüber gefällt, wie sympathisch und vertrauenswürdig die Person oder Werbung ist, die Dir das Produkt verkaufen will, wie bekannt und prestigeträchtig das Unternehmen ist, das die Produkte anbietet und welche Gefühle der Besitz dieses Produktes bei Dir auslösen würde. Die Summe aus diesen zahlreichen „Micro-Urteilen" ergibt einen mehr oder minder starken inneren Drang, der Dich entweder zum Kauf antreibt oder davon abhält.

Inwiefern wir diesen Handlungsimpuls dann noch willentlich übersteuern und uns gegen dieses Gefühl entscheiden können, wird derzeit noch erforscht. Aber meine Vermutung auf Basis eigener Erfahrungen ist, dass sich der emotionale Drang in den meisten Fällen durchsetzt. Aus Sicht des Hirnforschers Gerhard Roth von der Universität Bremen gibt es jedenfalls überhaupt keine rationalen Entscheidungen. Das bedeutet nicht, dass wir keinen bewussten Willen haben sondern lediglich, dass wir stark von einem inhärenten Urteilsvermögen gesteuert werden. Dieses Urteilsvermögen bildet sich aus allen Informationen, die in der zweiten Aufmerksamkeit fixiert sind. Und da wir steuern, was in unsere zweite Aufmerksamkeit gelangt, haben wir also durchaus Einfluss auf das, was unsere Intuition später daraus zubereitet!

Der springende Punkt ist, warum sollten wir überhaupt eine intuitiv getroffene Entscheidung ignorieren? Disqualifizieren wir automatisch den Wert unserer Intuition, nur weil sie sich emotional zu Wort meldet und nicht in Form von intellektuellem Verständnis? Sobald wir verstanden haben, dass auf unbewusster Ebene bedeutend mehr Aspekte bewertet werden, als wir an bewussten Informationen überhaupt erfassen können, wird es sehr wertvoll für uns, stärker auf diese Signale zu achten. Das ist aber kein Freibrief für Bequemlichkeit. Auch für eine intuitive Entscheidung ist es immer noch nötig, sich vorab mit den relevanten Informationen auseinanderzusetzen. Dein emotionales Urteilsvermögen kann nur dann gute Arbeit verrichten, wenn wir uns zuvor die nötige Sachkompetenz auf dem betreffenden Gebiet angeeignet haben. Ist Deine zweite Aufmerksamkeit nämlich nicht auf ein Thema konditioniert, solltest Du Deiner Intuition nicht vertrauen und lieber rational an das Thema herangehen.

Wenn wir eine intuitive Entscheidung vor anderen rechtfertigen müssen, reimen wir uns meist irgendeinen Blödsinn zusammen, nur damit es irgendwie rational und durchdacht klingt. Der Grund ist, dass wir zu den unzähligen Micro-Urteilen der zweiten Aufmerksamkeit keinen unmittelbaren, bewussten Zugang haben. Generationen von Managern taten so, als würden sie schier unmenschliche Mengen von Fakten gegeneinander abwägen und schließlich zu einer grandiosen und grundsoliden Entscheidung gelangen, die sie eigentlich in Sekundenbruchteilen aus dem Bauch heraus getroffen haben. Doch das Versteckspiel ist jetzt nicht mehr nötig, hier kommt die lang herbeigesehnte Absolution! Mehrere Studien unterstreichen, was die meisten von uns bereits vermutet haben: Es gibt einen guten Grund für unsere intuitiven Signale. Genauso wie wir von unserer Vernunft Gebrauch machen, ist es auch völlig legitim, sich auf seine Intuition zu stützen.

Kapitel 3 – Unser Verstand

„Glaube, dass Du es kannst und die Hälfte des Weges liegt bereits hinter Dir."

Theodore Roosevelt

Wege in die zweite Aufmerksamkeit

Steuerst Du Dein Leben oder wirst Du gesteuert, ohne es zu merken? Wie wir festgestellt haben, gelangt eine Idee, die Du kritisch durchdenkst und als wahr akzeptierst, in Deine zweite Aufmerksamkeit. Sie wird in Deiner unbewussten Schatzkammer abgelegt. Lehnst Du sie hingegen bewusst ab, gelangt sie auch nicht in Dein Unbewusstes. Deine erste Aufmerksamkeit ist also der Torwächter für Dein Unbewusstes. Auch moralische und ethische Fragen müssen durch bewusste Anstrengungen abgewogen werden. Dein Unbewusstes nimmt Dir das nicht ab.

Jeder Gedanke, den Du genügend oft wiederholst, manifestiert sich in Deiner zweiten Aufmerksamkeit. Das geht umso schneller, wenn diese Idee von starken Emotionen begleitet wird. Durch Wiederholung lernst Du etwa Auto fahren sowie jede andere bedeutende Fertigkeit oder lässt Dich auch von der Werbung beeinflussen. Es ist gar nicht zwingend nötig, sich erst in einen entspannten Zustand zu versetzen, um für Suggestionen empfänglicher zu sein, wie das bei der Hypnose der Fall ist. Es kann den Prozess jedoch drastisch verstärken und beschleunigen, weil Dein bewusster, kritischer Verstand in diesem Zustand Deine Suggestionen weniger stark auf Basis Deiner bisherigen Erfahrungen filtert. Filtern wäre in diesem Fall nämlich äußerst hinderlich. Wir wollen ja unsere zweite Aufmerksamkeit von etwas überzeugen, von dem wir unter Umständen auf bewusster Ebene selbst noch gar nicht so recht überzeugt sind, z.B. dass wir selbstbewusst sind, jedes unserer Ziele problemlos erreichen können, keine Zigaretten mehr benötigen, abnehmen für uns etwas völlig natürliches ist - und so weiter. Oder eben auch, dass uns Effizienz und Produktivität im Blut liegen. Wenn Du die bewusste Auseinandersetzung mit einer Idee gänzlich vermeidest, indem Du Dich sehr stark entspannst, dann gelangen diese Ideen also ebenfalls leichter in Dein Unbewusstes. Diesen Effekt macht man sich bei der therapeutischen Hypnose zunutze.

Was passiert nun, wenn Du gestresst, abgelenkt oder überarbeitet bist und eine Idee nicht kritisch durchdenken kannst, um sie entweder zu akzeptieren oder abzulehnen? Es wäre sicher praktisch, wenn die Suggestion dann abgeblockt wird, bis Du wieder in der Lage bist, Deinen Stresslevel richtig zu kontrollieren. Leider ist das aber nicht so. Die Idee gelangt in diesem Fall direkt und ungefiltert in Dein schutzloses Unbewusstes und wird dort fixiert. Deshalb fühlst Du Dich in Stresssituationen häufig besonders antriebslos, machtlos und ausgeliefert. Du bist sprichwörtlich fremdgesteuert, weil Deine überlastete erste Aufmerksamkeit nicht mehr ihrer filternden Schutzfunktion nachkommt. Bei Bühnenhypnosen mit reinem Show - Charakter werden Zuschauer aus dem Publikum in eine künstliche Stresssituation hineingebracht, für die die Person noch keine Handlungserfahrungen aufgebaut hat. Die Anweisungen des Hypnotiseurs erscheinen als einziger Ausweg aus der Stresssituation hinein in die Entspannung wodurch ein starker hypnotischer Rapport entsteht.

Neben der bewussten Auseinandersetzung und Akzeptanz sowie der stetigen Wiederholung gibt es aber noch einen weiteren Weg, wie Deine zweite Aufmerksamkeit Suggestionen annimmt. Bei einem traumatischen Erlebnis kommt es zu einem Impact mit so hoher emotionaler Dichte, dass ein solches Ereignis quasi ungefiltert sofort in Dein Unbewusstes vordringt und dort fest verankert wird.

Gewohnheiten, Routinen und Konditionierung

Das Verschieben einer Idee von der ersten Aufmerksamkeit zur zweiten bezeichnen wir als konditionieren oder auch ‚lernen'. Ist die Idee erst einmal dort fixiert, haben wir eine neue Gewohnheit ausgeprägt und die Idee gemeistert. Beim Erlernen von Fertigkeiten ‚erinnert' sich

Kapitel 3 – Unser Verstand

Dein Körper an einen bestimmten Bewegungsablauf und rekonstruiert ihn. Akademisches Lernen besteht in der Regel vor allem darin, im Langzeitgedächtnis gespeichertes Wissen wiedergeben und Batterien von Fragen beantworten zu können. Unabhängig davon findet echtes Lernen jedoch erst dann statt, wenn Du neues Wissen so integrierst, dass Du hinausgehen und das Erlernte zum Vorteil aller Beteiligten anwenden kannst. Es ist der rühmliche Unterschied zwischen Theorie und Praxis.

Dein gesamtes Leben wird durch Gewohnheiten beeinflusst. Die Gesamtheit Deiner Gewohnheiten - Dein Paradigma - ist im Wesentlichen das, was Deinen Charakter und Deinen Erfolg im Leben ausmachen. Änderst Du nur eine einzige Gewohnheit, kann das bereits Deinem gesamten Leben eine völlig neue Richtung geben. Indem Du ein Bild in Deinem Kopf entstehen lässt, es zu einem Gedanken ausformst und dann immer weiter entwickelst, bilden sich neue Synapsen aus. Aber nicht nur das, auch völlig neue Gehirnzellen bilden sich aus. Forscher in Stockholm haben erst 2013 herausgefunden, dass Dein Gehirn täglich neue Zellen aufbaut, was man lange Zeit für undenkbar hielt, weil man davon ausging, dass das Gehirn im Verlauf des Lebens zwar durch Lernen neue Verknüpfungen aufbauen kann, die eigentlichen Nervenzellen hingegen nach der Geburt nur noch absterben. Diesen Prozess bezeichnet man als Neurogenese und Lernen fördert die Bildung neuer Hirnzellen. Du kannst also auf die Vermehrung Deiner Gehirnzellen unmittelbaren Einfluss nehmen, genauso wie Du auch mit Alkohol einem massiven Überschuss von Gehirnzellen entgegen wirken kannst.

Auf energetischer Ebene versetzt Du durch das neue Bild in Deinem Kopf Deinen Verstand in einen neuen Schwingungszustand, der die bisherige Schwingung Deines Verstandes zunächst überlagert und schließlich vollständig ersetzt. Wenn das neue Bild in Deinem Kopf sehr ambitioniert ist, entsteht durch die Wechselwirkung mit Deinen alten Glaubensmustern und Überzeugungen eine Art mentaler Wachstumsschmerz. Das ist eine äußerst unangenehme Phase, ein Zustand der Verwirrung und Ambivalenz, bei dem sich Gefühle der

Euphorie mit Angst, Panik und Stress abwechseln. Wenn Du darauf nicht vorbereitet bist, kann es passieren, dass Du beschließt, einfach alles beim Alten zu belassen. Abraham Maslow bezeichnete das als ‚In die Sicherheit zurück schreiten'. Bleib auf jeden Fall bei Deinem neuen Bild in der Gewissheit, dass die Konfusion nur von vorübergehender Natur ist und bald wieder Ordnung in Deinen Verstand einkehrt. Wenn Du nicht entschlossen und zügig durch diese Phase hindurch gehst, verlängerst Du nur die Stippvisite dieser Stressphase. Hast Du sie erst einmal hinter Dir gelassen, siehst Du die Welt mit anderen Augen. Dein neues Bild hat das alte ersetzt und ist jetzt in Deiner zweiten Aufmerksamkeit verankert. Dein gesamtes Bewusstsein hat sich dadurch verändert. Die neue Prägung bestimmt ab sofort Dein Handeln und die Reaktionen Deiner Umgebung auf Deine neue Natur.

Der Stein der Weisen: Gedanke und Tat

Sich innig zu wünschen, dass es etwas geschieht, ist noch nicht das gleiche, wie zu erwarten, dass es auch tatsächlich eintritt. Diese Unterscheidung mag unbedeutend erscheinen, aber sie ist in jedem einzelnen Fall für das Scheitern eines Projektes verantwortlich. Wenn Du in Dir ein starkes Verlangen nach etwas verspürst aber nicht gleichzeitig auch fest davon überzeugt bist, dass Du es nicht nur verdienst sondern auch sicher erhalten wirst, wirst Du es niemals bekommen.

Wunderst Du Dich, warum Dir regelmäßig Dinge widerfahren, die Du nicht möchtest oder Du Dich fühlst, als wärst Du vom Pech verfolgt? Hier wirkt das umgekehrte Prinzip: Du willst diese Dinge zwar nicht aber erwartest sie dennoch unbewusst oder manchmal auch völlig bewusst. Raymond Holliwell schrieb dazu in „Working With The Law", Du solltest Dir niemals etwas wünschen, ohne es auch zu erwarten und Du solltest niemals etwas erwarten, ohne es Dir auch zu wünschen. Es ist das Bild in Deinem Kopf, das darüber entscheidet, was mit dieser Kraft passiert. Die Gesetze, die diese Kraft in geordnete Bahnen lenken, sind dazu bestimmt, Leben zu fördern und es überhaupt erst zu ermöglichen. Sie können uns jedoch auch schaden, wenn wir nicht im Einklang mit diesen Gesetzen leben oder die falschen Bilder in unseren Köpfen begünstigen.

Die Schwerkraft sorgt zum Beispiel dafür, dass wir nicht bei jedem Schritt abheben und den Planeten verlassen. Wie ein Messer sowohl zum Schneiden als auch zum Töten genutzt werden kann, passiert es leider auch mit der Schwerkraft, dass unachtsame, unbewusste oder verzweifelte Menschen sie dafür einsetzen, sich etwas Schlimmes anzutun. Das ändert jedoch nichts am Gesetz der Schwerkraft, die nützlich und überaus sinnvoll ist. So schreckliche Dinge uns manchmal auch widerfahren, universell gültige Gesetzte werden nicht zum Schutz einer einzelnen Person vorübergehend außer Kraft gesetzt.

Jeder von uns kennt Beispiele aus dem eigenen Leben, in denen wir gern andere Menschen oder ‚höhere Mächte' dafür verantwortlich machen wollen, weil uns etwas Unangenehmes oder gar schlimmes zugestoßen ist. Aber der erste Schritt zur Bewältigung ist die Akzeptanz, dass man selbst am Steuer sitzt und seinen Verstand nicht auf die richtige Art eingesetzt hat. Sobald wir das tun, können wir uns relativ leicht in Einklang mit dieser universellen Kraft bringen und dadurch ein harmonisches, glückliches und erfülltes Leben führen. Indem Du Verantwortung nicht nur für Deine eigenen Handlungen sondern auch für alles übernimmst, was Dir widerfährt, beginnst Du vielleicht zunächst, Dich etwas unwohl zu fühlen. Das ist aber ein notwendiger Schritt hin zur stetigen Verbesserung. Ab Kapitel 6 lernst Du einige schlagkräftige Strategien kennen, wie Du diese emotionalen Konflikte nach und nach auflöst. Nur was Du selbst kontrollierst, kannst Du auch nach Deinem Willen verändern.

Erwartung

Sobald Du Dir etwas wünschst, richte Dich auch darauf ein, dass es eintritt und erwarte es gleichmütig. Erst durch Deine Erwartung setzt Du die Prozesse in Gang, welche Intention und Ziel, Ursache und die gewünschte Wirkung, zueinander in Bezug setzen ähnlich wie ein Zug, der durch eine bestimmte Weichenkonstellation auf ein anderes Gleis und damit auch in eine andere Richtung wechselt. Wenn der Wille in Konflikt mit der imaginativen Kraft Deiner Vorstellung gerät, gewinnt immer und ausnahmslos Deine Vorstellungskraft. Arbeite bei Veränderungen daher nicht ausschließlich mit willentlicher Anstrengung sondern auch mit Deiner Vorstellungskraft! Lass zunächst das Bild und dann immer mehr die Gewissheit in Dir entstehen, dass alles genau so eintreten wird, wie Du es erwartest. Mal wird Dir das leichter fallen und mal schwerer. Das ist völlig normal. Selbst im Tagesverlauf schwanken die Ergebnisse solcher Anstrengungen unter Umständen erheblich. Umso wichtiger ist es deshalb, es regelmäßig zu tun und Erfahrungen zu sammeln, zu welchen Zeiten Du die stärksten Bilder und Überzeugungen in Dir aufbauen kannst. Denk dran, Du bist hierbei auf langfristige Erfolge aus. Also bleib dran!

Mache jedoch nie den Fehler und verwechsle die Kraft der Erwartung mit der Illusion der Erwartungshaltung! Das, was wir für gewöhnlich als Erwartungshaltung bezeichnen, ist vielmehr ein Wunschdenken gekoppelt an ein fälschliches Gefühl von „Da hab ich ein Recht oder einen Anspruch drauf". Richtige Erwartung bedeutet vollständig überzeugt davon zu sein, dass das Resultat auch eintritt. Das erfordert einiges an mentaler Disziplin. Mehr sogar als Du häufig am Anfang dafür aufzubringen bereit bist. Denn wir sind es zu sehr gewohnt, an uns zu zweifeln. Aber in dem Moment, wo Du an Dir zu zweifeln beginnst, kappst Du die Verbindung mit der universellen Kraft und was übrig bleibt ist lediglich Wunschträumerei. Sobald Du ein Verlangen nach etwas entwickelst, steigt Deine Motivation und Du fängst an, Dich auf

Kapitel 3 – Unser Verstand

Dein Ziel zu zubewegen. Sobald Du jedoch etwas erwartest, fängt das Ziel auch an, sich auf Dich zuzubewegen!

Verlangen bringt Dich Deinem Ziel näher. Erwartung bringt Dein Ziel näher zu Dir.

Die notwendige Disziplin baust Du durch wiederholtes Auseinandersetzen mit den in diesem Kapitel vorgestellten Konzepten auf. Die Wiederholung verankert diese Ideen in Deiner zweiten Aufmerksamkeit. Lies dieses Kapitel einige Male und Dir werden immer wieder Aspekte auffallen, die Du beim letzten Mal übersehen hast. Die Smartphone App, die Du begleitend zu diesem Buch erhältst, ist Dein neues mentales Trainingsstudio, um die Verfolgung Deiner Wünsche und Träume im Leben zu einem völlig natürlichen Bestandteil Deiner Persönlichkeit zu machen. Und das Beste daran ist, dass diese Konditionierung in völliger Entspannung und ohne jegliche willentliche Anstrengung geschieht. Irgendwann wirst Du diese App nicht mehr benötigen, weil Du genügend Willensstärke aufgebaut hast. Das kann schon nach wenigen Wochen der Fall sein, bei manchen mag es auch ein paar Monate dauern. In Augenblicken des Zweifels oder der Niedergeschlagenheit kannst Du aber auch jederzeit zurückkommen und die Entspannungsreise erneut machen, um Willenskraft aufzutanken, Dich zu erholen und mental zu stärken, wie wenn Du bei einer Wanderung durch eine Wüste Rast an einer schönen grünen Oase machst und Dich etwas ausruhst.

Hummeln im Hintern

„Der Preis einer jeden Sache ist die Menge an Leben, die Du dafür eintauschst."

Henry David Thoreau

Überleg Dir gut, was Du Dir wünschst

Deine Erwartung kann zu einer sich selbst erfüllenden Prophezeiung heranreifen und dadurch nicht nur zu Deinem Verbündeten sondern auch zu einem regelrechten Alptraum werden. Dr. Joseph Murphy schreibt in seinem Buch „Die Macht Ihres Unterbewusstseins" von einer Geschichte, die einem eine regelrechte Gänsehaut verschafft. Ein Familienvater mit einer Tochter, die an einer sehr schweren Form der Arthritis und einem als unheilbar diagnostizierten Hautleiden litt, prägte über zwei Jahre seiner zweiten Aufmerksamkeit folgenden Wunsch ein „Ich gäbe meinen rechten Arm, wenn meine Tochter nur wieder geheilt würde." Alle Bemühungen der Ärzte waren ohne Erfolg geblieben, so dass der Vater immer nur diesen einen Wunsch in Gedanken wiederholte. Bei einem Familienausflug kam es schließlich zu einem Unfall, bei welchem dem Vater der rechte Arm auf Schulterhöhe abgerissen wurde und gleichzeitig die Arthritis und das Hautleiden der Tochter spurlos verschwanden.

Wenn Du mit den Resultaten in Deinem Leben - egal ob Gesundheit, Finanzen oder Beziehungen - nicht zufrieden bist, überprüfe Deine Erwartungshaltung in Bezug auf diese Bereiche. Spiegelt Deine Erwartung Deine Hoffnungen voll und ganz? Erwartest Du wirklich, dass Karrierechancen und Gehaltssteigerungen einfach so auf Dich zukommen? Oder hoffst Du es nur? Das Ergebnis wird Dich überraschen, wenn Du diesen Check noch nie zuvor gemacht hast. Siehst Du Vitalität und eine harmonische Beziehung zu einem liebevollen Partner als etwas völlig normales an? Etwas, das Dir zusteht?

Kapitel 3 – Unser Verstand

Sein

Unsere Herausforderung besteht darin, dass wir nicht das in unser Leben ziehen, was wir wollen, sondern das, was wir sind! Das „Sein" ist unser energetischer Schwingungszustand, der sich wiederum aus den Ideen speist, die wir in unserer zweiten Aufmerksamkeit verankert haben. Ausschlaggebend für Deinen Erfolg sind also nicht die Ideen, die sich auf der Durchreise durch Deine erste Aufmerksamkeit befinden. Es sind die fixierten Ideen in Deiner zweiten Aufmerksamkeit! Das ist der Grund, warum manche Menschen glauben, positives Denken würde nicht funktionieren. Das tut es. Aber nur dann, wenn es zu einer Gewohnheit wird, über die Du nicht mehr bewusst nachdenken musst.

Der erste Schritt besteht immer darin, Dein Unbewusstes auf den richtigen Kurs zu bringen, damit erste und zweite Aufmerksamkeit zusammenarbeiten anstatt gegeneinander. Das verändert Dich natürlich auch auf energetischer Ebene, woraufhin sich wiederum Deine gesamte Umgebung um Dich herum anpasst und damit letztlich auch die entsprechenden Resultate einstellen. Es gibt nichts, was das aufhalten kann - außer Du änderst das Bild in Deinem Kopf! Auch ein beliebiges Ziel erreichst Du erst, sobald Du das Ziel fest in Deiner zweiten Aufmerksamkeit verankerst, wenn Du gewissermaßen selbst zum Ziel geworden „bist" und Dich die Vorstellung der Zielerreichung so sehr vereinnahmt, das alles andere verblasst und in den Hintergrund tritt.

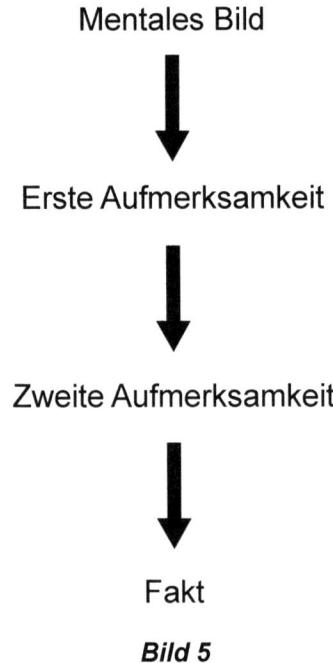

Bild 5

Wie lange es dauert, bis das mentale Bild in Deiner Vorstellung in Deiner zweiten Aufmerksamkeit fixiert ist, hängt davon ab, wie stark die neue Idee von Deinem bisherigen Kurs abweicht. Kinder lernen nicht zuletzt deshalb schneller, weil sie keine vorhanden Ideen in ihrem Verstand ersetzen - und damit umlernen - müssen, sondern weil sie einfach neue Ideen in ihrem Unbewussten anreichern und so ihr Weltbild aufbauen. Die Gefahr besteht darin, sich zu schnell ablenken zu lassen, wenn sich das positive Resultat nicht schnell genug einstellt. Lerne an die Kraft Deiner mentalen Bilder zu glauben! Du würdest das Bild nicht in Deinem Kopf sehen, wenn es nicht möglich wäre. Du könntest auch sagen, sobald Du es in Deinem Kopf siehst, ist es getan.

Kapitel 3 – Unser Verstand

„Wenn Du glaubst, dass Deine Gedanken mächtig sind, dann sind sie auch mächtig."

Wayne Dyer

Was also bist Du?

Fassen wir nochmal kurz zusammen, was wir bislang besprochen haben. Es gibt eine universelle Kraft, die Dich umgibt und die Dich vom Scheitel bis zur Sohle durchdringt - sowie auch alles um Dich herum. Sie ist überall und zu jeder Zeit gleichmäßig verteilt vorhanden. Das, was Du bist, bestimmt über Form, Richtung und Gestalt dieser Kraft in Deinem Leben. Und das, was Du bist, kontrollierst Du über Deine Gedanken. Die Bilder, die Du in Deiner ersten Aufmerksamkeit entstehen lässt und die sich mit der Zeit in Deiner zweiten Aufmerksamkeit fixieren, kontrollieren diese Kraft. Ändere Dich und die gesamte Welt um Dich herum ändert sich im Takt mit Dir!

Kommen wir zurück zur eingangs gestellten Frage, was genau Du eigentlich bist! Bevor Du etwas tun oder haben kannst, musst Du zu allererst jemand sein, stellte bereits Goethe fest. Bist Du nun ein physischer Körper, der aus einer zufälligen Anordnung von Partikeln in einer mindestens ebenso zufälligen Abfolge von evolutionären Schritten zu einem bewussten Ich gekommen ist? Bist Du Dein Name? Oder bist Du die Summe all Deiner zellulären Bestandteile? Hast Du eine Seele?

Hier ist ein Vorschlag: Du bist kein Mensch, der eine Seele hat und von Zeit zu Zeit im Rausch psychedelischer Drogen eine spirituelle Erfahrung durchlebt. Du *bist* eine spirituelle Seele, die derzeit eine körperliche Erfahrung durchlebt. Wir sind spirituelle Wesen und wir leben in einem Körper. Jeder von uns ist mit einem hochentwickelten Intellekt sowie einem reichhaltigen Schatz von Emotionen ausgestattet, die es uns erlauben, faszinierende Dinge zu tun, zu erleben und sie auch zu genießen.

Das Rezept

Der folgende Auszug aus „Hidden Power" stammt von Thomas Troward aus dem Jahr 1925:

„Sobald wir erst einmal realisieren, dass die schöpferische Kraft in uns unbegrenzt ist, gibt es auch keinen Grund mehr, das Ausmaß dessen zu beschränken, was wir durch sie erschaffen können. Wenn wir mit dem Unendlichen arbeiten, müssen wir niemals Angst haben, mehr zu nehmen als uns zusteht. Darin liegt nicht die Gefahr. Die Gefahr besteht vielmehr darin, nicht vollständig unseren eigenen inneren Reichtum zu erkennen und die externalisierten Produkte unserer schöpferischen Kraft als echten Reichtum anzusehen, anstatt die schöpferische Kraft in uns selbst.

Wenn wir diesen Fehler vermeiden, gibt es auch keinen Grund uns in dem zu beschränken, was wir aus dieser unendlichen Schatzkammer entnehmen: Alle Dinge sind Dein! Und der richtige Weg diesen Fehler zu vermeiden, ist zu erkennen, dass wahrer Reichtum darin besteht, uns mit der Fülle und dem Überfluss dieser unendlichen Kraft zu identifizieren. Wir müssen üppig in unseren Gedanken sein. Denke dabei nicht allein an Geld, denn das ist nur eine Form von Reichtum und Fülle; denke reichhaltig, das heißt tollkühn, großzügig, freizügig und Du wirst sehen, dass die Mittel, um diese kühnen Gedanken letztlich auch zu realisieren von allen Seiten her auf Dich zuströmen werden, sei es in Form von Geld oder in Form von hundert anderen Dingen, die gar nicht in Geld aufgewogen werden können.

Wir dürfen uns niemals von einer bestimmten Form von Reichtum abhängig machen oder darauf bestehen, dass er über einen bestimmten Kanal zu uns kommt - das wäre eine unmittelbare Limitierung und ein Ausschluss anderer Formen von Reichtum sowie das Versiegen weiterer Quellen; wir müssen jedoch in diesen Geist von Üppigkeit, Überfluss und Fülle hinein dringen. Nun, dieser Geist ist Leben und durch das gesamte

Kapitel 3 – Unser Verstand

Universum hindurch besteht Leben letztlich immer aus Zirkulation, sei es im physischen Körper des Individuums oder in der Größenordnung des gesamten Sonnensystems; und Zirkulation bedeutet ein kontinuierlicher Fluss in allem und durch alles hindurch; und der Geist von Überfluss und Fülle ist keine Ausnahme dieses universellen Gesetzes des Lebens.

Sobald uns dieses Prinzip erst einmal klar wird, erkennen wir, dass unsere Aufmerksamkeit auf das Geben hin gerichtet sein sollte und nicht auf das Nehmen. Wir müssen auf uns schauen, aber nicht als die Sparbüchse eines Geizhalses und Pfennigfuchsers, die zu seinem eigenen Vorteil immer verschlossen bleibt, sondern als Distributionszentren; und je besser wir unsere Aufgabe als solche Zentren der Verteilung erfüllen, umso größer ist auch der korrespondierende Zufluss."

Große Dinge entstehen nicht durch das Verbessern von Bestehendem sondern durch das Ausbrechen aus unseren Gewohnheiten und Routinen. Solange wir nicht lernen, unsere bestehende Konditionierung zu kontrollieren, sie zu verändern und etwas völlig neues zu tun, kann auch nichts wahrhaft Großes entstehen. Es erfordert einiges an Zeit. Aber Deine sich dadurch fortlaufend verbessernde Lebensqualität ist es wert.

Halten wir die wichtigsten Aspekte im Umgang mit dieser Kraft fest:

1. Diese intelligente, universelle Kraft ist überall und jederzeit gleichmäßig verteilt vorhanden. Das bedeutet sowohl in unserem Körper als auch um uns herum.

2. Du bist ein Instrument dieser schöpferischen Energie. Sie fließt wie durch einen Kanal durch Dich hindurch und Du formst und definierst dabei ihre Eigenschaften.

3. Du bekommst in Deinem Leben nicht das, was Du möchtest, sondern das, was Du bist. Und was Du bist, wird durch Deine zweite Aufmerksamkeit bestimmt.

4. Das Form gebende Bild muss dafür zunächst in Deiner ersten Aufmerksamkeit generiert und durch stetige Wiederholung fest in Deiner zweiten Aufmerksamkeit verankert werden, bevor es sich auf diese Kraft überträgt.

5. Sobald Dein Bild in Deiner zweiten Aufmerksamkeit fixiert ist, lass jegliche Kontrolle über den Ausgang Deiner Bemühungen los und vertraue in den schöpferischen Prozess. Alles wird genau in der Form eintreten, wie Du es erwartest.

6. Achte auf Handlungsimpulse, die in Dein Bewusstsein treten. Du wirst Dich motiviert fühlen, weil Deine zweite Aufmerksamkeit bestrebt ist, das Bild in seine physische Entsprechung zu bringen.

7. Sobald Du einen inneren Handlungsimpuls erhältst, MUSST Du auch zur Tat schreiten und handeln! Und zwar so schnell wie möglich.

Der siebte Schritt ist der, der den schöpferischen Akt innerhalb unseres Verstandes vom Mystizismus unterscheidet. Esoteriker erwarten, dass etwas von ganz allein passiert oder auf sie zukommt. Das ist gleichbedeutend mit der Vorstellung, dass Gott die Naturgesetze verändert, um Deine Wünsche zu erfüllen. Seine Aufgabe ist es jedoch, das Spielfeld bereitzustellen und die Voraussetzungen zu schaffen, damit wir selbst aktiv werden. Und das tut er mit göttlicher Präzision. Albert Einstein meinte einmal, dass er sich kaum vorstellen könne, dass der „Alte" da draußen einfach nur würfeln würde und Dinge rein zufällig geschehen. Auch wenn böse Stimmen behaupten, dass im Hinblick auf die Gesetze der „neuen Physik" (=Quantenmechanik) hier Einsteins größter Irrtum läge, ist es doch so, dass auch die Quantenmechanik festen Gesetzen unterworfen ist. Wäre das nicht der Fall, könnten wir keinen Nutzen aus ihr ziehen.

Einstein war es auch, der meinte, dass nichts passiert, bevor sich irgendetwas bewegt. Es gibt in diesem Universum nicht viel, was gänzlich stillsteht. Irgendeine Bewegung ist fast immer vorhanden, und sei es auch nur auf molekularer Ebene durch die Bewegung von Teilchen aufgrund der Wärme eines Körpers. Wir könnten daher auch sagen, dass nichts passiert, bis sich etwas an den Rahmenbedingungen eines Szenarios verändert. Und genau das geschieht durch Deine Handlung, worauf wir in einem späteren Kapitel noch ausführlicher zu sprechen kommen.

Dankbarkeit

Eines Tages wanderten zwei arme Bauern eine Straße entlang und trafen auf einen Rabbi. „Wie geht es Dir?" fragte der Rabbi den einen der zwei Bauern. „Lausig" entgegnete dieser, „Das Leben ist hart und schrecklich. Ich komme kaum über die Runden. Es ist es einfach nicht wert, dass man dafür aufsteht. Das Leben ist furchtbar." Gott lauschte diesem Gespräch und dachte sich ‚Lausig? Hart? Schrecklich? Du denkst Dein Leben sei lausig, Du undankbares Geschöpf? Nun, ich werde Dir zeigen, was lausig wirklich bedeutet.' Währenddessen wandte sich der Rabbi an den zweiten Bauern „Und Du mein Freund, wie steht es mit Dir?" „Oh das Leben ist so gut! Gott ist gnädig und großzügig. Jeden Morgen wenn ich aufwache, bin ich dankbar für das Geschenk eines neuen Tages, weil ich weiß, egal ob es regnet oder die Sonne scheint, der Tag entfaltet sich immer wieder in neuer, wundervoller und gesegneter Art und Weise - zu üppig, um es auch nur in Worte zu fassen. Das Leben ist einfach schön." Gott lächelte, als er die Danksagungen und Lobpreisungen des zweiten Mannes hörte und bemerkte, wie diese Worte mit der himmlischen Feste in perfekter Harmonie verschmolzen. Dann stieß er ein begeistertes, donnernd - schallendes Lachen aus und sagte sich ‚Gut, gut! Du denkst also Dein Leben ist jetzt bereits wundervoll und gesegnet? Ich werde Dir zeigen, was *das* wirklich bedeutet!'

Hummeln im Hintern

Es gibt einen Aspekt in Bezug auf unsere Dankbarkeit, der den wenigsten bekannt zu sein scheint. Normalerweise verbinden wir Dankbarkeit mit guter Erziehung und einem Respekt, den wir unseren Mitmenschen gegenüber erweisen. Selten denken wir daran, dass aufrichtige Dankbarkeit vor allen Dingen uns selbst zugutekommt. Wenn Du etwas schlecht drauf bist und Dich auf etwas Positives konzentrieren möchtest, es Dir aber einfach nicht so richtig gelingen will, Deine Gedanken zu disziplinieren, dann probiere es doch mal durch die Hintertür über eine indirekte Herangehensweise. Konzentriere Dich etwa 3 Minuten lang auf Dinge, für die Du dankbar bist. Denke dabei an schöne Dinge die Du erlebt hast, sei dankbar für Deine Beziehungen und alle Menschen, die Dir wichtig sind, für das, was Du erreicht hast und natürlich auch für alle materiellen Dinge, die Du besitzt. Damit veränderst Du sofort spürbar Deine Stimmung und erhöhst Deinen Energielevel, wodurch es Dir leichter fallen wird, mehr positive Gedanken zu unterhalten und damit eine motivierende Aufwärtsspirale in Gang zu setzen.

Mehr noch, Du veränderst nicht nur Dich selbst sondern auch Deine Umgebung. Genau in dem Augenblick, wo Du echte Dankbarkeit für Dein Leben verspürst, ist es fast so, als wollte Dich irgendjemand von seinem kosmischen Regiestuhl aus davon überzeugen, dass es Dir noch viel besser gehen kann und es passieren weitere gute Dinge in Deinem Leben. Sobald Du jedoch denkst, dass es Dir eigentlich kaum schlechter gehen kann, versucht Dich die gleiche Kraft davon zu überzeugen, dass es Dir in Wirklichkeit bis dahin noch sehr gut ging. Sobald Du Deine Gedanken wiederum änderst, und Dankbarkeit in Dir aufkommen lässt, dreht sich alles erneut zum Guten. Wir leben in einem geordneten Universum und nichts geschieht aus Zufall. Und das, was wir gemeinhin als Zufall bezeichnen, folgt Gesetzmäßigkeiten, die wir bestenfalls noch nicht gänzlich verstehen. In Gang setzt Du den Prozess der Veränderung über eine aufrichtige und tiefe Dankbarkeit. Die Dunkelheit negativer Gedanken kann im grellen, stimmungsvollen Licht von Dankbarkeit und Vergebung nicht existieren. Alles beginnt in Deinem Verstand.

Action Steps
Attacke! Gang, kuppeln und Gas: Die Übungen für das Kapitel

Gang 1…2: Action

1. Setze das Rezept aus diesem Kapitel für einen bestimmten Wunsch oder ein Ziel ein. Fang mit etwas kleinem an, das Dir dennoch wichtig ist, damit Du Dich nicht unnötig unter Druck setzt. Wenn Du selbst nicht davon überzeugt bist, dass Du das Ziel auch erreichen kannst, wird es wahrscheinlich auch nicht eintreten. Gelegentliche Zweifel sind Teil Deiner alten Konditionierung und völlig ok. Mit der Zeit wächst Dein Vertrauen und damit auch Deine Fähigkeit, Erfolge in Dein Leben zu ziehen.

Gang 3…4: Energie

2. Wofür bist Du in Deinem Leben alles dankbar? Denke intensiv darüber nach. Noch besser ist es, Du nimmst Dir ein leeres Blatt und machst Dir eine Liste. Hör nicht auf, bevor Du nicht mindestens eine DIN A4 Seite vollgeschrieben hast auch wenn Du jetzt noch denkst, dass Du niemals so viele Dinge zusammen bekommst. Je länger die Liste wird, desto besser fühlst Du Dich danach. Probiere es aus! Nach einer Weile kannst Du kaum noch damit aufhören, weil Dir immer mehr Dinge einfallen. Wenn Du Dich gehetzt fühlst, fortlaufend über Dinge ärgerst oder Angst empfindest, werden vermehrt Stresshormone ausgeschüttet, welche die Balance zwischen Atmung und Herzschlag stören. Emotionen von Liebe oder Dankbarkeit lösen hingegen eine messbare Synchronisation der Rhythmen von Herz und Atmung aus und stellen dieses Gleichgewicht damit wieder her.

Gang 5…6: Bestimmung

3. Lehn Dich zurück und lass Deinen Gedanken freien Lauf. Lass sie einfach fließen. Spüre die Energie um Dich herum. Werde Dir der Weite und Kraft des Universums bewusst, einer Kraft, die Planeten auf ihren Umlaufbahnen, Dein Blut am Zirkulieren und dieses Buch in Deinen Händen hält. Erkenne, dass Du ein Teil dieser Kraft bist, die durch Dich hindurch fließt.

KAPITEL 4

Unser Gehirn

„Du brauchst keine Angst vor dem Tod zu haben, weil Du ihm nie begegnen wirst. Solange Du da bist wird er nicht kommen. Und wenn er kommt, bist Du nicht mehr da."

Epiktet

Es fühlt sich an, als ob ich mich zum Sterben hinlegen würde! Ich hatte soeben einen ganzen Becher mit einer widerlichen, rötlich-braunen Brühe getrunken, welche mir ein Tor öffnen sollte. Wohin, wusste ich noch nicht so genau. Es ist spät am Abend, etwa 22 Uhr. Die ersten 45 Minuten bleibt es stockfinster und ruhig um mich herum. Ich sitze da und warte darauf, dass irgendetwas mit mir passiert. Etwas, von dem ich nicht genau weiß, was es sein wird. Dann fängt sich plötzlich alles zu drehen an und mir wird speiübel. Ich muss mich mehrfach übergeben. Es kommt mir vor, als ob ich stundenlang in den eigens vorab dafür bereitgestellten Eimer kotze. Tatsächlich hat es wohl aber nur wenige Minuten gedauert.

Jetzt ist es also soweit, denke ich mir - das war es. Endstation Deiner Reise, irgendwo in den peruanischen Anden in fast 4.000 m Höhe. Mir fällt eine Textpassage von Brendon Burchard ein, in welcher er beschreibt, wie er einen Autounfall nur um Haaresbreite überlebte und ihm in dem kurzen Augenblick, wo sich das Fahrzeug mehrfach überschlug, 3 Fragen durch den Kopf schossen: Habe ich gelebt? Habe ich geliebt? Habe ich etwas bewirkt? Mir gehen diese Fragen nicht durch den Kopf und ich sehe auch keinen Abriss meines Lebens vor meinen Augen, wie man das so kurz vor dem endgültigen Ausstieg eigentlich erwartet. Ist es also doch noch nicht ganz vorbei?

Unser Schamane fängt an, für einige Minuten Töne auf einer Flasche zu blasen, um dann schließlich seine Icaros anzustimmen, die er dann stoisch für etwa 2-3 Stunden lang hindurch repetiert. Gesänge, um die bösen Geister zu vertreiben und die weniger bösen Geister etwas milder zu stimmen, mit denen ich jetzt gleich meinen Kampf aufnehme. Einen Kampf, der allein in meinem Kopf stattfindet und der mich von meinen Ängsten befreien sowie meinen Körper reinigen und heilen soll. „Stay positive, be grateful and travel to the light", flüstert mir unsere liebenswürdige Dolmetscherin Joana ins Ohr, bevor ich langsam in eine andere Welt hinüber gleite und tief in sie hinein tauche. Eine Welt voller Farben, Formen, Klänge und Gerüche, aber nicht nur von Schönheit. Ich lege mich hin und fange langsam an, mich etwas besser zu fühlen...

> *„Aber das sind keine Halluzinationen. Es gibt keine Verzerrung der sichtbaren Realität; die Farben und Visionen sind Teil einer anderen Realität, die auf die Rückseite der Augenlider projiziert wird. Sobald ich die Augen schließe, gelange ich in diese andere Welt, eine Welt so real wie jede andere, wo Töne zu Licht werden und Licht zu Farbe und Farbe zu geometrischen Formen, wo geometrische Formen Erinnerungen wecken, Geschichten und Gefühle, nicht nur aus meinem eigenen Leben, sondern, so seltsam das ist, auch aus dem Leben anderer Menschen."*
>
> *Sting über seine Ayahuasca Erfahrung, Broken Music - Die Autobiographie, 2003*

Meine Frau und ich reisten für 2,5 Monate durch Südamerika, was seit längerem ein gemeinsamer Traum von uns beiden war. An einem schamanischen Ritual teilzunehmen, bei welchem waffenfähige Halluzinogene herumgereicht werden, stand bestimmt nicht ganz oben

Kapitel 4 – Unser Gehirn

auf der Liste unserer Erledigungen für diese Reise. Wir waren bereits einige Tage in den Regenwäldern Perus unterwegs und hörten dort immer wieder von einer schamanischen Pflanze, welcher ganz besondere Eigenschaften zugeschrieben wurden.

In Iquitos trafen wir dann auf ein junges Forscherpärchen, einer amerikanischen Botanikern und einem britischen Phytochemiker. Die Amerikanerin unterrichtete in Iquitos Schüler über die Gefahren, denen der Amazonas Regenwald ausgesetzt ist. Iquitos liegt zwar mitten im Amazonas und hat über 600.000 Einwohner, ist aber nur aus der Luft oder auf dem Flussweg zu erreichen. Es gibt keinerlei Straßen dorthin. Und auf über 100 Kilometern um die Stadt herum gibt es keinerlei sogenannten Primärwald, also „echten" Regenwald, sondern nur den nach Abholzung nachwachsenden Wald, der jedoch nicht mehr die gleichen Eigenschaften aufweist, wie der ursprüngliche Wald. Der Brite entwarf nachhaltige, sich selbst tragende Waldökosysteme, um diese dann im Amazonasgebiet umzusetzen. Beide erforschten aus persönlichem Interesse auch die sogenannte Ayahuasca Pflanze. Sie hatten sie bereits einige Male an sich selbst getestet und erzählten einige erstaunliche Dinge darüber, die ich erst sehr viel später überprüfen konnte, als ich schon wieder in Deutschland war. Wir erfuhren von den beiden unter anderem, dass diese Liane eine wahre Wunderpflanze ist und in der Behandlung von Suchtkranken eingesetzt wird sowie auch in der Erforschung neuer Therapieformen für z.B. Parkinson und Tumore einen hohen Stellenwert genießt. Mittlerweile hat sie auch in Deutschland ihren Platz in der medizinischen Forschung.

Bei langjährigen Ayahuasca-Trinkern konnten in Studien sowohl stabilere Persönlichkeiten, ein besseres Gedächtnis als auch eine bessere Integration ins gesellschaftliche Umfeld im Vergleich zu entsprechenden Kontrollgruppen festgestellt werden. Diese Studien untermauerten die Freigabe von Ayahuasca für den religiösen Gebrauch sowohl in Brasilien als auch in den USA. Bei falscher Anwendung oder mangelnder Erfahrung des Schamanen können jedoch auch Angstzustände ausgelöst werden und mittlerweile gibt es leider viel Missbrauch in Brasilien und Peru durch selbsternannte Schamanen, die im Ayahuasca Tourismus das große Geld wittern. Oftmals wird dann nicht mal Ayahuasca verabreicht, sondern ein Cocktail aus anderen Substanzen, deren Nebenwirkungen gar nicht richtig abzuschätzen sind, da der Brauprozess für echtes Ayahuasca sehr aufwendig ist und mehrere Tage dauern kann.

Für die Indigena Amazoniens hat die Pflanze vor allen Dingen drei Aufgaben. Sie setzen sie für eine Reinigung des Körpers und sowohl präventiv als auch symptomatisch gegen Krankheiten ein, sogar solche, die nach westlichen, schulmedizinischen Standards als unheilbar gelten. Aber sie wird auch diagnostisch auf eine Art eingesetzt, die mit unserem europäischen Verständnis schwerer zu vereinbaren ist: Die Indigena, die wir unterwegs trafen, meinen, dass die Schamanen sich über den Ayahuasca Trank mit der Welt ihrer Geister verbinden, um sich dadurch neues Wissen anzueignen. Dadurch diagnostizieren sie nicht nur Krankheiten sondern bestimmen auch gleich die passende Heilpflanze und Prozedur dazu. Jeder Pflanzen- und Tiergeist ist für die Schamanen Amazoniens ein Lehrmeister. Und eine der Eintrittskarten in den Hörsaal dieser zweiten Welt ist eben die Ayahuasca Liane.

Das gesamte Wissen der indigenen Völker Amazoniens über die Heil- und Giftwirkung der Pflanzenwelt im Ökosystem des größten Regenwaldes unserer Erde entstammt nach Auskunft unseres Schamanen Zeremonien, wie wir sie über einen Zeitraum von 5 Tagen mehrfach abhielten und den oft daraus entstehenden starken und kristallklaren Visionen. Es ist für die meisten Menschen nur schwer vorstellbar, wie uns eine Pflanze vermitteln soll, was zu tun ist, da wir mit gänzlich anderen Glaubenssystem erzogen werden. Für die Indigena ist es sehr einfach, da für sie völlig selbstverständlich alles miteinander verbunden ist und das gesamte Wissen der Welt sich in jedem Teil davon wiederfinden lässt. Etwas später auf unserer Reise, in den Anden in der Nähe von Cusco, bei einem Institut, welches die rituelle Nutzung von Ayahuasca erforschte und mit ‚echten' Schamanen zusammenarbeitete, ließen wir uns selbst auf die Erfahrung ein, was es mit dieser besonderen Pflanze auf sich hat.

„Denk falsch wenn Du magst, aber denk um Himmels Willen für Dich selbst."

Doris Lessing

Welcome to Mental City!

Stell Dir vor, Du bist zum ersten Mal in Deinem Leben in Rio de Janeiro unterwegs. Überall um Dich herum gibt es neue Sinneseindrücke: Wohlhabende Gegenden zu Deiner linken Seite, herunter gekommene Favellas auf der rechten Seite, teilweise werden normale Wohngegenden von den Slums regelrecht durchsetzt, wie eine Ranke, die sich durch die Wohngebiete hindurch zieht. Überall gibt es Menschen unterschiedlicher Kultur und Herkunft, Du nimmst fremde aber auch vertraute Gerüche wahr. Während Du gerade eine neue Speise probierst, rauschen drei Einsatzfahrzeuge der Polizei an Dir vorbei. Der Klang der Hörner ist ganz anders, als Du das gewohnt bist. Der Kellner neben Dir fragt Dich eben, ober er Dir noch etwas von seinem hausgemachten Caipi nachschenken soll, der wie in Rio üblich, tagsüber getrunken und auf den Straßen in einem Plastikbecher gereicht wird.

Du nimmst Dir ein günstiges Hostel und beim Betreten des Zimmers wird Dir erst mal speiübel. Die Wände sind großflächig verschimmelt, von der Decke hängen lose Kabel und in einer Ecke der Rest von etwas herab, was früher wohl mal eine Tapete gewesen sein muss. Überall liegt ein süß-säuerlicher, widerlicher Geruch in der Luft. Eine - ob ihrer betagten Jahre - von innen schwarz gefärbte 40 Watt Glühlampe kämpft gegen die Dunkelheit in der Kammer an, Tageslicht ist aufgrund fehlender Fenster praktisch nicht vorhanden. Allein durch Lüftungsschlitze und durch die geöffnete Tür kommt etwas Licht vom Innenhof in dieses

Hummeln im Hintern

Elend, was man Dir zum Schlafen angeboten hat. Aber selbst das Licht möchte diesen Ort sofort wieder verlassen. Völlig angeekelt gehst, nein, rennst Du so schnell Du kannst aus dem Zimmer heraus auf die Straße. Du möchtest nicht mal Dein Geld zurückhaben sondern einfach nur so schnell wie möglich weg und raus aus dieser Gegend.

Nur wenige Häuserblocks weiter sieht es völlig anders aus und wirkt auch insgesamt etwas lebhafter. Du versuchst erneut Dein Glück und gehst in ein weiteres Hostel. Sofort wirst Du freundlich begrüßt und auf Dein Zimmer gebracht. Was für ein Unterschied das ist: Dir fällt sofort auf, wie hell das Zimmer ist, da das Zimmer in einer Ecke liegt und dadurch gleich mehrere Fenster hat. Es ist überaus gepflegt, liebevoll und warm und gleichzeitig aber auch sparsam eingerichtet. Luxus suchst Du hier vergeblich, aber dafür bist Du auch nicht gekommen. Sofort fühlst Du Dich wohl und beschließt zu bleiben.

In dem Moment fallen mehrere Schüsse draußen auf der Straße; Du sackst zu Boden und die Angst lähmt Dich. Du traust Dich kaum ans Fenster zu gehen, aber nach einigen Sekunden, die Dir eher wie Minuten vorkommen, überwiegt schließlich die Neugierde über Deine Angst und Du tastest Dich an das Fenster heran. Die Polizei hat eben unten auf der Straße jemanden fest genommen, der wie ein Bandenmitglied oder ein Drogendealer aussieht. Du kannst nicht ausmachen, wer geschossen hat, die Polizei oder die Person, die gerade festgenommen wurde. Es scheint jedenfalls niemand verletzt zu sein. Vielleicht hatte die Polizei einige Warnschüsse abgegeben hat, um die Person zum Aufgeben zu motivieren.

Dann fällt Dir etwas Seltsames auf: Du befindest Dich gar nicht in Rio. Du befindest Dich in Deinem Kopf. So wie Alice bist Du in ein völlig anderes Wunderland hineingetreten. Es gibt Bereiche, die wesentlich belebter und angenehmer zu besuchen sind als andere. Es gibt sichere Gegenden und es gibt schäbige Viertel und auch regelrechte Gefechte mit der Polizei in den ärmeren Gebieten. Ich möchte jetzt, dass Du Dir nicht mehr vorstellst, dass Du hier nur Urlaub machst, sondern dass

Kapitel 4 – Unser Gehirn

Du in dieser Stadt lebst. Mehr noch, ich möchte, dass Du Dir vorstellst, Du wärst Bürgermeister dieser Stadt. Denn genau das bist Du. Wenn es Dir leichter fällt, stell Dir eine Stadt vor, die Dir besser vertraut ist. Wir nennen sie „Mental City".

Gehe jetzt durch die einzelnen Stadtviertel und betrachte objektiv die einzelnen Aspekte Deines Lebens. Schau Dir den Stadtteil mit Deinen Freundschaften und Beziehungen an, das Financial District mit Deinen Überzeugungen zum Thema Geld und dann den Stadtpark, wo Du Dich zur Entspannung zurückziehst. Schau bei der Gelegenheit auch am Haus Deiner Kindheit vorbei. Was siehst Du darin? Und wie sieht Deine eigene Wohnung in Deinem Kopf aus? Fühlst Du Dich dort wohl oder hast Du Lust sofort auszuziehen und alles großflächig abzufackeln?

Durch diese Übung ordnest Du Bedeutungsvollem ein Bild zu. Du kannst dadurch abstrakte Dinge in Deinem Leben, über die Du Dir nicht ganz klar bist betrachten und eine Bestandsaufnahme davon machen. Die unbewussten Aspekte befüllt Deine zweite Aufmerksamkeit automatisch und ohne Dein Zutun sobald Du diese Übung machst. Dadurch machst Du Dir diese Punkte nicht nur bewusst sondern regelrecht erlebbar. Vielleicht noch wichtiger: Du kannst das Bild jetzt verändern, wenn es Dir nicht gefällt.

Du bist vielleicht schon so lange daran gewöhnt, in einem mentalen Slum zu hausen, dass es Dir gar nicht mehr auffällt. Du lebst einfach schon zu lange hier und alle Deine Freunde leben ja schließlich auch hier. Aber solange Du in dieser Umgebung bist, ändern sich auch nicht die Resultate in Deinem Leben. Die Umgebung in der Du Dich befindest, hat entscheidenden Einfluss auf Dein Wachstum. Verschönere das Bild Deiner Stadt indem Du veränderst, wie Du über Dinge denkst! Fang dabei mit einer Facette in Deinem Leben an - egal ob Beziehungen, Familie, Gesundheit oder Karriere. Kümmere Dich erst danach um den nächsten Aspekt. Du kannst nicht alles gleichzeitig verbessern, so wie Du auch nicht mehr als eine Wohnung gleichzeitig neu beziehen kannst.

Hummeln im Hintern

Wir erlauben unduldsame Zustände in unserem Kopf nur, weil wir uns dessen nicht immer völlig bewusst sind. Und was wir uns nicht bewusst machen, können wir auch nicht verändern. Der Weg zu nachhaltiger Veränderung führt durch Deine zweite Aufmerksamkeit, das Unbewusste, aber dafür musst Du Dir zuerst des Problems überhaupt bewusst werden, um den Prozess der Veränderung einleiten zu können.

Erinnern wir uns nochmal an das vorangegangene Kapitel: Zuerst projizierst Du in Deiner ersten Aufmerksamkeit vor Deinem inneren Auge ein Bild. Durch Wiederholung unter Einbeziehung all Deiner Sinne fixierst Du das Bild in Deiner zweiten Aufmerksamkeit, von wo aus es schrittweise anfängt, sich zu materialisieren. Wie genau dieser Prozess initiiert wird, hast Du bereits im letzten Kapitel erfahren. Bei Hindernissen und Schwierigkeiten oder wenn Du anfangen solltest, Deine eigenen Fortschritte zu sabotieren, was leider häufig vorkommt, findest Du einige äußerst effektive Methoden für die mentale ‚Tiefenreinigung' in Kapitel 5 - Energieblockaden.

Hier geht es vor allem darum, sich zunächst der Tatsache bewusst zu werden, dass Du Kontrolle über Deine Gedanken und Dein inneres Erleben hast. Und genau wie Dreck und Unordnung in Deiner Wohnung entstehen, wenn Du Dich nicht darum kümmerst, so sammelt sich mit der Zeit auch Müll in Deinem Kopf an. Deswegen ist es wichtig, regelmäßig die einzelnen Bereiche Deines Lebens zu untersuchen und Dir darüber bewusst zu werden, wo Du mit den Ergebnissen nicht zufrieden bist und diese Bereiche dann anzugehen. Es mag unfair erscheinen, aber mentales Unkraut wächst mit der Zeit von ganz allein. Das Jäten dieses Unkrauts ist hingegen ein rein willentlicher Akt und geschieht nur durch Dein Zutun.

Kapitel 4 – Unser Gehirn

„Alles was ich gesehen habe, lässt mich auf den Schöpfer in all den Dingen vertrauen, die ich noch nicht gesehen habe."

Ralph Waldo Emerson

Die Schaltzentrale

Lass uns noch etwas tiefgehender mit diesem fantastischen Werkzeug hinter Deiner Schädeldecke auseinandersetzen. Man kann beim menschlichen Körper kaum damit aufhören, in Superlativen zu sprechen. Dein Gehirn hat etwa 100 Milliarden Nervenzellen, sogenannte Neuronen, die Du nach Belieben mit Deinen eigenen Ideen befüllen kannst. Das sind mehr Zellen als der sichtbare Teil des uns bekannten Universums an Sternen enthält. Und die Verknüpfungen zwischen diesen Zellen sind nochmal um ein Vielfaches größer, nach jetzigem Stand gibt es über 100 Billionen dieser Verbindungen. Jedes der Neuronen ist also mit etwas mehr als 1.000 anderen Neuronen verbunden. Ein winziger Würfel Deines Gehirns mit einer Kantenlänge von einem Millimeter Ausdehnung in jede Richtung enthält ganze 4 Kilometer an neuronalen Netzwerkverbindungen, den sogenannten Axonen. Das ist gewissermaßen die Verkabelung Deiner Stadt.

Um es noch besser vorstellbar zu machen, wie unglaublich vernetzt die Struktur Deines Gehirns ist: Jedes Neuron ist weniger als vier Schritte von einem beliebigen anderen Neuron in Deinem Kopf entfernt und in der Lage, Impulse mit einer sehr niedrigen Spannung zu erzeugen, die mit einer Geschwindigkeit von 480 km/h durch Dein Gehirn jagen. Über dieses gewaltige, neuronale Netzwerk und durch die enorme Verknüpfung der Neuronen untereinander wird in Deinem Gehirn mit jedem „Taktzyklus" der gesamte Speicher aktualisiert, was bei einem Computer nur in Einzelschritten erfolgt. Aufgrund dieser parallelen Architektur kann unser Gehirn Informationen nicht nur gleichzeitig verarbeiten und speichern sondern auch rasend schnell darauf zugreifen. Deshalb musst Du Dich auch nicht erst für eine viertel

Hummeln im Hintern

Stunde entschuldigen, wenn Deine Schwiegermutter vor Dir steht, um in den Tiefen Deines Gedächtnisses nach ihrem Namen zu kramen, bevor Du sie begrüßt. Stell Dir die Axonen ruhig wie elektrische Leitungen in Deinem Haus vor, während die Neuronen die Lichtschalter sind. Und jetzt stell Dir vor, alle Häuser und Leitungen auf der Welt wären elektrisch miteinander verbunden und Du kommst noch nicht mal annähernd an die Komplexität des menschlichen Gehirns heran!

Mindestens genauso spannend sind die lange Zeit unterschätzten Gliazellen, von denen man annahm, dass sie lediglich der Stabilität des Nervengewebes dienen. Es gibt mindestens ebenso viele Gliazellen wie Neuronen und sie sind echte Multitalente. Sie versorgen die Zellen mit Nährstoffen, entsorgen die Abfallstoffe, zersetzen und recyclen tote Zellen, sorgen für die elektrische Isolierung der Axonen (Kabel) und damit stabilere und schnellere Signalübertragung, helfen bei der Verkabelung von Neuronen (Schalter) im sich entwickelnden Hirn, schützen das Hirn vor Infektionen und sorgen für ein optimales chemisches Gleichgewicht, damit sich die Neuronen so richtig wohl fühlen und gute Arbeit verrichten können.

Das Gehirn macht nur etwa 2% Deines Körpergewichtes aus, verbraucht bei einem Erwachsenen dafür aber rund 20% der körpereigenen Energie. Ein Computer mit vergleichbarer Rechenpower verbraucht heute immer noch ein Vielfaches der Energie unseres Gehirns, welches mit rund 15-20 Watt Leistung ein echter Star in Sachen Öko-Bilanz ist. Allerdings sind die Rechenvorgänge in einem Prozessor und einem menschlichen Gehirn nicht direkt miteinander vergleichbar. Was auf einem Computer effizient abläuft, funktioniert meist nicht sonderlich effizient in einem neuronalen Netzwerk wie unserem Gehirn - und umgekehrt.

Alle Nervenbahnen Deines Gehirns aneinander gereiht, lassen sich etwa 145-mal um unseren Planeten herum spannen, oder mehr als 7-mal aus Deinem Wohnzimmer hinaus bis zum Mond und zurück. Das Gehirn wird durch eine sehr effiziente Blut-Hirn-Schranke vor

Kapitel 4 – Unser Gehirn

Krankheitserregern und Schadstoffen geschützt, damit diese nicht das Gehirn erreichen. Sie lässt Nährstoffe durch und Abfallprodukte hinaus, erschwert allerdings bei entzündlichen Prozessen in Deinem Gehirn auch den Zugang von Medikamenten. Erst kürzlich ist es Forschern gelungen, über eine auf Ultraschall basierende Technologie diese Schranke temporär zu öffnen, um Medikamenten besseren Durchtritt zu gewähren. Bislang musste man die Dosen von Arzneimitteln extrem erhöhen, damit ein genügend großer Anteil der Wirkstoffe diese Barriere passieren konnte.

Die bei der Benutzung unseres Gehirns entstehenden Abfallprodukte und Toxine werden im Schlaf durch ein extrem ausgeklügeltes System von Kontraktionen innerhalb des Hirns abtransportiert, die ein bisschen wie Ebbe und Flut funktionieren, wie Forscher der University of Rochester Medical Center herausgefunden haben. Dabei vergrößert sich im Schlaf der Zwischenraum zwischen den Nervenzellen und die Gehirnflüssigkeit kann besser durch die Zwischenräume fließen, um Schadstoffe auszuspülen. Je länger Du auf Schlaf verzichtest, desto mehr toxische Schlacken sammeln sich in Deinem Hirn an, was in Extremfällen sogar bis zum Tod führen kann. Außerdem benötigt Dein Gehirn auch Schlaf, um neu gelernte Informationen zu integrieren und im Langzeitgedächtnis zu speichern. Daher ist ausreichend Schlaf während einer Lernphase mindestens genauso wichtig wie der Lernvorgang selbst. Anders herum kannst Du Dir einen anstrengenden Lerntag auch sparen, wenn Du planst, im Anschluss die Nacht durch zu feiern.

Das menschliche Gehirn kann nicht nur in jedem Alter durch gezieltes Training verbessert werden, sondern auch seine Form und Funktion modifizieren, um sich veränderten Umweltbedingungen anzupassen, wenn es nötig ist. Es können sogar völlig neue Neuronen gebildet werden (Neurogenese). Nach Amputationen von Körperteilen oder Schädigungen am Hirn durch Unfälle wurde beobachtet, wie umliegende Teile des Gehirns die Aufgaben übernehmen, die zuvor der beschädigte oder entfernte Teil ausgeführt hat. Beim Verlust bestimmter Sinne kann das Gehirn ebenfalls Änderungen an seiner Struktur vornehmen, um den neuen Anforderungen gerecht zu werden, z.B. durch Verstärken anderer Sinneswahrnehmungen. Diese sogenannte Neuroplastizität bleibt das gesamte Leben über erhalten.

Es gibt in jüngerer Zeit auch einige interessante Untersuchungen zum kognitiven Training, besser bekannt als ‚Gehirntraining'. Bei jedem Lernprozess bilden sich neuronale Verknüpfungen in Deinem Gehirn aus oder werden verstärkt, so auch beim kognitiven Training. Was wissenschaftlich bislang aber noch etwas umstritten und nicht hinreichend untersucht war, ist, ob sich die Lerneffekte vom Gehirntraining auch auf andere Bereiche des Alltags übertragen lassen. So fand man bei den Untersuchungen auch keine spürbare Verbesserung der Wahrnehmungsfähigkeiten. Interessanterweise ließen sich allerdings deutliche Verbesserungen in den Kapazitäten des Arbeitsgedächtnisses erkennen. Das ist gleich mehrfach von Bedeutung. Einerseits verbessert es damit auch die fluide Intelligenz. Das ist die Intelligenz, die Du benötigst, um Dir neues Wissen anzueignen, Deine mentalen Werkzeuge sozusagen. Das sich angeeignete Wissen wiederum bezeichnet man als kristalline Intelligenz. Das sind Deine mentalen Vermögensgegenstände, die Du im Laufe Deines Lebens einsammelst. Als Nebeneffekt wird durch kognitives Training aber auch Deine Stressresistenz erhöht, da Du weniger mentale Ressourcen zur Problemlösung einsetzen musst. Und eine starke Toleranz gegenüber Stress ist kritisch, wenn Du in Deinem Leben hohes Tempo gehen willst. Besonders gut trainierbar sind übrigens die Geschwindigkeit der Informationsverarbeitung, Konzentration, Aufmerksamkeit und räumliches Denken. Auch eine Verbesserung der Integrität und Leitfähigkeit der Fasern in Deinem Gehirn sowie eine Stabilisierung des Spannungspotentials bei der Signalübertragung wurden festgestellt. Eine Studie der niederländischen Wissenschaftlerin Katrijn Houben konnte zeigen, dass Gehirntraining die Impulskontrolle - die Fähigkeit, Versuchungen zu widerstehen - steigern kann. In der Studie führte Gehirntraining dazu, dass Studienteilnehmer dadurch weniger Alkohol tranken. Im Gegensatz zum Muskeltraining sind Anpassungen im Gehirn von langfristiger Natur und verschwinden nicht sofort wieder, wenn Du mit dem Training aufhörst. Auch nach mehreren Jahren sind die Effekte noch messbar. Ein nach neuesten Erkenntnissen aufgebautes Gehirntraining ist also durchaus ein sinnvolles zeitliches Investment. Es gibt verschiedene Anbieter von Programmen für Gehirntraining auf dem Markt, hier sind einige Anbieter - ich selbst nutze die App „Neuronation" auf meinem Smartphone:

http://www.neuronation.de
http://www.lumosity.com
http://www.peak.net
http://www.cambridgebrainsciences.com

Jetzt überleg Dir nur mal kurz, was für ein bemerkenswertes Organ da knapp über Schulterhöhe seine Arbeit für Dich verrichtet! Auch wenn Du andere Menschen für schlauer, kreativer oder analytischer hältst. Du kannst kraft Deines Denkens alles an Dir verändern, was Du möchtest. Du kannst Dich in jede Richtung entwickeln, die Dir vorschwebt. Die heute teilweise noch verbreitete Ansicht, dass unsere zwei Hirn-Hemisphären auf unterschiedliche Aufgaben spezialisiert sind und wir von Kind an durch eine dieser beiden Hirnhälften geprägt sind oder von ihr dominiert werden ist veraltet und nicht mehr korrekt. Dabei wurden der linken Hirnhemisphäre Eigenschaften zugeschrieben, verstärkt rationale, sprachliche, analytische, zeitlich lineare und logische Prozesse zu verarbeiten, während der rechten Hälfte ganzheitliche, bildhafte, musische, kreative, intuitive, zeitlose, räumliche, emotionale und körperorientierte Eigenschaften sowie oft auch der Sitz des Unbewussten zugeschrieben wurden. Nicht, dass es diese Funktionsbereiche in Deinem Gehirn nicht geben würde, aber die Aufteilung in zwei Bereiche ist doch eine allzu starke Vereinfachung. Es stimmt, dass sich bei vielen Menschen sprachliche Funktionen eher in der linken Hirnhälfte ansiedeln, aber es gibt auch Ausnahmen dazu. Fakt ist, wir sind weder „rechtsdominant" noch „linksdominant" und unsere Hirn - Hemisphären führen auch kein funktionell getrenntes Dasein voneinander sondern können sogar neue Funktionen aus anderen Hirnbereichen übernehmen. Du allein bestimmst also, welche Aspekte Deiner Intelligenz Du trainierst und damit ausprägst.

„Wenn Du auf eine nicht lösbare Ungereimtheit stößt, überprüfe Deine Prämissen. Du wirst sehen, dass Du irgendwo falsch liegst."

Ayn Rand

Gehirn: Chaos und Ordnung

In einem früheren Kapitel hast Du bereits über das Phänomen der Entropie als Maß für die Unordnung in einem System erfahren. Innerhalb eines in sich geschlossenen Systems kann die Unordnung niemals abnehmen sondern nur gleich bleiben oder zunehmen. Basierend auf Arbeiten Alan Turings zur Morphogenese im Jahr 1950 entwickelte der Physiker und Chemiker Ilya Prigogine 1967 das Konzept der „dissipativen Strukturen" in offenen Systemen und erhielt dafür 1977 den Nobelpreis für Chemie. Prigogine fand heraus, dass unter bestimmten Voraussetzungen die Entropie räumlich oder zeitlich begrenzt dennoch abnehmen kann und dadurch durchaus geordnete Systeme hoher Ordnung und Komplexität in einem ansonsten völlig dynamischen, geradezu chaotischen Gefüge entstehen können. Er bewies, dass Ordnung nicht trotz Chaos sondern aufgrund von Chaos entsteht.

Die Merkmale eines dissipativen Systems sind komplexe Strukturen, die sich fernab eines Gleichgewichtszustands befinden und gleichzeitig fortlaufend Energien umsetzen und mit ihrer Umgebung austauschen. Aus einem ursprünglich homogenen, nicht-strukturierten System bildet sich ein räumlich und/oder zeitlich geordneter Zustand, ein „stationärer Nichtgleichgewichtszustand". Ein sehr anschauliches Beispiel ist eine Badewanne mit abfließendem Wasser, während gleichzeitig frisches Wasser aus dem Wasserhahn dazu läuft. Das führt dazu, dass sich der Wasserpegel unter den richtigen Voraussetzungen nicht verändert. In der Natur gibt es überall zahlreiche Beispiele für solche scheinbar zufälligen, dissipativen Strukturen. Im Kleinen sind das etwa keimende Pflanzensamen oder die Form einer Kerzenflamme, in wesentlich größeren Dimensionen auch die Form eines Hurrikans oder das System der weltumfassenden Meeresströmungen. Unsere Erde samt ihrer der Atmosphäre ist ein dissipatives System. Es nimmt durch Sonneneinstrahlung Energie auf und gibt zugleich Wärme in den Weltraum ab. Dadurch können sich eine Vielzahl weiterer, untergeordneter Strukturen bilden, wie zum Beispiel Wolken, Flüsse oder Wirbelstürme. Unsere Wirtschaft ist ebenso eine dissipative Struktur wie es auch der Mensch ist - sowie sämtliche Lebewesen auf diesem Planeten!

Stell Dir mal kurz ein mehrspuriges Autobahndrehkreuz vor, das bis zu einem gewissen Punkt das Verkehrsaufkommen gut bewältigen kann und irgendwann aber so verstopft ist, dass nur eine höhere Ordnung von Komplexität, d.h. weitere Fahrspuren, das System wieder in ein temporäres Gleichgewicht bringen kann. Auch dieser neue Zustand ist jedoch nur solange stabil, wie keine erneute, signifikante Steigerung des Verkehrsaufkommens stattfindet. Der Autoverkehr ist der Stress, der auf das System einwirkt und welcher „dissipiert", also umgewandelt, werden muss. Der Übergang von einem Zustand niederer Ordnung zu einem Zustand höherer Ordnung durch Veränderung der Ausgangsbedingungen erfolgt dabei sprunghaft, nicht fließend. In dem Moment, wo die neue Spur geöffnet wird, kann sofort ein größeres Verkehrsaufkommen bewältigt werden.

Das gleiche geschieht in Deinem Gehirn, welches ein weiteres, exzellentes Beispiel für ein dissipatives System darstellt! Es kann Stressreize bis zu einem gewissen Grad sehr gut handhaben. Ab einem gewissen Punkt kommt es jedoch aus dem Gleichgewicht und Du bist entweder gezwungen, den Stress abzublocken, indem Du Dich von E-Mail, Telefon und Deiner gesamten Arbeit regelrecht abschottest. Hält der jedoch weiterhin Reiz an und erreicht einen gewissen Schwellwert, den sogenannten „Bifurkationspunkt", und Du setzt Dich zugleich innerlich gegen diesen Stressreiz zur Wehr - was meist unbewusst und völlig automatisch geschieht - dann bricht das System irgendwann zusammen und Du erleidest einen Burn-out.

Wenn es nicht absehbar ist, wann sich die äußeren Rahmenbedingungen einer stressigen Situation für Dich zum Positiven verändern, dann probiere etwas anderes. Kämpfe nicht gegen das Gefühl der Ohnmacht an, das verschlimmert es nur. Finde heraus, ob Du das Stressgefühl in Deinem Körper lokalisieren kannst. Horche völlig wertungsfrei in Dich hinein und spüre. Beobachte. Nimm das Gefühl wahr. Dabei verändert es sich manchmal, folge ihm dann mit Deiner Aufmerksamkeit einfach weiter. Begib Dich in die Position des neutralen, inneren Beobachters. Mehr ist nicht zu tun. In vielen Fällen verschwindet die Anspannung von allein, sobald man ihr etwas Aufmerksamkeit und Sendezeit widmet. Wann immer möglich, sorge für kurze aber dafür gründliche Gefechtspausen, ‚Mini - Auszeiten', in denen Du wirklich um- oder abschalten kannst. Das Gehirn reagiert oberhalb des Bifurkationspunktes mit erheblichen strukturellen Anpassungen. Dabei verknüpft es sich spontan neu und flüchtet in ein System höherer Ordnung. Ganz wie unser Autobahnkreuz im obigen Beispiel. Du lernst mit der neuen Stresssituation umzugehen. Die neuronale Vernetzung verändert sich dabei so schlagartig, dass man eigentlich nicht mehr von einer Anpassung sondern eher von einer völlig neuen funktionalen Struktur Deines Gehirns sprechen muss. Eine Art Upgrade, nachdem Dein Gehirn mit der ursprünglichen Verschaltung nur noch so viel gemeinsam hat, wie ein ausgetretener Waldpfad mit unserem mehrspurigen Autobahnkreuz. Damit wird innerhalb der Unordnung der Stresssignale eine räumlich- bzw. zeitlich begrenzte Mikroordnung herstellt, welche die steigende Flut von Reizen wieder verteilen kann. Das Gehirn kann dann mit der neuen Aufgabe so umgehen, dass die Reize wieder problemlos verarbeitet werden und sich der Stress-Level auf ein verträgliches Maß reduziert. Dieser Prozess wiederholt sich immer wieder von neuem, sobald die Toleranzgrenze der Struktur erreicht ist.

Kapitel 4 – Unser Gehirn

Kennst Du ein Kaleidoskop? Das war früher mal ein sehr beliebtes Kinderspielzeug. Du schaust hindurch und siehst ein schönes und unglaublich komplexes Muster, das durch mehrfache Spiegelungen von bunten Glassplittern im Inneren des Röhrchens entsteht, durch welches Du hindurch schaust. Sobald Du das Kaleidoskop etwas drehst, entsteht ein ebenso schönes aber zugleich völlig neues Muster und es gibt immer wieder neue Anordnungen, kein Muster wiederholt sich jemals. So wie sich die Anordnung der Muster im Kaleidoskop grundlegend verwandelt, kann sich auch die Struktur Deiner neuronalen Vernetzungen plötzlich zu etwas völlig neuem und komplexeren verändern, wenn Du Dein Gehirn den entsprechenden Reizen aussetzt.

„Wer andauernden Erfolg will, muss sein Verhalten von Zeit zu Zeit ändern."

Niccolo Machiavelli

Sprunghafte Veränderungen

Wir haben bereits darüber gesprochen, wie Du durch Konditionierung lernst und Dir Fertigkeiten aneignest, indem Du Ideen durch den Transfer in Deine zweite Aufmerksamkeit automatisierst. Durch diese Automatismen kann es jedoch auch zu schlechten Entscheidungen kommen. Automatisiertes oder konditioniertes Denken ist von Vorteil, wenn Du Dinge nach einem festgelegten Ablauf erledigen möchtest, ohne bewusst zu sehr darüber nachdenken zu müssen. Tatsächlich stört eine bewusste Intervention oft sogar den konditionierten Ablauf. In Situationen, wo Du ausgetretene Pfade verlässt, ist es dafür umso wichtiger, bewusst nachzudenken. Das ist schwer, wenn Du es fast ausschließlich gewohnt bist, Deinen konditionierten Verstand zu benutzen. Kein Mensch ist von Natur aus dumm, aber Gewohnheiten führen uns in die Bequemlichkeit und das gilt auch für unser Denken. Einstein nannte es ‚faule Denkgewohnheiten' und damit trifft er den

Hummeln im Hintern

Nagel recht gut auf den Kopf. Wir können jederzeit bewusst in den Prozess des konditionierten Denkens eingreifen und die bewusste Kontrolle übernehmen, um durch aktives Überlegen zu einer anderen Entscheidung zu gelangen. Der Nobelpreisträger Daniel Kahneman bestätigt diese Sichtweise durch seine Forschungen.

Price Pritchett beschreibt in seinem Buch „You 2" Quantensprünge in unserer Effizienz, die dadurch entstehen können, dass man ausgetretene Pfade verlässt und völlig neue Wege in Betracht zieht, um seine bisherigen Ziele zu erreichen. Häufig lassen sich die gleichen Resultate mit einem Bruchteil des Aufwands erzielen - nicht durch Verbesserung oder Optimierung sondern durch einen kompletten Umbruch. Wir können dann mit dem gleichen oder sogar geringen Aufwand einen viel größeren und besseren Output generieren. Die Repositionierung eines Produktes oder gesamten Unternehmens kann ebenfalls einen solchen Effekt haben. Diese Effizienzsteigerung wächst nicht mehr proportional sondern quadratisch oder sogar kubisch im Vergleich zu dem, was Du bisher gewohnt warst. Der größte Vorteil besteht jedoch im Verlassen der Tretmühle. Wir gewinnen wieder Kontrolle über unsere Zeit und dieser Performancezuwachs schlägt sich natürlich auch in unserem Geldbeutel nieder. Dafür musst Du jedoch einige Schritte zurücktreten, Dich aus der Umklammerung des Tagesgeschäftes herauslösen und intensiv nachdenken. Trau Dich ruhig alle Deine bisherigen Arbeits- und Verhaltensweisen komplett in Frage zu stellen. Erkenne ihren Wert an, denn sie haben Dir ja bislang gute Dienste geleistet und Dich dorthin gebracht, wo Du jetzt bist. Du hast sehr viel gelernt. Vielleicht ist es jetzt aber an der Zeit für etwas Neues.

Abraham Maslow stellte einmal fest, dass wir uns in jedem Augenblick entweder vorwärts bewegen und wachsen oder in vertraute Gefilde von Bekanntheit und Sicherheit zurückfallen. Wenn Du einen See durchschwimmst, ist die beste Option nicht immer zurück zu schwimmen, sobald Du merkst, dass die Kräfte allmählich nachlassen. Gerade dann musst Du oft weiter schwimmen, weil das gegenüberliegende Ufer vielleicht schon viel dichter ist, als der Weg, der hinter Dir liegt. Warum arbeiten wir so häufig mit veralteten Strategien anstatt regelmäßig neue Software in unsere biologische CPU zu spülen? In fast allen Fällen mangelt es nicht an Kreativität sondern allein am Abstand zum Thema, um bei sich selbst ein bestimmtes, festgefahrenes Muster zu erkennen und es zu verändern. Oft mangelt es auch an der Zeit, sich mit einer Thematik tiefer auseinanderzusetzen. Auch wenn das lächerlich klingen mag, sind wir häufig zu beschäftigt, um einen Schritt zurückzutreten und das Problem in einem anderen Licht zu betrachten. Abraham Lincoln sagte einmal, wenn er nur 8 Stunden Zeit hätte, um einen Baum zu fällen, dann würde er 7 Stunden damit zubringen, seine Axt zu schärfen. Das mag sicher famos übertrieben klingen, aber das Konzept dahinter ist stimmig. Eine Stunde konzentrierten und zielgerichteten Denkens kann uns später in der Ausführung viele Stunden an Zeit und Energie ersparen. Allein aus Gewohnheit setzen wir uns zuerst in Bewegung und denken erst dann gezielter darüber nach, sobald etwas schief läuft.

Nootropika: Raketen - Treibstoff für Dein Gehirn

Manchmal liest man, dass wir nur einen Bruchteil unseres Gehirns tatsächlich nutzen, wie etwa 5% - 10% oder sogar noch weniger. Glücklicherweise ist das Unsinn. Wir nutzen unser Gehirn zu 100%. Wenn Du das nicht glaubst, dann schau Dir mal eine Messung Deiner Hirnaktivitäten über den Tagesverlauf an. Die Natur ist überaus ökonomisch. Evolutionäre Ausprägungen ohne konkrete Funktion kann sie sich einfach nicht leisten. Auch ein Gehirn, wovon 90% oder mehr brach liegen macht keinen Sinn und wäre äußerst ineffizient. Diese ungenutzten Bereiche würden sich mit der Zeit zurückbilden. Selbst auf den ersten Blick überflüssige, scheinbar rein ästhetische Ausstattungsmerkmale haben immer einen - wenn auch nicht sofort ersichtlichen - Nutzen. Der kann im Tier- und Pflanzenreich auch darin liegen, Feinde zu verjagen oder das Imponiergehabe während der Balz zu unterstützen und damit den Fortbestand der Art zu sichern. Zwei

Hummeln im Hintern

Beispiele hierfür sind der auffällig geschwollene, rosa gefärbte Hintern eines weiblichen Pavians oder die beeindruckend lange Schleppe eines männlichen Pfaus.

Wovon wir jedoch tatsächlich nur zu einem Bruchteil Gebrauch machen, ist das gewaltige Potential unseres Verstandes! Und niemand kann genau sagen, wie groß dieses Potential eigentlich ist oder wozu wir alles fähig sind. Persönlich gefällt mir die Vorstellung, dass es keine Grenzen in Bezug auf das gibt, was wir denken und tun können. Hast Du den Film „Ohne Limit" gesehen? Falls nicht, solltest Du das schleunigst nachholen. Darin geht es um einen Mann, der unter dem Einfluss eines synthetischen Präparates plötzlich uneingeschränkten Zugriff auf seine gesamten, mentalen Kapazitäten erhält. Er kann sich dadurch nicht nur bewusst sofort an alles erinnern, was er jemals gehört oder gesehen hat und erwirbt dadurch ein erstaunliches Fachwissen über die Finanzmärkte. Er kann auch Informationen zu jedem Zeitpunkt körperlich so abrufen, als ob er sie jahrelang trainiert hätte. In einer Szene wird er auf der Straße angegriffen und merkt plötzlich, dass sich sein Körper an Bewegungen erinnert, die er einst in einem Kampfsportfilm gesehen hat. Er kann diese Formen dann aus dem Kopf heraus perfekt imitieren, ohne sie jemals geübt zu haben. Gleich wie unrealistisch so ein Szenario auch sein mag, seit ich diesen Film gesehen habe, hat mich die Idee nicht mehr losgelassen, Möglichkeiten zur Verbesserung des mentalen Potentials zu untersuchen. Also habe ich angefangen zu recherchieren und zu testen, denn ohne einen Abschnitt zu diesem Thema wäre dieses Buch unvollständig.

Es entsteht gerade ein relativ junger Markt an Brainfood - Präparaten, die die kognitiven Fähigkeiten unseres Gehirns verbessern sollen. So ein Präparat heißt Nootropikum (engl. Nootropic) oder auch Smart Drug und das Spektrum reicht von pflanzlichen Mitteln bis hin zu verschreibungspflichtigen Arzneimitteln gegen Demenz. Die Wirkungsweisen dieser Produktivitätsdrogen sind demzufolge auch alle völlig verschieden. Manche verbessern die Versorgung des Gehirns mit Nährstoffen, andere greifen mehr oder minder stark in neurosynaptische

Prozesse ein. Manche sind sogar regelrecht gefährlich. Am meisten verbreitet ist jedoch ein ganzes Arsenal von Placebos, die als Stein der Weisen vermarktet werden und dabei nichts bewirken, außer Deinen Geldbeutel zu entleeren.

Der Begriff Nootropikum setzt sich aus „nous" (altgriechisch für Geist, Verstand) und dem Wortstamm „tropo" (griechisch für Wendung, Wechsel) zusammen und wurde 1972 von Dr. Corneliu E. Giurgea geprägt, einem rumänischen Chemiker und Psychologen. Er synthetisierte 8 Jahre zuvor das erste Präparat dieser Kategorie, das Piracetam. Eigentlich war er auf der Suche nach einer Behandlungsmöglichkeit für die Kinetose, der übermäßigen und unangenehmen Reaktionen eines Körpers auf Bewegungen, wie sie von einem Fahrzeug ausgehen können (Reisekrankheit) oder auch von Bewegungen auf hoher See herrühren (Seekrankheit). Er stellte fest, dass Piracetam verschiedene kognitive Funktionen verbesserte, wie etwa das Gedächtnis, die Verarbeitung von Informationen und den Fokus. Darüber hinaus konnte er keine Nebenwirkungen feststellen und fand auch keine der für psychotrope Substanzen sonst eher üblichen Effekte, wie eine Anregung des Nervensystems oder die Begünstigung von Depressionen.

Heute wird das Präparat vor allen Dingen für die Behandlung von Demenz verschrieben, aber auch bei Schlaganfällen oder zur unterstützenden Behandlung von Folgeschäden durch Alkoholmissbrauch. In den USA ist Piracetam rezeptfrei erhältlich. In Deutschland fällt es kurioserweise als eine der wenigen Smart Drugs unter die Arzneimittelverschreibungsverordnung, während die meisten seiner Derivate, die in ihrer Wirkung teilweise deutlich stärker sind, als nicht verschreibungspflichtig gelten. Piracetam ist jedoch eines der sichersten Präparate, die es gibt und zudem aufgrund seiner Entdeckung in den frühen 60ern am längsten von allen untersucht. Piracetam hat quasi keinerlei Toxizität oder schädliche Nebenwirkungen (Ward Dean, M.D., John Morgenthaler, „Smart Drugs & Nutrients", 1990). Es ist in der richtigen Dosierung so sicher wie die Einnahme von Vitamintabletten.

Hummeln im Hintern

Es verbessert die Kommunikation zwischen den beiden Hemisphären der Großhirnrinde und hilft dadurch unterstützend bei der Behandlung von Lese- und Rechtschreibstörungen (Legasthenie). Forscher fanden einen regenerativen Effekt von Piracetam auf das Nervensystem. Bei Mäusen verabreicht, erhöhte es die Dichte der sogenannten Acetylcholinrezeptoren in deren Gehirn um 30-40% nach nur zwei Wochen. Piracetam kann Studien zufolge durch Alkohol verursachte Hirnschädigungen reduzieren sowie Gedächtnisverluste aufgrund von Alkohol vermeiden und sogar umkehren. Es reduziert auch die Intensität eines alkoholinduzierten Hangovers.

Giurgea erstellte ein Reglement für Vertreter der Kategorie Nootropika, worin er festlegte, dass sie entweder Lernfähigkeiten oder das Gedächtnis verbessern mussten, dabei das Gehirn vor schädlichen Außeneinflüssen schützen, keinerlei psychotrope Effekte wie Stimulation oder Sedierung auslösen, wenige oder keine Nebenwirkungen sowie eine äußerst niedrige Toxizität aufweisen mussten. Nootropika kommen heute auf sehr breiter Ebene zum Einsatz, auch wenn sie nicht immer so bezeichnet werden. Die häufigsten Anwendungen sind die Behandlung mentaler Krankheiten wie Alzheimer oder Parkinson. Sehr beliebt sind sie mittlerweile bei vielen Studenten um die eigenen Studienleistungen zu verbessern, aber auch später im beruflichen Alltag, um die eigene Produktivität zu steigern und mentalen Ermüdungserscheinungen vorzubeugen. Im Alter nutzen viele Menschen Produkte wie Gingko, um die mentale Gesundheit zu verbessern und Krankheiten vorzubeugen.

Unter den folgenden zwei Links findest Du einen recht guten Einstieg in das Thema sowie einen Überblick über die 120 wichtigsten nootropischen Substanzen, um Dir einen ersten Überblick zu verschaffen. Bitte stell sicher, dass Du ausschließlich die englische Version dieser Seite nutzt und nicht die deutsche Übersetzung, da diese leider maschinell erstellt wurde und damit nahezu unbrauchbar ist. Unter jedem Nootropikum findest Du eine kurze Beschreibung, die chemische Klassifikation sowie die Wirkmechanismen im Gehirn. Du findest dort auch Nutzerbewertungen für jedes Präparat in Bezug auf Gedächtnis, Fokus und Stimmung. Bitte beachte dabei immer, dass einige der Substanzen in Deutschland nicht frei verkäuflich sind.

http://nootriment.com/
http://nootriment.com/nootropics-list/

Einsteiger Stack für angehende Nootropisten

Ein recht häufiger Fehler liegt anfangs darin, nur einzelne Präparate isoliert zu sich zu nehmen. Ein spürbarer Effekt tritt aber oft erst dann ein, wenn mehrere aufeinander abgestimmte Präparate eingenommen werden, die sich gegenseitig synergistisch unterstützen. Solche Kombinationen bezeichnet man als ‚Stack' (=engl. für stapeln, schichten). Zunächst einmal sollte jedes Stack eine Form von Racetamen enthalten. Da Piracetam selbst jedoch verschreibungspflichtig ist, und Du Schwierigkeiten haben wirst Deinen Hausarzt davon zu überzeugen, plötzlich an Alzheimer erkrankt zu sein, sofern das nicht wirklich der Fall ist, konzentrieren wir uns lieber auf eines seiner Derivate. Die sind häufig sogar noch stärker in der Wirkung und können daher in viel geringerer Dosierung eingesetzt werden. Es kann Sinn machen, verschiedene Racetame miteinander zu kombinieren, da sie unterschiedliche Wirkungsspektren aufweisen.

Ein weiter wichtiger Bestandteil sind Choline. Cholin ist eine chemische Vorstufe (sog. Präkursor) des Neurotransmitters Acetylcholin. Die Umwandlung zu Acetylcholin erfolgt im Körper. Choline verbessern das Speichern sowie den Abruf von Informationen und damit Deine Lernfähigkeit, die Neuroplastizität, die Signalübertragung innerhalb Deines Gehirns, kreatives Denken und Problemlösen, logisches Denken, verbale Verarbeitung, Fokus und Konzentration, schnellere Reaktion, Stimmung und Schlaf. Sie vermindern Stress bedingten Kopfschmerz und ADHS Symptome. Die höchsten Gehalte sind in Eigelb, Rinder- und Schweineleber, Rinderhack, weißen Bohnen und Blumenkohl zu finden. Es ist auch in Hähnchenfleisch, Kabeljau, Weizenkeimen, Sojabohnen, Gemüse und Nüssen enthalten und Du kannst es auch komplementär als Nahrungsergänzungspräparat einnehmen. Alpha GPC ist darunter das Cholin mit der besten Bioverfügbarkeit und passiert ohne Probleme die Blut-Hirn Schranke.

Pyritinol ist ein Derivat des Vitamins B6 (Pyridoxine) und stimuliert die Absorption von Cholinen in den Neuronen. Vitamin B6 spielt eine wesentliche Rolle bei der Produktion diverser Neurotransmitter wie Dopamin, Serotonin, Glutamat und Epinephrin (Adrenalin). Diese wiederum benötigen wir, um uns zu fokussieren, erinnern oder Spaß zu empfinden. Es verbessert Deine Reflexe und Reaktionszeiten. Vitamin B6 findet sich unter anderem in Kichererbsen, Fisch, Hähnchen, Rind, Kartoffeln und Bananen. Pyritinol ist eine Art optimiertes Vitamin B6 verbunden mit einem noch stärkeren Boost Deiner kognitiven Fähigkeiten. Pyritinol kann Deine Aufmerksamkeitsspanne und den Zugriff auf Informationen verbessern, die Stimmung heben und sogar die Symptome eines üblen Hangovers eindämmen. Es ist als Angst lösendes Mittel bekannt und reduziert die Empfindungen von Stress. Zudem hat es neuroprotektive Eigenschaften, die vor vorzeitigem Zelltod schützen. Seit den 70ern wird es in vielen Ländern sowohl als frei erhältliches OTC Produkt wie auch als verschreibungspflichtiges Medikament bei kognitiven Störungen oder Lernstörungen bei Kindern eingesetzt. Seit den frühen 90ern wird es als nootropisches Nahrungsergänzungsmittel in den USA verkauft. In Deutschland ist es unter dem Handelsnahmen Encephabol rezeptfrei in der Apotheke erhältlich. Bei manchen Menschen gibt es jedoch Unverträglichkeiten bzw. Überempfindlichkeitsreaktionen auf Pyritinol. Achte daher auf ungewöhnliche Körperreaktionen oder sprich mit Deinem Hausarzt wenn Du Dir nicht sicher bist. Probiere es mit halber Dosierung und sollten die Symptome nicht verschwinden, stelle die Einnahme ein und probiere es stattdessen mit Sulbutiamin als Alternative. Es sollte auch nicht am Abend eingenommen werden, da es dazu führen kann, dass Du schlechter einschläfst.

Kapitel 4 – Unser Gehirn

Sulbutiamin ist eine synthetisch hergestellte Variante des Vitamins B1 (Thiamin) und kann im Stack alternativ zu Pyritinol verwendet werden, etwa bei mangelnder Verträglichkeit. Es wird klinisch unter anderem bei chronischer Müdigkeit eingesetzt. Thiamin hat positive Auswirkungen auf Gedächtnis, Konzentration, Fokus, Lernfähigkeit, Entscheidungsfindung, Problemlösung und Planungsfähigkeiten. Es verbessert Deine mentale Ausdauer und hilft zudem bei chronischer Müdigkeit, Ängsten und Depressionen. Ähnlich wie Pyritinol hellt es die Stimmung deutlich spürbar auf und laut einer Studie hilft es sogar bei erektiler Dysfunktion.

Während Racetame und Pyritinol im Wesentlichen die Aufnahme von Cholinen verbessern, sind Choline die eigentlichen Nährstoffe für Dein Gehirn. Wenn Racetame und Pyritinol gewissermaßen die elektrischen Kabel sind, dann sind Choline der Strom für Deine mentale CPU. Wenn Du neue Kabel verlegst - also Racetame und Pyritinol einnimmst - ohne ausreichend Strom in Form von Cholinen zuzuführen, können leichte bis mäßige Kopfschmerzen die Folge sein. Wenn Du nur Strom in Form von Cholinen zuführst, ohne jedoch vorab die nötigen Kabel zu installieren, spürst Du wenig bis gar nichts. Bitte beachte, dass Du gegenüber Pyritinol und Sulbutiaminen gewisse Toleranzen aufbauen kannst, die dann dazu führen, dass die Substanzen nicht mehr wie zu Beginn bei Dir wirken. Daher solltest Du sie zyklisch einsetzen, z. B. über einen Zeitraum von 2-3 Wochen, um dann eine Woche zu pausieren.

Die folgende Kombination wirkt nicht nur positiv auf Konzentration, Auffassungsgabe, Gedächtnis und gegen mentale Ermüdungserscheinungen. Sie wirkt auch spürbar stimmungsaufhellend und motivierend. Zudem ist das Stack in dieser Kombination und zum Zeitpunkt der Recherche in Deutschland legal und rezeptfrei, d.h. sie fallen weder unter das Betäubungsmittelgesetz noch unter die Arzneimittelverschreibungsverordnung:

- **Racetame**: Ein Piracetam-Derivat wie etwa Sunifiram, Aniracetam, Pramiracetam oder Oxiracetam. Bitte äußerst penibel auf die richtige Dosierung achten, Derivate sind oft um ein Vielfaches stärker als klassisches Piracetam.

- **CDP-Cholin**

- Optional: **Pyritinol** oder **Sulbutiamin** (jeweils nach 2-3 Wochen der Einnahme eine Unterbrechung von einer Woche einlegen, da der Körper Toleranzen aufbaut)

Ein interessanter Aspekt eines solchen Stacks ist übrigens, dass sich die Wirkung mit der Zeit verstärken und man erhöhte Anfangsdosierungen reduzieren kann. Einige Substanzen benötigen sogar eine gewisse Anlaufzeit, bevor man überhaupt etwas spürt. Zudem sind einige Nootropika in der Lage, anhaltende Effekte zu generieren, die nicht dem nach Absetzen des Stacks wieder verschwinden. Diesen Vorgang bezeichnet man als Langzeit-Potenzierung (engl. Long Term Potentiation) und dabei handelt es sich um einen Vorgang, welcher die Kommunikation zwischen den Synapsen einzelner Neuronen im Gehirn anhaltend verbessert und damit die Signalübertragung dauerhaft verstärkt. Dies hat Auswirkungen auf den eigentlichen Lernprozess sowie die Bildung von Erinnerungen. Denkvorgänge werden dadurch beschleunigt. Es ist also gut investierte Zeit, sich mit diesem Thema näher auseinanderzusetzen. LTP tritt unter anderem bei der Einnahme von Sunifiram auf. Es ist zudem auch noch über 1.000-mal stärker als klassisches Piracetam, wodurch Du nur äußerst geringe Mengen davon zu Dir nehmen musst.

Ein recht bekannter Vertreter unter den Nootropika ist das Koffein, welches vor allen Dingen für seine aufputschenden Eigenschaften beliebt ist. Es kann jedoch noch mehr und passiert fast ungehindert die Blut-Hirn Schranke, um dort das zentrale Nervensystem anzuregen. Einer neueren Studie aus dem Jahr 2014 zufolge steigert es nicht nur die Konzentrationsfähigkeit, Aufmerksamkeit und die Vigilanz

Kapitel 4 – Unser Gehirn

(=andauernde Aufmerksamkeit bei monotoner Reizfrequenz wie etwa das Beobachten von Sicherheitskameras oder beim Autofahren) sondern erhöht auch die Geschwindigkeit von Denkprozessen und verbessert das Langzeitgedächtnis. Zudem wirkt es als Adenosin-Hemmer im Gehirn. Adenosin schützt unser Gehirn vor Überanstrengung. Durch die Blockierung von Adenosin wird der Wert anderer Neurotransmitter wie Adrenalin (Stresshormon), Acetylcholin (Managerhormon) und Dopamin (Glückshormon) erhöht. Das führt zu nachlassender Müdigkeit und erhöhter Ausdauer bei schweren Aufgaben.

Theanin ist eine natürlich auftretende Aminosäure, welche eine geistige Gelassenheit erzeugt, indem sie GABA im Gehirn freilässt. GABA ist nützlich, da es die überschüssige Energie (Nervosität, Aufregung) des Koffeins puffert. Theanin ist also die perfekte Ergänzung zu Koffein. In Untersuchungen wurde eine Wirkung des Theanins auf das Zentralnervensystem des Menschen beobachtet. So soll es die Fähigkeit zur Reduktion mentaler und physischer Stressreaktionen besitzen. In einer Studie beispielsweise wurde nach der Einnahme von 200 mg Theanin eine verstärkte Bildung von Alpha-Wellen Mustern im Gehirn gemessen, die einem Zustand einsetzender Entspannung entsprechen.

Beide Komponenten - Koffein und Theanin - findest Du im besten und zugleich bekömmlichsten Kaffeeersatz der Welt: Ilex Guayusa. Es kommt in Ecuador, Peru und Kolumbien vor und wird von den Indigena wie Kaffee in anderen Teilen der Welt getrunken. Jägern hilft es nachts wach zu bleiben und ihre Instinkte zu schärfen. Der Geschmack ist angenehm mild. Es wird wie ein Tee aufgebrüht oder einige Minuten gekocht. Die enthaltenen Koffeine sind verträglicher für den Magen als die von Kaffee und verursachen auch in größerer Dosierung keine Nervosität oder Zittern.

Wenn das alles nichts für Dich ist, kannst Du es auch mit Matcha Tee versuchen. Das ist eines der schwächsten Nootropica - dafür aber umso leckerer. Es enthält ebenfalls Koffein und L-Theanin sowie zahlreiche

Antioxidantien. Echter Matcha ist jedoch sehr teuer und wenn Du zu viel davon trinkst, passiert das gleiche wie bei jedem grünen Tee. Die anregenden Effekte kehren sich um und Du wirst schlapp und müde.

Action Steps
Attacke! Gang, kuppeln und Gas: Die Übungen für das Kapitel

Gang 1…2: Action

1. Lade Dir eine der empfohlenen Apps für kognitives Training auf Dein Smartphone und nutze sie ab sofort täglich für ein paar Minuten.

Gang 3…4: Energie

2. Hier ist eine sehr wirkungsvolle Übung, um Stresssituationen in Deinem Körper abzubauen. Konzentriere Dich auf Deinen Körper. Nimm Anspannungen bewusst wahr. Wenn Du den Stress in Deinem Körper lokalisieren müsstest, wo genau wäre das? Wo genau spürst Du unangenehme Empfindungen sobald Du in Dich hinein horchst? Konzentriert es sich auf einen bestimmten Bereich oder ist es eher diffus über den gesamten Körper verteilt? Beobachte die Empfindung, kämpfe nicht dagegen an sondern nimm sie einfach nur wahr. Mehr musst Du nicht tun. Du brauchst auch nicht bewusst loszulassen oder zu entspannen sondern einfach nur wahrzunehmen. Sobald Du eine Weile auf diese Art wahrnimmst, kann es sein, dass sich die Empfindung verändert oder sogar bewegt. Verfolge sie mit Deiner Aufmerksamkeit und konzentriere Dich weiterhin allein auf die Wahrnehmung. Mach das für einige Minuten und bleib gespannt, was passiert. In der Regel löst sich die Stressempfindung nach kurzer Zeit auf oder verliert zumindest deutlich an Intensität. Das funktioniert auch bei Stress bedingten Kopfschmerzen.

Beobachte den Schmerz und nimm wahr, wie er sich langsam auflöst. Du kannst nicht gleichzeitig neugierig Deinen Körper wahrnehmen und zugleich Spannungen aufrechterhalten. Sobald Du nicht mehr dagegen ankämpfst, verschwinden durch Anspannung verursachte Empfindungen.

Gang 5…6: Bestimmung

3. Mache jetzt die Übung „Mental City" aus diesem Kapitel. Welche Teilbereiche Deines Lebens benötigen dringend ein ‚Makeover'? Erstelle Dir eine kurze Liste auf einem Blatt Papier oder auf dem Smartphone, priorisiere dann die Liste und fang damit an, an dem ersten Punkt zu arbeiten.

KAPITEL 5

Energieblockaden

„Das Einzige, was Du fürchten musst, ist die Furcht selbst."

Franklin D. Roosevelt

Angst

„Una guerra", sagte ich zu Jaime, unserem Schamanen vom Volk der Shipibo, und zeigte dabei auf meinen Kopf. Den Shipibo wird nachgesagt, das Trinken von Ayahuasca als erste für schamanische Rituale eingesetzt zu haben, noch bevor die Inkas diese Tradition von ihnen übernommen haben. Das Wort Ayahusaca entstammt dem Quechua, der Sprache der Inkas, und bedeutet dort so viel wie „Geisterranke" oder „Liane des Todes". Während die erste Ayahuasca Zeremonie unglaublich schön war, wurde ich während der zweiten Session mit sehr vielen Ängsten konfrontiert. Sie wurden irgendwie alle auf einmal in mir freigesetzt oder hoch gespült. Es war mehr Angst, als zu erleben ich bis dahin überhaupt für möglich gehalten hätte. Und beinahe mehr, als ich zu verarbeiten in der Lage war. Am Morgen nach der Zeremonie versuchte ich mit meinen äußerst brüchigen Spanisch Kenntnissen mehr darüber herauszufinden, was zum Henker mit mir da eigentlich in der letzten Nacht passiert war. Ein Krieg in meinem Kopf. Ja, so hatte es sich angefühlt, wie ein Krieg in meinem Kopf. Jaime grinste hämisch, aber auch etwas schüchtern. Na klar, dachte ich mir, der hatte das sicher schon einige hundert Mal erlebt und noch öfter von Teilnehmern gehört, die er durch solche Zeremonien geführt hat. Nur half mir das gerade überhaupt nicht weiter.

Kapitel 5 – Energieblockaden

Irgendwo in Deinem Inneren lauern Kräfte, die Dich daran hindern wollen, das umzusetzen, was Du schon immer tun wolltest. Wir nennen diese Kräfte Ängste. Sie wirken genau entgegen gerichtet zu Deinen Ambitionen. Angst ist der lähmende Schmerz, der in Erwartung des uns Bevorstehenden aufkeimt, unabhängig davon, ob es auch tatsächlich eintritt. Manchmal ist es nur das Unbekannte oder Unerwartete, das Dir Angst bereitet. Wenn Du jedoch zu sehr auf Deine Ängste hörst, wirst Du irgendwann sterben und niemals erfahren, was für ein wundervoller Mensch Du hättest werden können. Wann immer Dich das Gefühl heimsucht, dass Du etwas nicht tun kannst, denke daran, dass es sich dabei nie um ein Feedback Deines Potentials oder Deiner Fähigkeiten, sondern immer nur um ein Feedback Deiner gegenwärtigen Konditionierung handelt.

Du weißt bereits, wie Du durch Konditionierung und dem Aufbau neuer Gewohnheiten Deine Lebensqualität entscheidend verbessern kannst. Es gibt jedoch noch einen weiteren Grund, warum es uns schwer fällt, uns in Bewegung zu setzen: Unsere irrationalen Ängste. Konkreter ausgedrückt geht es hierbei um Ängste, die früher einmal eine wichtige Rolle gespielt und Dich vor Gefahren geschützt haben, nun aber eher hinderlich oder sogar schädlich sind. Ayahuasca ist eine Möglichkeit, wie Du einige dieser irrationalen Ängste von Dir in den Griff bekommen kannst.

„Angst wird gewöhnlich verursacht durch mangelnde Kontrolle, Organisation, Vorbereitung oder Durchführung."

David Kekich

Der Rhythmus der Veränderung

Was genau macht denn nun Ayahuasca? Der Effekt des Ayahuasca auf Dein Gehirn besteht unter anderem darin, dass es die Taktfrequenz

Hummeln im Hintern

Deines biogenen Prozessors vorübergehend drastisch erhöht, und zwar nicht nur im übertragenen Sinne sondern sprichwörtlich. Dadurch können unangenehme, verdrängte Erfahrungen der Vergangenheit an die Oberfläche des Bewusstseins gespült werden, wo wir sie dann verarbeiten und neu bewerten können, so dass sie uns künftig nicht mehr belasten. Wir haben in einem früheren Kapitel bereits darüber gesprochen: Nur was wir uns bewusst machen können wir auch verändern. Die aufkommenden Erlebnisse werden dabei selten direkt sondern meist metaphorisch kodiert in Dein Bewusstsein gebracht, wie bei einem Traum. Das ist nicht immer angenehm, aber allemal besser, als durch die plötzliche Erinnerung erneut traumatisiert zu werden. In jedem Fall solltest Du vorab mit Deinem Arzt sprechen, wenn Du aus therapeutischen Gründen eine Reise planst und an Ayahuasca Zeremonien teilnehmen möchtest. Mehr und mehr Ärzte sind dem Thema gegenüber aufgeschlossen.

Üblicherweise bewegen sich unsere Gehirnwellen im Wachzustand vorwiegend im sogenannten Betabereich, welcher wichtig für unsere Aufmerksamkeit, Konzentration und den Fokus ist. Wenn wir uns etwas entspannen, verlangsamen sich unsere EEG-Frequenzbänder und verlagern sich eher in den Alphabereich, ein Zustand entspannter Wachsamkeit. Dadurch haben wir besseren Zugriff auf Erinnerungen und es ist auch der ideale Lernzustand, weil er Konzentration mit einer leichten Entspannung verbindet. Durch Meditation, Hypnose oder Schlaf gelangt man noch tiefer - zunächst in den Theta Bereich und schließlich - primär beim Schlaf - auch in den Deltabereich. Erfahrene Meditierende schaffen es, in den Deltabereich vorzudringen, ohne dabei einzuschlafen.

Man könnte annehmen, dass der Ayahuasca Trank wie viele andere Drogen die Wahrnehmung einengt und lethargisch macht. Aber tatsächlich ist das Gegenteil der Fall. Es werden Frequenzbereiche im Gehirn stimuliert, die auch bei einem Verkehrspiloten kurz vor der Landung einer Boeing 777 aktiviert werden und die für hohe geistige Aktivität und Klarheit sorgen. Allerdings heißt das nicht, dass Du nach

Kapitel 5 – Energieblockaden

Einnahme von Ayahuasca ein Flugzeug landen solltest. Selbst dann nicht, wenn Du das vorher auch im nüchternen Zustand schon konntest. Im Gegensatz zu Deinem Verstand und Deinen Sinnen ist Dein Körper nämlich mehr oder weniger stark benommen, wie bei einem leichten Schwips. Die im Gehirn stimulierten EEG - Frequenzbereiche liegen weit über dem ‚Beta'-Wachbereich und werden als ‚Gamma' bezeichnet. Studien zufolge ruft Ayahuasca Potentialerhöhungen bei 36-44 Hz und 50-64 Hz im Hirn hervor und liegt damit ein Vielfaches über den normalen ‚Wachfrequenzen' von etwa 13-21 Hz. Dadurch erzeugt es die kristallklaren, visuellen Stimulationen, die einem den Atem rauben können. Es ist fast so, als ob plötzlich alle gedimmten Lichter in Deinem Kopf voll aufgedreht werden. Durch diese Aktivierung des gesamten Hirns wird es möglich, auf Ereignisse zuzugreifen, die außerhalb Deines üblichen Wachbewusstseins liegen.

Aus diesem Grund ist es unter Einfluss des psychogenen Wirkstoffs Dimethyltryptamin (DMT) im Ayahuasca auch unmöglich einzuschlafen. Man fühlt sich nicht mal müde. Es verursacht auch keinen Kater. Man fühlt sich am nächsten Tag ganz im Gegenteil äußerst zentriert und vital. Für die Dauer der Wirkung verstärkt es sämtliche Sinneswahrnehmungen und verzerrt diese Wahrnehmungen teilweise äußerst drastisch. Und es macht auch nicht abhängig.

Elektronische Psychotropika

Der Umgang mit Ayahuasca ist in Deutschland nicht erlaubt und selbst wenn so wäre, solltest Du unbedingt einen erfahrenen Schamanen für so eine Zeremonie aufsuchen, welche nun mal vorrangig im und um das Amazonasbecken herum leben. Ayahuasca ist richtig angewendet extrem sicher, in Wechselwirkung mit manchen Medikamenten kann es aber lebensgefährlich werden. Ein echter Schamane weiß das. Wir mussten vor dem Retreat einige DIN A4 Seiten mit sehr konkreten Fragen zu unserer medizinischen Historie beantworten und einige Tage vor Beginn bis einige Tage nach dem Ende eine äußerst strikte Diät einhalten. Einen Tag vor der ersten Ayahuasca Zeremonie folgte dann noch eine ausgedehnte Entschlackungskur, bei der jeder von uns etwa 6-7 Liter widerlichen, vulkanischen Wassers trinken musste.

Für die meisten Situationen ist das alles andere als praktisch. Wir können nicht erst stundenlang durch den Regenwald klettern und nach einem Schamanen suchen, uns tagelang asketisch ernähren, dann Drogen einnehmen, uns von dem Schamanen Icaros vorsingen lassen, uns übergeben, dann über mehrere Stunden hinweg Kämpfe mit unserem inneren Selbst austragen, die Erfahrungen am nächsten Morgen besprechen, integrieren und dann die Heimreise antreten. Ayahuasca ist also vermutlich nicht der Pfad, auf dem Du starten wirst. Was also, wenn Dir nicht gerade Zeit und Geld für eine Reise ins Amazonasgebiet zur Verfügung stehen? Was kannst Du hierzulande tun, um von einigen der positiven Effekte zu profitieren, ohne bundesdeutsche Gesetze zu brechen und staatliche Einrichtungen von innen kennenzulernen, die Du bislang nur aus dem ‚Tatort' kennst?

Die Vorteile des Ayahuasca Tranks durch Anregung bestimmter Gehirnfrequenzen, dem damit verbundenen Boost an Kreativität sowie der meditative Charakter einer solchen Zeremonie lassen sich am ehesten mit einer sogenannten Mind Machine simulieren. Mind Machines machen sich den Effekt zunutze, dass durch rhythmische visuelle und akustische Stimulation über eine spezielle Lichtbrille und Stereo-Kopfhörer bestimmte EEG-Frequenzbänder unseres Gehirns verstärkt werden können. Dadurch kannst Du je nach Bedarf Deine Aufmerksamkeit und Konzentration verbessern, trübe Stimmungen vertreiben oder eine tiefe Entspannung herbeiführen. Du kannst das Gerät genauso leicht von einer Fokus Session auf einen Power Nap programmieren, wie Du eine Waschmaschine von Koch- auf Buntwäsche umstellst.

Kapitel 5 – Energieblockaden

Neben dem Hauptargument, dass Mind Machines in Deutschland legal sind, besteht ein weiterer, recht attraktiver Vorteil darin, dass Du Dich bei der Benutzung nicht übergeben musst. Beim Trinken von Ayahuasca ist das fast immer der Fall und gehört zum Reinigungsprozess durch die Droge dazu. Das Gerät, das ich benutze nennt sich Kasina von einem amerikanischen Anbieter namens Mindplace. Neben Programmen für Lernen, Konzentration, Meditation, Tiefenentspannung und geradezu psychedelischen Licht-Klang-Reisen durch Deinen Verstand gibt es dort praktischerweise bereits ein fertiges Werks-Preset namens „Cheer up". Das führt Dich hoch hinauf bis in den Gammabereich um die 30 Hertz, wo die luziden, kristallklaren Visionen einsetzen. Wenn Du mal einen Kreativitätsschub benötigst, bist Du hiermit bestens versorgt. Nebenbei hellt es auch innerhalb der 35 Minuten deutlich spürbar Deine Stimmung auf, wenn Du mal ein kleines Tief hast.

Die meisten Lichtbrillen sind so ausgelegt, dass sie mit geschlossenen Augen benutzt werden und der Reiz über das geschlossene Augenlid erfolgt. Ich habe speziell bei diesem Preset die besten Erfahrungen gemacht, wenn Du die separat erhältliche Deep Vision Brille benutzt, welche für die Nutzung mit geöffneten Augen entwickelt wurde. Konzentriere Dich parallel auf den pulsierenden Ton in Deinen Kopfhörern. Nach etwa 20-25 Minuten, kannst Du die Augen schließen und Dich für die restlichen 10 Minuten den surrealen, inneren Bildern hingeben. Wem das noch nicht genügt, der kann sich auch ganz leicht weitere Sessions selbst erstellen, die alle relevanten EEG-Frequenzen während einer Ayahuasca Zeremonie durchlaufen. Das geht mit etwas Übung und dem mitgelieferten Kasina Session Editor wesentlich schneller als die Indigena benötigen, um sich allein die Zutaten für ihre Zeremonien zu sammeln. Die Kasina ist wirklich ein sensationelles Gerät. Nicht ganz billig, aber jeden Euro wert!

„Im Leben geht es nicht um Selbstfindung sondern Selbsterschaffung."

George Bernard Shaw

Moderne Ängste

Ängste vor der Zukunft und vor aktuellen Bedrohungen sind allgegenwärtig und völlig normal. Es hat sie immer gegeben. Wir hören ständig von Kriegen, Extremismus, Klimawandel, Wirtschaftskrisen, zunehmender Armut oder Gefahren durch künstliche Intelligenz, um nur einige Beispiele zu nennen. Die Angst vor Terrorismus ist bei den Deutschen an die zweite Stelle gerückt, noch vor der Angst im Alter ein Pflegefall zu werden. Nur knapp davor - auf Platz 1 - rangierte bei den Deutschen in 2015 laut statista interessanterweise die Angst vor Naturkatastrophen.

Es stimmt, dass viele dieser aktuellen Bedrohungen innerhalb kürzester Zeit verheerenden Schaden anrichten können. Die Auslöser mögen sich immer wieder ändern, die zugrunde liegenden Ängste sind jedoch schon sehr alt. Und dennoch sind wir nach wie vor auf diesem Planeten und werden es wohl auch in den kommenden Jahrhunderten noch sein. Davon bin ich als unverbesserlicher Optimist jedenfalls überzeugt. Allerdings ist ein gewaltiger Entwicklungsschritt hin zu einem Menschen nötig, der versteht, wie er sich selbst in Richtung seiner Ziele steuert und dadurch einen wertvollen Beitrag für alle anderen leisten kann.

Was ist, wenn Du vor dem Vorstand eines wichtigen Geschäftspartners eine Präsentation halten sollst, von dessen Erfolg ein Auftrag, vielleicht mehrere Jobs oder letztlich sogar die Zukunft des Unternehmens abhängen, für das Du tätig bist und Dich dabei plötzlich die kalte, nackte Angst packt? Und warum sollte sie Dich auch nicht packen? Es gibt deutlich kleinere Dinge, die uns bereits eine Höllenangst einjagen

Kapitel 5 – Energieblockaden

können. Oder Du musst eine Keynote vorbereiten, die Du auf einer Tagung von einigen hundert Zuhörern im Publikum halten sollst. Die Panik vor öffentlichen Auftritten ist eine der stärksten Ängste, die es überhaupt gibt. Was ist mit der Angst vor dem Telefonieren mit potentiellen Kunden oder dem gezielten Ansprechen von fremden Personen? Was ist, wenn es sich dabei auch noch um eine prominente Person handelt? Was ist mit Personen des anderen Geschlechts, wenn wir diese Person überaus attraktiv finden? Schützen Dich diese Ängste alle wirklich oder hindern sie Dich eher? Es gibt zahlreiche Forschungen zu dem Thema und keinen ganz einheitlichen Konsens, welche Ängste nun erworben (konditioniert) und welche angeboren (kongenital) sind. Aber es gibt einige erprobte und sehr effiziente Möglichkeiten, Ängste zu reduzieren, wann immer sie uns heimsuchen. Manche davon können wir sogar endgültig beseitigen.

Das englische Wort für Angst lautet „fear" und die beste Definition, die ich jemals gefunden habe, baut auf einem Akronym dazu auf und lautet „False Evidence Appearing Real". Dazu habe ich ein deutsches Analogon gebildet, das wie folgt lautet und welches Du gerne übernehmen kannst:

Angst ➜ **A**nzeichen **N**on-existenter **G**efahren **S**cheinen **T**atsache

Die meisten unserer Ängste sind eben nicht sonderlich nützlich. Sogar in scheinbar ausweglosen Situationen gibt es häufig noch einen Rettungsanker. Aber Deine Angst versperrt Dir die Sicht darauf. Lass uns dieses Thema daher ein für alle Mal in den Griff bekommen, damit es Dein Leben nicht weiterhin ausbremst!

Hummeln im Hintern

„Solange Dein Mitgefühl nicht Dich selbst mit einschließt, ist es unvollständig."

Jack Kornfield

Den Dreck wegräumen

Natürlich sind nicht alle Ängste irrational. Es gibt Ängste, die Dir helfen, Dich beschützen oder sogar motivieren können, gefährliche Situationen zu vermeiden. Aber nur sehr wenige Menschen kommen heute noch in wirklich lebensbedrohliche Situationen und ein noch geringerer Teil davon regelmäßig aufgrund eines gefährlichen Berufs, wie etwa unsere Rettungskräfte. Eine echte Gefahrensituation erkennst Du anhand Deines gesunden Menschenverstands sofort. Das große Problem irrationaler Ängste liegt jedoch darin, dass sie Dir vorgaukeln, Dich vor einer reellen Gefahr beschützen zu wollen. Sie verlangen dabei nicht nur einen erheblichen Anteil Deiner bewussten Aufmerksamkeit und binden damit mentale Kapazitäten, die Dir nicht mehr für andere Dinge zur Verfügung stehen. Sie lähmen Dich auch und beschränken Dich in Deinem Aktionsradius. Deine konditionierten Ängste werden vor allem in den ersten Lebensjahren Deiner Kindheit ausgeprägt.

Auch durch unzureichende Auseinandersetzung mit einem Thema können Ängste entstehen, z.B. die Angst vor Unwettern oder bestimmte Facetten der Flugangst. Wenn Du nicht verstanden hast, dass es physikalisch unmöglich ist, dass ein Flieger bei 800 Kilometern pro Stunde ohne Grund plötzlich seinen Auftrieb verliert, oder wenn Du annimmst, der Blitz schlägt immer genau in die Person ein, die sich gerade am meisten fürchtet, dann werden diese Überzeugungen Dir wohl einige Sorgen bereiten. Allerdings heißt das nicht, dass Aufklärung allein das Muster der Angst beseitigt, die durch Unwissenheit entstanden ist und fest in Deiner Neurophysiologie verankert ist. Und in manchen Fällen ist eine Auseinandersetzung mit den Ursachen der Angst auch gar nicht erst nötig, um sie dennoch erfolgreich aufzulösen oder zumindest die Empfindung deutlich zu verringern. Es wird dann nicht mehr nach den Auslösern der Angst gesucht, sondern direkt an dem mentalen Prozess gearbeitet, der durch den Angst auslösenden Faktor überreizt wird und dadurch verrücktspielt.

Hier lernst Du jetzt mehrere schlagkräftige Strategien kennen, mit denen Du die Umklammerung Deiner Ängste durchbrechen kannst, unempfindlicher gegen angstauslösende Reize wirst und Deine neuronalen Highways so verbreiterst, dass Dir Deine Ängste nicht mehr so viel anhaben können. Die Methoden wirken alle recht unterschiedlich und jeweils individuell für sich. Du kannst sie für maximalen Impact aber auch miteinander kombiniert zum Einsatz bringen.

Deine neue Allzweckwaffe

Die wichtigste und vielseitigste Technik, die Du in Dein Repertoire an Werkzeugen aufnehmen solltest, heißt EFT, Emotional Freedom Techniques. EFT ist eine Kombination bestehend aus dem Beklopfen („Tappen") bestimmter Akkupressurpunkte in Verbindung mit der Formulierung von Affirmationen, die ausgesprochen oder gedacht werden können und eine Harmonisierung Deines emotionalen Systems bewirken. Deine Gefühle haben große Macht über Dich und steuern Deine Motivation und damit indirekt auch Deine Handlungen. EFT wird erfolgreich in der Therapie von Trauma Patienten eingesetzt, kann aber auch zur Linderung von physischen Schmerzen und Stress eingesetzt werden. Der große Vorteil besteht darin, dass es sehr schnell geht - sobald man das anfangs etwas merkwürdig anmutende Prozedere erst einmal verinnerlicht hat - und für die unterschiedlichsten Probleme eingesetzt werden kann.

Oft reicht bereits eine einzelne Behandlung für anhaltende Verbesserungen, die Du selbst an Dir vornehmen kannst und die anfangs weniger als 10 Minuten dauert. Mit etwas Übung schaffst Du es bald sogar in unter 2 Minuten. Zudem gibt es verschiedene Abkürzungen beim Grundrezept des EFT, die noch mehr Zeit sparen. Nur selten musst Du die gesamte Prozedur durchlaufen. Die verknappte Vorgehensweise, die ich für mich einsetze, dauert weniger als eine Minute und wirkt in 60-80% der Anwendungsfälle im ersten Anlauf. Wenn ich dadurch nicht weiterkomme, erweitere ich und durchlaufe das gesamte Prozedere. Damit bin ich immer noch schneller wieder aus dem Waschraum heraus als die Personen, die auf der Toilette Sudokos lösen oder die Financial Times lesen.

Ich habe es bereits in folgenden Situationen erfolgreich eingesetzt:

- Physische Beschwerden wie Kopf- oder Magenschmerzen, Zerrungen oder Verletzungen

- Extreme Stresssituationen verbunden mit der Notwendigkeit zum „Abkühlen"

- Gefühle von Verbitterung oder starkem Groll gegenüber bestimmten Personen

- Unmittelbar vor kritischen Meetings oder Telefonaten

- Paralysierende Ängste, wie z.B. als ich mit meinem Wintersportgerät vor einem Abgrund stand, der für meine Fahrkünste doch definitiv um einige Grade zu steil war

Sogar bei Panikattacken sowie Phobien gegen Mäuse, Spinnen, Hunde oder Angst vor großen Höhen, tiefem Wasser, Dunkelheit, engen Räumen, Menschenansammlungen und Unwetter kann es eingesetzt werden. Einige Menschen berichten auch von Erfolgen bei Einsatz gegen bestimmte Allergien, was bei mir bislang jedoch nicht funktioniert hat. Der Entwickler der Methode, Gary Craig meint, man solle es einfach

Kapitel 5 – Energieblockaden

in allen Situationen ausprobieren. Damit meint er nicht, dass es immer funktionieren wird. Probiere es für Dich aus!

In den USA ist die Methode bereits wesentlich stärker verbreitet als hier bei uns. Die Techniken funktionieren in unseren Breiten aber genauso gut. Du findest im Netz unzählige Ressourcen wie PDFs und Youtube Videos und Du kannst Dir auch Handbücher auf Amazon dazu bestellen, die aber häufig nicht mehr bieten als die frei verfügbaren Informationen im Netz. Gary, der die Methodik aus einer anderen Therapieform heraus weiterentwickelt hat, erläutert auf seiner Webseite alle notwendigen Infos zum Erlernen des Basis Systems kostenlos anhand von Videos und Texten. Du musst Dich nicht einmal dafür registrieren. Für professionelle Heilpraktiker und Therapeuten gibt es auch kostenpflichtige Aufbau- und Zertifizierungskurse, die Du aber nicht brauchst, sofern Du die Methode primär bei Dir selbst und nicht bei dritten Personen einsetzen möchtest. Daher ist seine Webseite die erste und beste Anlaufstelle zum Erlernen des Systems. Eines vorweg und hoffentlich selbstverständlich: Sofern Du unter einem Trauma leidest, fange bitte nicht an, Dich nach dieser Anleitung selbst zu beklopfen, sondern suche einen erfahrenen Arzt oder Therapeuten auf!

Ich stelle Dir hier eine geringfügig vereinfachte Form des Systems vor, die ich bei mir einsetze. Und so funktioniert es: Richte es ein, dass Du für ein paar Minuten gänzlich ungestört bist. Dein Zuhause, Dein Büro, ein leerer Meetingraum oder auch ein WC sind dafür ideal. Beginne damit, Dich auf Dein Problem zu konzentrieren. Etwa die Person, die Dich schlecht behandelt hat oder das mulmige Gefühl in Deiner Magengegend vor einem wichtigen Termin. Wenn es eine körperliche Verletzung ist, konzentriere Dich auf die Schmerzempfindung. Bei starken Schmerzen wird Dir das nicht schwer fallen. Ordne die Intensität Deiner Empfindung auf einer Skala von 0 bis 10 ein, wobei eine Null nicht existent und ein Zehn maximale Intensität bedeuten. Nach dem Ende der Prozedur wiederholen wir diese Einstufung. Damit kannst Du später den Erfolg der Methode beurteilen.

Hummeln im Hintern

Jetzt geht es los: Beklopfe mit den Zeige-und Mittelfingern der einen Hand leicht die Punkte auf der Skizze (Bild 6) sowie gleichzeitig mit der anderen Hand den jeweils gegenüberliegenden, spiegel-symmetrischen Punkt beginnend vom höchsten Punkt des Körpers aus. Ich lasse den Scheitelpunkt oft weg und starte mit dem Stirnpunkt an den Innenseiten beider Augenbrauen und gehe von dort aus nach unten. Tappe den linken Punkt mit der linken Hand und den rechten mit der rechten. Bleibe dabei mit Deiner Aufmerksamkeit immer bei Deinem Problem, indem Du es gedanklich in einer Endlosschleife wiederholst, solange Du mit dem Tappen beschäftigt bist. Je emotionaler Du Dich auf das Problem konzentrierst desto besser. Es ist genau diese emotionale Überreaktion, die wir mit dem Tapping ausgleichen. Wenn Du allein und völlig ungestört bist, ist es sogar noch besser, Du sprichst Dein Problem laut aus, während Du das Tapping machst. Es genügt ein einfaches Statement wie z.B. „Dieses Problem mit der Nervosität, das ich habe." Tappe jeden Punkt etwa sieben- bis zehnmal und gehe dann weiter zum nächsten Punkt, der Reihe nach, bis Du alle Punkte auf dem Bild durchgegangen bist. Wenn Du bei den Punkten seitlich des Körpers, spätestens jedoch bei Deinen Händen ankommst, kannst Du als gesund gewachsener Mensch nicht mehr zwei Punkte gleichzeitig tappen, diese Punkte machst Du daher einfach nacheinander.

Abschließend machst Du eine erneute Überprüfung der Intensität Deines Problems auf der Skala von eins bis zehn. Wenn Du dieses bewusste Einstufen vergisst, kann es bei einigen Problemen passieren, dass Du das Gefühl hast, es wäre überhaupt nichts passiert, weil sich die Intensität nur um 1 oder 2 Punkte verbessert hat. Es hilft Dir also bei der Überprüfung Deines Fortschritts. Mit zunehmender Praxis und Erfahrung kannst Du diesen Punkt auch weglassen, am Anfang solltest Du die Intensität vor und nach der Prozedur jedoch immer mit einer Zahl zwischen eins und zehn bemessen. Hat sich eine Verbesserung eingestellt, kannst Du die Übung in der Form wiederholen. Ist das Phänomen verschwunden, kannst Du aufhören. In vielen Fällen bleibt es dann auch weg.

Kapitel 5 – Energieblockaden

Damit bist Du die stark vereinfachte Variante bereits komplett durchlaufen. Vielleicht verstehst Du jetzt, warum Du Dir besser einen ruhigen Ort dafür aussuchst. Wenn Du das morgens in der Rushhour in der U-Bahn praktizierst, erntest Du sonst den einen oder anderen befremdlichen Blick.

Wenn Du mehr über die spannenden Hintergründe der Methodik wissen möchtest und warum manche Probleme gleich verschwinden, manche erst später und unter welchen Voraussetzungen sie wiederkehren können, muss ich Dich auf die Webseite von Gary Craig oder eine der zahlreichen anderen Webseiten lizensierter Therapeuten verweisen, da das sonst den Rahmen dieses Buches sprengen würde. Ganz im Spirit des Begründers wird die Methodik an Eigenanwender kostenlos weitergegeben, da sich die Therapeuten auf die Fälle konzentrieren, die man nicht so ohne weiteres selbst in den Griff bekommt.

An dieser Stelle beschäftigen wir uns damit, was Du machen kannst, wenn sich mit der vereinfachten Form keine Besserung einstellt, was immerhin noch in etwa 20-40% der Fälle auftreten kann. Da wir ab sofort auch mit verbal formulierten Intentionen arbeiten, die stärker wirken als das alleinige Konzentrieren auf das Problem, brauchst Du spätestens jetzt einen völlig ungestörten Platz, damit Dich kein wohlwollender Passant von den kräftigen Männern in weißen Jacken abholen lässt.

Hummeln im Hintern

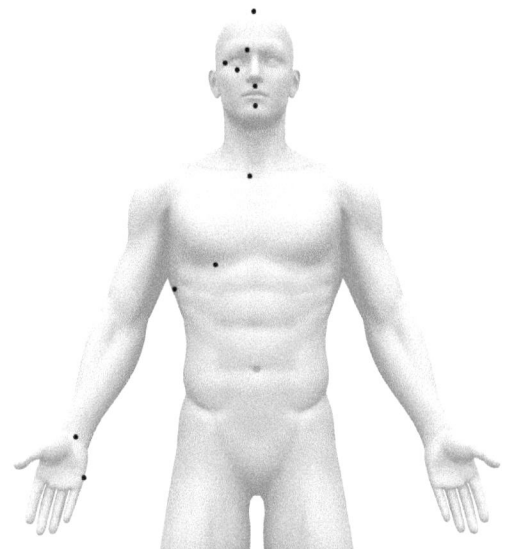

Bild 6

Hier ist die genaue Lage der einzelnen Tapping Punkte:

1. Oberer Scheitelpunkt des Kopfes, kurz bevor der Schädel nach hinten abfällt
2. Innenseite der Augenbraue
3. Seitliche Augenhöhle, kurz unter der Außenseite der Augenbraue
4. Mitte der Augenhöhle unter dem Auge
5. Zwischen Nase und Oberlippe
6. Zwischen Unterlippe und Kinn
7. Innenkante der obersten Rippe am Übergang zum Brustbein
8. Bei Frauen direkt unter der Brust, bei Männern etwa zwei Finger breit unter der Brustwarze
9. Den Arm heben und auf Brusthöhe von der Seite gegen den Oberkörper tappen
10. Mitte des Unterarms kurz vor dem Handgelenk, auf der Höhe, wo auch der Puls genommen wird
11. Handkante („Karatepunkt")

Bei allen Punkten mit Ausnahme von (1), (5) und (6) kann jeweils zugleich auch auf der gegenüberliegenden Seite des Körpers getappt werden, um die Wirkung zu verstärken.

Kapitel 5 – Energieblockaden

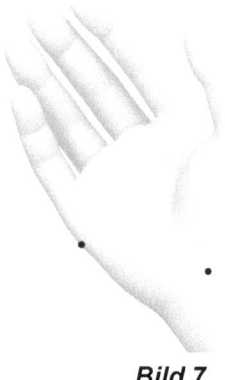

Bild 7

Die Lage des Handkantenpunktes für das Setup Statement und der Punkt am Handgelenk.

Fang wieder damit an, die Intensität auf der Skala von eins bis zehn einzustufen. Schlage dann den Karate Punkt der einen Hand etwa zwanzig Mal gegen den Karate Punkt der anderen Hand (Bild 7), was besser geht, wenn Du die Hände leicht gegeneinander verdrehst. Sprich dabei gleichzeitig laut und mit voller - oder zumindest gut gespielter Überzeugung (beides funktioniert!) - folgendes Setup Statement: „Obwohl ich dieses Problem .... habe, liebe und akzeptiere ich mich voll und ganz, so wie ich bin." Setze anstatt der Punkte kurz und prägnant Dein Problem ein z.B. „von Person X nicht richtig akzeptiert zu werden" oder lass es frei und konzentriere Dich dabei aber voll und ganz auf Dein Anliegen. Auch auf Deine Situation angepasste Variationen sind völlig ok, wie z.B. „Obwohl ich diese Angst vor .... (Situation oder Person) habe, liebe und akzeptiere ich mich voll und ganz, so wie ich bin." Werde hier ruhig ein bisschen kreativ. Wenn Du keine ruhige Umgehung findest und das tappen zwar vornehmen, aber die Setup Statements nicht aussprechen kannst, dann sprich die Leitsätze nur in Deiner Vorstellung aus. Häufig wird davon zwar abgeraten aber ich habe damit ebenfalls gute Erfahrungen gemacht und im Zweifelsfall ist es immer noch besser als auf die EFT Session komplett zu verzichten.

Hummeln im Hintern

Vielen Menschen fällt es schwer, den zweiten Teil mit der Akzeptanz der eigenen Person auszusprechen, deshalb wundere Dich nicht, wenn es aus Deinem Mund am Anfang etwas holprig klingt. Das tut der Wirkung der Methode jedoch keinen Abbruch. Wenn Du dieses Setup-Statement dennoch partout nicht über Deine Lippen bekommst, kannst Du es auch mit einer Variante davon versuchen: „Obwohl ich dieses Problem habe, ..., versuche ich mich so zu lieben und zu akzeptieren, wie ich bin." Je mehr Intensität Du in diesen Satz hineinlegen kannst, umso besser. Weitere Varianten sind „...möchte ich mich gerne voll und ganz lieben..." oder „...werde ich mich voll und ganz lieben..." Wenn Du Dir unsicher bei der Wahl oder Formulierung Deines konkreten Problems bist, lass Dich von Deiner Intuition leiten, z.B. „Obwohl ich mich gerade verlassen und allein fühle, liebe und akzeptiere ich mich voll und ganz so wie ich bin."

Das war soeben die Grundeinstimmung, mit der wir gewissermaßen einige besonders widerspenstige Synapsen in Deinem Kopf von vornherein entschärft und „umgepolt" haben. Anschließend gehst Du wieder alle Tapping Punkte der Reihe nach wie oben beschrieben durch und wiederholst nun jedoch zu jedem Punkt, den Du beklopfst, einige Male laut das Problem Statement z.B. „Ich werde von Person X nicht richtig geliebt". Du kannst dieses Problem Statement auch von Punkt zu Punkt immer etwas abwandeln, um die Wirkung noch zu verstärken, z.B. „Person X hasst mich", „Person X denkt, dass ich nichts tauge", „Mir fällt es schwer in Gegenwart von Person X ich selbst zu sein" und so weiter. Dir fallen sicher noch zahlreiche Variationen zu Deinem konkreten Problem ein. Wenn eine andere Formulierung das unangenehme Gefühl noch in Dir auslöst, wiederhole das Tapping mit dem neuen Problem-Statement bis Du bei einer Null auf Deiner Intensitätsskala ankommst und das Problem damit verschwunden ist.

In besonders hartnäckigen Fällen machst Du nach dem ersten Tapping Durchgang eine spezielle Zwischensequenz und dann nochmal eine zweite Tapping Runde bevor Du am Ende wieder die abschließende

Kapitel 5 – Energieblockaden

Bestandsaufnahme auf der Intensitätsskala machst. Die Zwischensequenz läuft wie folgt ab. Während Du Dich auf Dein Problem konzentrierst und den Kopf waagerecht hältst, schaust Du mit den Augen steil nach unten auf den Boden. Dabei tappst Du etwa 20-mal auf Deinem Handrücken die Stelle zwischen kleinem Finger und Ringfinger und bewegst dabei Deine Augen langsam und kontinuierlich von unten nach oben bis hin zur Decke. Sollte sich das Problem vermindert haben, sagen wir auf eine fünf, dann machst Du einen weiteren kompletten Durchlauf mit einem neuen Setup-Statement wie zum Beispiel „Obwohl ich immer noch dieses Problem mit der Stärke 5 habe, liebe und akzeptiere ich mich voll und ganz, so wie ich bin." und tappst eine weitere Runde. Soweit so gut. Sobald Du mit allem durch bist, atme einmal tief ein und aus und spüre, inwiefern sich die Empfindungen geändert haben.

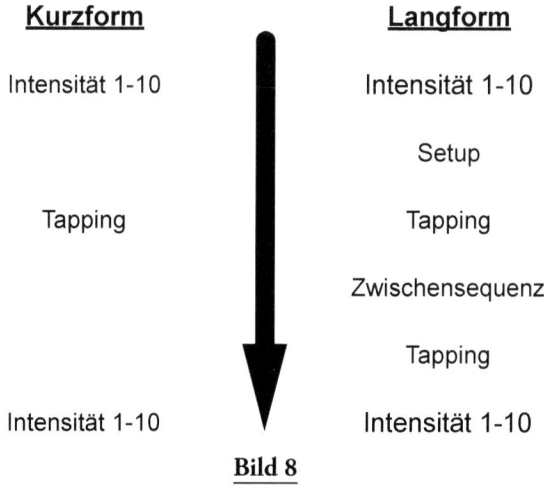

Bild 8
Tapping - Ablaufdiagramm vereinfacht und komplett

Das war es! Ich hatte ja gewarnt, dass es verrückt wird. Wenn Du das einige Male gemacht hast, geht es Dir in Fleisch und Blut über und Du musst nicht jedes Mal die Tapping - Punkte suchen oder nachlesen, was als nächstes gemacht werden muss. Probier die Methode künftig in allen möglichen Situationen aus. Du wirst begeistert und häufig regelrecht erstaunt darüber sein, wie einfach sich manche Wehwehchen ein für alle Mal komplett abstellen lassen!

Wiederhole die Sequenzen immer so lange, bis Du bei einer Null angekommen bist, dann ist die erzielte Linderung in der Regel auch anhaltend. In der Regel geht es Dir sofort besser, sofern das Tapping für das Problem funktioniert. Einer der häufigsten Fehler sind nicht konkret genug formulierte Leitsätze. Es ist besser zu sagen „stechender Schmerz im rechten Auge" als nur „schmerzende Augen". Auch das Adressieren mehrerer Symptome in einer Runde ist ein häufiger Anfängerfehler. Du kannst immer nur ein Symptom pro Tapping Runde behandeln. Wenn es nicht funktioniert, kann es auch daran liegen, dass es ein komplexes Problem ist, bei dem mehrere Ursachen getappt werden müssen, bevor eine spürbare Veränderung eintritt. Bei Problemen, die auf einen Auslöser zurückzuführen sind, genügt manchmal eine einzige Behandlung und der Erfolg ist permanent. Wenn Dich das Problem länger begleitet hat, fühlst Du Dich dann, wie wenn eine schwere Last von Dir abfällt. Bei komplexen Problemen gibt es verschiedene, miteinander verknüpfte Ursachen, die häufig der betreffenden Person gar nicht vollständig bewusst sind. Dafür solltest Du dann einen EFT Therapeuten aufsuchen. Hier muss eine Ursache nach der anderen identifiziert und „weg getappt" werden. Kann man den Auslöser des Problems nicht gezielt identifizieren, werden Hypothesen aufgestellt und diese dann gezielt mit einer Tapping Runde bearbeitet.

Nach einigen Runden kann ein Generalisierungseffekt eintreten und die Person fühlt sich gänzlich von allen Symptomen des konkreten Problems befreit, obwohl noch gar nicht alle Auslöser der Störung neutralisiert wurden. Wenn man sich die verschiedenen Komponenten eines komplexen Traumas als die Stützpfeiler eines für den Abriss reifen Gebäudes vorstellt und das Tappen als kontrolliertes Sprengen dieser tragenden Säulen, dann ist es in diesem Fall so, dass Du nur etwa 70% der Pfeiler sprengen musst, um das Gebäude zum Einsturz zu bringen und das gesamte Trauma gänzlich aufzulösen. Du befreist den Körper durch das Tappen von emotionalem Stress und generierst dadurch neue Kapazitäten in der Stressbewältigung. Durch die frei werdenden Ressourcen gewinnt Dein Körper seine Fähigkeit zurück, die restlichen Komponenten der Störung von selbst aufzulösen. Wenn Du sehr viele Tapping - Runden machst, kann es sein, dass Du Dich anschließend pudelwohl und voller Energie fühlst. Es kann aber genauso gut sein, dass Du sehr müde davon wirst. Beides ist ok!

Die Methodik, die ich für mich verwende, weicht wie gesagt etwas von der Variante ab, die Gary Craig unterrichtet, aber das spielt keine Rolle. Alle Varianten funktionieren ausgezeichnet. Entscheide Dich für Deine eigene Vorgehensweise und integriere sie in Deinen Alltag. Für einige Anwendungen musst Du nur zwei oder drei Punkte im Gesicht tappen. Für andere musst Du das gesamte Arsenal auffahren. Die Wirkung steigt grundsätzlich mit der Menge der getappten Punkte und dem Auflösen von unbewussten Blockaden durch die richtige Einstimmung. Manche Probleme wollen wir nicht so leicht gehen lassen, weil sie uns irgendwann mal vor etwas geschützt haben und wir halten regelrecht an ihnen fest.

Wie das Ganze funktioniert? Die Wirkung des EFT lässt sich nur energetisch erklären, basierend auf der Prämisse, dass alle negativen Empfindungen, wozu wir im weiteren Sinne auch Schmerzen zählen, auf eine Störung des körpereigenen Energiesystems zurückzuführen sind. Durch das Tappen scheint Dein Verstand zu lernen, Energieblockaden aufzulösen und eine Schmerzsituation neu zu bewerten. Dadurch kann die Heilung einsetzen. Aber obwohl es in den USA schon über einhundert Studien zur Wirksamkeit von EFT gibt, ist noch nicht ganz klar, wie genau EFT seine positiven Wirkungen erzielt, da es mit unserem westlichen Verständnis von Medizin und Psychotherapie nicht ohne weiteres vereinbar ist.

Für nähere Infos nutze eine der folgenden Ressourcen:

Link zur Webseite von Gary Craig: ***http://www.emofree.com***

Sammlung mit Links zu Studien über EFT:
http://www.eftuniverse.com/research-and-studies/eft-research

Offizieller EFT Dachverband in Deutschland: *http://eft-dach.org*

Deutsche Übersetzung eines Teils der Seite von Gary Craig: *http://eft-info.com*

Die Sedona Methode

Kommen wir zu einer weiteren Möglichkeit, der Aufarbeitung von Energieblockaden, die sich mehr an analytische Menschen richtet und durch gezieltes Hinterfragen einer Handlung einen emotionalen Shift verursacht und die emotionale Blockade auflöst. Die Methode mag einfacher erscheinen und schneller zu erlernen sein. Wann immer es Dir möglich ist, solltest Du es jedoch zuerst mit EFT versuchen, da es tiefer ansetzt und auf energetischer Ebene arbeitet. Zudem ist mit EFT nach meinen Erfahrungen auch einer wesentlich breiteren Facette von Hemmnissen beizukommen.

Die Prämisse dieser Methode ist die, dass wir nicht unsere Emotionen sind, sondern Emotionen haben. Man sagt zwar „Ich bin traurig", aber eigentlich müsste es lauten „Ich habe ein Gefühl von Traurigkeit". Wenn Du einen Gegenstand in der Hand hältst - einen Stift oder einen Ball - kannst Du Dich jederzeit dazu entschließen ihn loszulassen. Genauso ist es mit Emotionen. Wir besitzen unsere Gefühle - nicht unähnlich wie wir auch Gegenstände besitzen - und wir können uns jederzeit bewusst entscheiden, unangenehme Gefühle einfach loszulassen. Das geschieht mit drei zentralen Fragen, die schließlich zum Loslassen der störenden Emotion führen.

Beginne damit, das Gefühl, wie unangenehm es auch immer sein mag, willkommen zu heißen und als Teil von Dir zu akzeptieren. Das ist

Kapitel 5 – Energieblockaden

überaus wichtig. Ohne vollständige Akzeptanz kannst Du die Blockade auch nicht auflösen. Dann leitest Du eine Sequenz von drei einfachen Fragen ein, die Du an Dich selbst richtest:

1.) Kann ich mir vorstellen, dieses Gefühl loszulassen? Geht das?

    Damit versuchst Du für Dich selbst abzuklären, ob Du überhaupt dazu in der Lage bist, das Gefühl loszulassen.

2.) Würde ich dieses Gefühl auch gerne loslassen? Will ich es und bin ich bereit dazu?

    Mit dieser Frage bereitest Du Dich darauf vor, das störende Gefühl auch bewusst loslassen zu wollen. Sobald Du diese Frage für Dich bejahst, leitest Du den Prozess der Auflösung bereits ein.

3.) Wann lasse ich das Gefühl los?

    Damit erlaubst Du Dir selbst, es jetzt gleich zu tun oder auch später, wenn Du noch nicht gänzlich bereit dazu bist. In den allermeisten Fällen beantwortest Du diese Frage für Dich selbst jedoch mit einem inneren Aufschrei: „Jetzt sofort! Keine Sekunde länger will ich das hier noch ertragen!"

Beim EFT ist es am effektivsten, wenn Du die Fragen und die Antworten darauf verbal artikulierst. Das ist hier nicht notwendig. Es genügt, die Fragen in Deiner Vorstellung zu stellen und zu beantworten. Ein einfaches Lesen der Fragen genügt jedoch nicht. Du musst Dich mit den Fragen in Bezug auf Dein Problem aktiv auseinandersetzen. Nachdem Du die Sequenz einmal durchgegangen bist, spürst Du häufig bereits eine enorme Erleichterung, die Du in eine weitere Runde mit diesen Fragen hinein nehmen kannst. Akzeptiere die neue, schwächere Intensität der Emotion und heiße auch sie willkommen. Fang dann wieder bei der ersten Frage an, und wiederhole den Prozess, bis das

Gefühl so sehr abgeschwächt ist, dass Du es nicht mehr wahrnehmen kannst. Der Schlüssel aller hier vorgestellten Methoden liegt in ihrem konsequenten Einsatz und der rigiden Wiederholung. Und zwar solange, bis das Problem nicht mehr spürbar ist.

Die Lefkoe Methode

Bei dieser Methode wird stark mit Deinen Überzeugungen - sogenannten Glaubenssätzen - gearbeitet, die wiederum Einfluss auf Deine Emotionen haben. Man geht also einen indirekten Weg zum Eliminieren negativer Emotionen. Die Prämissen dieser Methode lauten wie folgt:

1.) Existenz ist eine Funktion des Bewusstseins.

2.) Sprache ist das primäre Werkzeug, mit dem wir Unterscheidungen machen.

3.) Es gibt keine inhärente Bedeutung oder Wahrheit in der Welt, sondern allein die, die wir den Dingen geben.

4.) Wenn Du einen Glaubenssatz generierst, erschaffst Du damit (D)eine Realität.

5.) Wenn Du einen Glaubenssatz eliminierst, veränderst Du Deine Realität und erschaffst damit neue Optionen.

Man könnte also basierend auf diesen Annahmen sagen, dass Du, indem Du Deine Glaubenssätze veränderst, auch Deinen Umgang mit der Welt veränderst. Genauso lässt sich aber auch die Aussage daraus ableiten, dass sich die Welt um Dich herum verändert während Du so bleibst wie Du bist. Beides ist richtig, so verrückt sich das auch anhören mag. Menschen, die größere, persönliche Veränderungsprozesse durchmachen, wundern sich oft, wie sich auch die Reaktionen von Mitmenschen auf einmal verändern. Situationen, die einem früher den letzten Nerv geraubt haben, bleiben schlichtweg aus und stellen keine Belastung mehr dar.

Die Veränderung der Glaubenssätze erfolgt in sieben Schritten. Du kannst diese Übung wieder ausschließlich in Deinem Kopf durchgehen, was besser ist, als die Übung gar nicht zu tun. Perfekt ist es jedoch, wenn Du Dir Notizen dazu machst:

1.) Identifikation des unerwünschten Verhaltens.

Beschreibe konkret ein bestimmtes Verhaltensmuster, eine Emotion oder eine Komponente Deines Lebens, welche nicht so ablaufen, wie Du Dir das wünschst. Was genau ist Dein Problem?

Beispiel: „Ich kann mich nie durchsetzen."

2.) Bestimmung des dahinter liegenden Glaubenssatzes.

Alles was Du tust oder empfindest ist ein Resultat Deiner Überzeugungen, die Du Dir im Laufe Deines Lebens angeeignet hast. Was denkst Du, könnte die dahinter liegende Überzeugung sein, welche Dein Problem verursacht? Viele Probleme basieren auf Überzeugungen, die im Zusammenhang damit stehen, dass wir entweder nicht gut oder nicht wertvoll genug sind und dass wir etwas nicht verdienen.

Beispiel: „Meine Meinung zählt weniger als die anderer Leute."

3.) Identifikation der Ursache des Glaubenssatzes.

Viele Deiner grundlegenden Überzeugungen entstehen sehr früh in Deiner Kindheit, oft noch bevor Du Dein sechstes Lebensjahr vollendet hast, durch alle Personen, die für Dich in dieser Zeit sorgen. Was könnte diesen konkreten Glaubenssatz bei Dir verursacht haben? Forsche so lange, bis Du den Auslöser des Glaubenssatzes gefunden hast. Du spürst intuitiv, wenn es soweit ist. Solltest Du die Ursache des Glaubenssatzes nicht ausmachen können, greife bitte auf EFT oder die Sedona Methode zurück.

Beispiel: „Meine Tante verbrachte in meiner Kindheit viel Zeit bei uns. Immer wenn ich etwas gesagt habe, meinte sie: ‚Das kannst Du gar nicht wissen, dafür bist Du doch noch viel zu jung'."

4.) Beschreibung von alternativen Interpretationen.

Spiele jetzt ein bisschen, indem Du so viele alternative Interpretationen wie nur möglich findest, welche die Ursache Deines Glaubenssatzes ebenso beschreiben, wie der, den Du gewählt hast. Versuche wenigstens drei bis vier zu finden, höre aber nicht auf, bis Du alle Alternativen gefunden hast, die Dir einfallen. Jede beschreibt einen anderen Grund für das Fehlverhalten Deiner Mitmenschen als der, den Du damals als bedeutsam gewählt hast.

Beispiel: „Die Interpretation ‚Meine Meinung zählt weniger als die anderer Leute.' ist nur eine von zahlreichen Möglichkeiten. Es mag sein, dass meine Tante mich nur davor bewahren wollte, aufgrund falscher Auffassungen Schaden zu nehmen. Es kann auch sein, dass sie einfach immer schlecht drauf war, sobald sie uns besuchte, aus einem Grund, der überhaupt nichts mit mir zu tun hatte.

Kapitel 5 – Energieblockaden

Vielleicht gab es einen langjährigen Streit zwischen ihr und meinen Eltern. Vielleicht konnte sie auch selbst nie Kinder bekommen und ließ ihren Frust an mir aus. Vielleicht hatte sie kein pädagogisches Geschick und hat auch nie gelernt, wie man mit Kindern richtig umgeht. Vielleicht wusste sie einfach nicht, was sie bei mir damit auslöste. Es gibt zahlreiche mögliche Ursachen für ihr Verhalten, viele davon sogar mit gutem Vorsatz. Aber kein einziger davon hat etwas mit mir zu tun. Was jedoch mit mir zu tun hat, ist die Interpretation, die ich für mich ausgewählt habe."

5.) Realisierung, dass Du es bislang anders „gesehen" hast.

Mach Dir bewusst, dass Deine Wahl der Interpretation nicht die einzig mögliche war. Sie war zu dem damaligen Zeitpunkt eine Entscheidung, die Du basierend auf dem beschränkten Wissen und Erfahrungsschatz dieser Zeit getroffen hast. Mach Dir klar, dass Du die Bedeutung der Ereignisse jederzeit anders und neu interpretieren kannst. Das Bezeichnen wir als Lernen und so ein Lerneffekt kann sehr schnell eintreten!

6.) Eliminierung des alten Glaubenssatzes.

Versetze Dich nochmal in die Situation von damals zurück und stell Dir dabei vor, wie Du mit einer vertrauensvollen Person über die Angelegenheit sprichst und sie Dir all die alternativen Interpretation nennt, die Du in Bezug auf das Fehlverhalten Deiner Tante gebildet hast. Wenn es damals niemanden gab, nimm eine aktuelle Person, deren Meinung Du schätzt und stell sie Dir in der damaligen Zeit vor. Dadurch schaffst Du bereits in der Vergangenheit die Ressource, die Dir hilft, um mit dem Problem umzugehen. Es spielt dabei keine Rolle, dass Du es Dir nur vorstellst. In Deinem Kopf wird es real, da unser Verstand zwischen vorgestellten und erinnerten Bildern nicht unterscheidet. Du musst nur all Deine Sinne mit einbeziehen und den Prozess nötigenfalls einige Male wiederholen, damit Deine Vorstellung das gleiche emotionale Gewicht bekommt wie eine Erinnerung. Du kannst das leicht an Dir testen, indem Du Dir ein Stück Zitrone so bildhaft wie nur möglich vorstellst: Die Farbe, die Form und den Geruch. Dann beiße in Deiner Vorstellung in diese imaginäre Zitrone hinein. Dein Speichelfluss setzt genauso stark ein, wie wenn Du in eine echte Zitrone gebissen hättest.

Prüfe nun, ob sich der Glaubenssatz tatsächlich aufgelöst hat, indem Du in Dich hinein horchst und den ursprünglichen Glaubenssatz gedanklich wiederholst. Fühlt es sich nicht mehr richtig an, hattest Du Erfolg und die Überzeugung ist verschwunden. Ist die Überzeugung verschwunden, dann ist diese Veränderung permanent, die Überzeugung kehrt nicht mehr zurück. Dennoch kann es nötig sein, weitere Glaubenssätze in Angriff zu nehmen, zumeist sind persönliche Probleme multidimensionaler Natur und nicht durch das Auflösen einer einzigen Überzeugung zu beseitigen. Aber eine einzige lähmende Überzeugung loszuwerden kann bereits immense Energie bei Dir freisetzen, die Du nun für andere Zwecke einsetzen kannst.

7.) Sieh Dich selbst als Entscheider über Deine Glaubenssätze und Schöpfer Deiner Realität.

Du hast einen Glaubenssatz von Dir erfolgreich aufgelöst. Es fehlt jedoch nichts an Deiner Persönlichkeit, wenn Du Dich von einem alten Glaubenssatz verabschiedest. Es ist eher so, als würdest Du ein altes Paar Turnschuhe wegwerfen, das Du nicht mehr trägst. Der Grund ist, dass Du nicht die Summe Deiner Glaubenssätze *bist* sondern sie im Laufe Deines Lebens aufgrund Deiner Erfahrungen *bildest*. Jetzt hast Du die Fähigkeit in Dir entdeckt, Deine Glaubenssätze zu verändern und nach

Deinem Belieben neu zu formen. Du bist die Person, die die Entscheidungen trifft, aber Du bist nicht Deine Entscheidung. Da Deine Glaubenssätze über Dein Leben bestimmen und Du über Deine Glaubenssätze bestimmst, macht Dich das zum Steuermann Deines eigenen Lebens. Genieße diese Erfahrung und das Gefühl völlig neuen Kontrollerlebens!

Da hast Du es. Das Einzige, was Dich jetzt noch vom Erfolg dieser Methoden trennt, ist ihr konsequenter Einsatz. Wenn man diese Punkte nur überliest, ohne sie tatsächlich anzuwenden, kann es sehr leicht passieren, dass man denkt, die Vorgänge seien viel zu banal, um nachhaltige Veränderungen herbeizuführen. Ich versichere Dir aber, dass die Methoden allesamt überaus potent sind. Probiere es erst aus und urteile dann!

Neuroloading

Hier ist eine weitere, geradezu lächerlich simple Methode, die alle Partikel und Energien Deines Körpers geradezu magnetisch auf ein Ziel ausrichtet. Nimm Dir ein Blatt Papier und schreibe Deine Intention auf. Feile daran und formuliere solange neu, bis sie prägnant und schlüssig ist und exakt das widerspiegelt, was Du wirklich möchtest ohne Eigenschaften an Dir zu verändern, die Du magst! Du solltest Dich auch auf etwa eine Zeile beschränken, kürze also wenn nötig. Achte bei allen Zielformulierungen grundsätzlich immer darauf, ob sich das Erreichen dieser Ziele negativ auf Menschen um Dich herum auswirken könnte, etwa weil Du weniger Zeit für sie hast.

Dann geht es los: Nimm Dir ein paar weitere Blätter Papier und beginne Deine Intention untereinander fortlaufend immer wieder neu aufzuschreiben. Du schreibst sie auf die nächste Zeile, dann auf die dritte und auch auf die vierte und so weiter. Du schreibst mit der Hand, nicht am PC, und Du hörst auch nicht auf, bevor Du nicht wenigstens

100-mal Deine Intention aufgeschrieben hast! Was sich liest, wie eine Jugendstrafarbeit aus einer mittelalterlichen Klosterschule ist vielleicht eine der besten Methoden, Deine zweite Aufmerksamkeit perfekt mit Deiner ersten Aufmerksamkeit zu harmonisieren und beide an Deiner neuen Intention auszurichten. Mit jedem neuen Schreibvorgang wird die Intention tiefer in Deinen neuronalen Synapsen verankert, unbewusste Widerstände werden abgebaut, Handlung sabotierende Barrieren eliminiert und damit innere Blockaden aufgelöst. Die Methode mag sich nach dem Holzhammer anhören und das ist sie auch. Dafür ist sie aber eben auch besonders schlagkräftig! Du konditionierst Dich damit in kürzester Zeit auf Dein neues Ziel. Probiere es aus und urteile anschließend!

Selbsthypnose & Autogenes Training

Bei allen Methoden, wo wir es mit Trance oder veränderten Bewusstseinszuständen zu tun haben, solltest Du Dir immer einen Aspekt vor Augen halten. Wir bedienen uns verschiedener, teilweise aus der Therapie entlehnter Methoden, um das Unbewusste neu zu konditionieren und für uns arbeiten zu lassen. Das Ziel besteht jedoch nicht darin, mit unserer „unbewussten Seite" in Kontakt zu treten. Auf dem Weg zur vollen Entfaltung der Persönlichkeit führt der Weg durch das Unbewusste, da sich dort Deine Gedanken manifestieren. Unser Ziel ist es aber, bewusster zu werden und nicht unbewusster. Die Veränderung beginnt mit einem bewussten Gedanken, der uns in eine völlig neue Richtung führt und die nötige Veränderung anstößt.

Émile Coué war ein französischer Apotheker im 19. Jahrhundert, der feststellte, dass seine Arzneien bei den Patienten viel besser wirkten, wenn er sie mit positiven Bemerkungen, sogenannten Suggestionen (vom lat. suggerĕre = zuführen, unterschieben), begleitete wie „Mit diesem Medikament werden Sie ganz schnell wieder gesund". Darauf begründete er seine Lehre der Autosuggestion und schrieb „Die Selbstbemeisterung durch bewusste Autosuggestion". Die Axiome seiner Lehre lauten:

- Jeder Gedanke in uns ist bestrebt, wirklich zu werden.

- Nicht unser Wille, sondern unsere Einbildungskraft, die Fähigkeit, sich etwas glauben zu machen, ist die bedeutsamste Eigenschaft in uns.

- Im Widerstreit zwischen Wille und Vorstellungskraft siegt letztere ausnahmslos.

- Im Konflikt zwischen Wille und Vorstellung beträgt die Vorstellungskraft - bildlich gesehen - so viel wie das Quadrat der Willenskraft.

- Sind Wille und Vorstellungskraft gleichgerichtet, so addieren sie sich nicht, vielmehr ist die Endkraft das Ergebnis einer Multiplikation beider Energien.

- Die Vorstellungskraft ist lenkbar.

Im 20. Jahrhundert entwickelte sich auch die Hypnose, deren Ursprünge etwa im 18. Jahrhundert liegen, vor allem im deutschen Sprachgebiet weiter; zunächst durch Oskar Vogt, dann durch dessen Schüler Johannes Heinrich Schultz, der daraus das autogene Training entwickelte. In den USA wurde die Hypnose durch Milton H. Erickson (permissionsbasierte, indirekte Hypnose) und Dave Elman (autoritärer Hypnosestil) weiterentwickelt. Ich habe mit autogenem Training und verwandten Formen der Selbsthypnose einige wertvolle Erfahrungen gemacht, allerdings ist der Lernaufwand hier wesentlich höher und die Erfolge hängen denen einer Fremdhypnose durch einen erfahrenen Hypnotherapeuten oder durch eine professionell aufgenommene Hypnose Session normalerweise nach. Deshalb werde ich hier auch nicht näher darauf eingehen und möchte Dich stattdessen auf die Vielzahl an exzellenten Büchern zu dem Thema verweisen. Einige besonders empfehlenswerte Titel findest Du im Anhang.

NLP

Aus dem Ansatz von Erickson, der heute vor allem im klinisch - therapeutischen Bereich verbreitet ist, entwickelten John Grinder und Richard Bandler schließlich durch Kombination mit Elementen aus der Familientherapie und Gestalttherapie ihr „Studium über die Struktur subjektiver Erfahrung", das heutige NLP (Neuro-Linguistisches Programmieren). Es handelt sich um einen regelrechten Werkzeugkasten für die therapeutische Arbeit. Dennoch haben sich bei mir zumindest im autodidaktischen Einsatz kaum spürbare Erfolge mit NLP Methoden eingestellt. Wertvoll ist es für mich mehr in Form einer sehr viel bewussteren verbalen und nonverbalen Kommunikation. Tony Robbins ist wohl einer der berühmtesten Verfechter des NLP für persönliche Veränderung und Weiterentwicklung. Probiere es also bei Interesse ruhig aus. Für ungeduldige Anfänger empfehle ich jedoch eine der anderen hier beschriebenen Methoden, die man jederzeit bei sich selbst einsetzen kann und die einen wesentlich besseren ROI in Bezug auf Lernkurve und Wirksamkeit haben. Der Vollständigkeit halber gibt es auch hierzu ein paar Literaturempfehlungen im Anhang.

Der Booster für Deine Produktivität: Die App „Metamorphose"

Die mit Abstand wirkungsvollste Option für langfristige Veränderungen und ein regelrechter Aufzug, was Deine Produktivität und Selbstsicherheit im Umgang mit den Anforderungen des professionellen Alltags anbelangt, kommt direkt mit diesem Buch! Die Audiositzung ‚Action' auf der begleitenden Smartphone App ‚Metamorphose' stellt eine Kombination aus den modernsten und effektivsten Maßnahmen

Kapitel 5 – Energieblockaden

der Persönlichkeitsentfaltung dar, die es momentan gibt. Sie funktioniert rasend schnell und vor allen Dingen mit anhaltenden Effekten. Du musst nichts weiter dafür tun, als die Session über einen Zeitraum von 6 Wochen 1 - 2x täglich in einer ruhigen und entspannten Umgebung anzuhören. Dafür benötigst Du dringend einen Stereo - Kopfhörer, andernfalls funktioniert es nicht! Nach den 6 Wochen benötigst Du die Übung entweder gar nicht mehr oder nur noch sporadisch, wenn Du einen Dip in Deiner Motivation verspürst. So angenehm kann persönliche Entwicklung sein! Lade sie Dir am besten gleich hier herunter: *www.hummelnimhintern.com*

Da Du während dieser Übung die Augen schließen und Dich vollständig konzentrieren sollst, ist es am besten, potentielle Ablenkungen wie z.B. Handytöne bereits im Voraus zu adressieren und nötigenfalls abzustellen. Die Übung dauert nur eine halbe Stunde, aber diese 30 Minuten haben es in sich! In entspannter Wachheit wirst Du aus mehreren Richtungen mit verschiedenen Suggestionen bombardiert, die teilweise zeitgleich in verschiedenen Verschachtelungen und Komplexitäten Dein Bewusstsein erreichen. Einige der Stimmen sprechen Deine rational-analytische Seite an, andere adressieren eher den konzeptionellen Teil Deiner Persönlichkeit. Natürlich kannst Du nicht all diese Informationen gleichzeitig bewusst aufnehmen. Durch die kontrollierte Überforderung Deiner bewussten Aufmerksamkeit kann es kaum die Botschaften filtern, wodurch sie sehr viel einfacher und schneller Deine zweite Aufmerksamkeit erreichen.

Falls Du während der Entspannungsübung einschlafen solltest ist das völlig ok. Die Übung wirkt dennoch. Vielleicht ist der Schlaf am Anfang genau das, was Du benötigst. Mit der Zeit wird es Dir dann immer besser gelingen, bewusst durch die Übung zu gehen und dabei „wach" zu bleiben. Diese Form von Wachheit fühlt sich allerdings etwas anders an, als Du das gewohnt bist und ist mehr mit einem sehr tiefen, meditativen Zustand vergleichbar, in welchem Du bei vollständiger, körperlicher Entspannung dennoch alles um Dich herum komplett wahrnimmst.

Action Steps
Attacke! Gang, kuppeln und Gas: Die Übungen für das Kapitel

Gang 1…2: Action

1. Lade Dir die zum Buch gehörende App ‚Metamorphose' auf ***www.hummelnimhintern.com*** herunter, falls noch nicht geschehen. Höre Dir die Intro an und starte anschließend die Übung ‚Action'. Sorge vorher dafür, dass Du für eine knappe halbe Stunde ungestört bist. Idealerweise machst Du die Übung am frühen Morgen direkt nach dem Aufwachen solange Du noch im Bett liegst oder am Abend vor dem Einschlafen. Du benötigst unbedingt Stereokopfhörer, um von den Suggestionen in Headphone Surround 3D zu profitieren und den idealen Entspannungszustand zu erreichen. Ideal sind ‚Over Ear' oder noch besser ‚Around Ear' Kopfhörer.

Gang 3…4: Energie

2. Mach eine Liste all Deiner Freunde. Auch wenn Du sie im Kopf hast, schreib sie trotzdem auf. Dadurch konzentrierst Du Dich stärker auf Deine Ressourcen und außerdem vergisst Du immer jemanden, der vielleicht genau in diesem Augenblick auf Deinen Anruf wartet.

Gang 5…6: Bestimmung

3. Wenn Du raten müsstest, was Dich momentan am meisten davon abhält, Dein volles Potential zu entfalten, was wäre es? Welche Angst hält Dich zurück? Identifiziere aus dem Kapitel die Methode zum Abbau hemmender Blockaden, die Dich am ehesten anspricht und entscheide Dich dafür, sie fest in Deinen Alltag zu integrieren. Setze sie anfangs gezielt öfters ein als nötig, um im Umgang mit ihr sicher und vertraut zu werden.

KAPITEL 6

Motivation

„Gehe soweit wie du sehen kannst und wenn du dort ankommst wirst du sehen wie es weitergeht."

J. P. Morgan

Motivation

Die Rolle der Motivation wird oft missverstanden und das Pferd dabei versehentlich von hinten aufgesattelt. Sie ist keine Ursache, sondern eine Folge. Um uns motiviert zu fühlen, müssen wir die richtigen Voraussetzungen dafür schaffen. In der Motivationsforschung wird zwischen sogenannter intrinsischer und extrinsischer Motivation unterschieden, wobei intrinsisch das Bestreben meint, etwas um seiner selbst willen zu tun, etwa weil es Spaß macht, Interessen befriedigt oder eine Herausforderung darstellt und extrinsisch der Wunsch im Vordergrund steht, bestimmte Leistungen zu erbringen, weil man sich davon einen Vorteil (=Belohnung) verspricht oder Nachteile (=Bestrafung) vermeiden möchte. Das Vermeiden von Nachteilen motiviert im Allgemeinen stärker als das Streben nach Vorteilen. Zusätzliche extrinsische Motivation kann bereits vorhandene intrinsische Motivation verringern (sog. Korrumpierungseffekt). Andererseits kann selbst die Beschäftigung mit auf den ersten Blick völlig öden Dingen irgendwann anfangen, Spaß zu machen, weil Du beginnst, die Zusammenhänge dahinter zu verstehen.

Hummeln im Hintern

Die für uns wichtigste Frage in diesem Zusammenhang lautet: Wie schaffen wir die Voraussetzungen für sich stetig steigernde und von selbst erneuernde Motivation? Eine Motivation, die derart intensiv ist, dass uns nichts mehr stoppen kann. Und wie behalten wir diesen wertvollen Zustand bei, lange nachdem wir mit dem Klatschen aufgehört, vom Stuhl herunter gestiegen sind und der Motivationstrainer die Bühne verlassen hat?

Deinem Drang allem nachzugehen, worauf Du Lust hast, kannst Du anfänglich leider noch nicht vertrauen. Der Grund ist, dass Deine zweite Aufmerksamkeit immer wieder Wege findet, Deine alten Gewohnheiten beizubehalten. Aber das sind eben auch genau jene Gewohnheiten, die Dich davon abhalten, in bestimmten Bereichen Deines Lebens voran zu kommen. Dein Unbewusstes trügt Dich hier und führt Dich in Versuchung. Nicht um Dir zu schaden sondern als Schutz vor zu großen Veränderungen. Zunächst muss Deine zweite Aufmerksamkeit also neu konditioniert werden und das geschieht durch willentliche Anstrengung Deines bewussten Verstands über einen begrenzten Zeitraum. Solange, bis Dein unbewusster Kompass neu ausgerichtet wurde und Dich dorthin führen kann, wo Du gerne hin möchtest. Erst dann kannst Du wieder zurück auf den unbewussten Autopiloten schalten. Das erfordert in der Anfangsphase einiges an Willenskraft und Disziplin. Aber bereits nach sehr kurzer Zeit entstehen neue Gewohnheitsmuster, wodurch Deine Willenskraft für andere Projekte frei wird. Du kannst das gerne als eine Form mentalen Ressourcen Managements betrachten. Sich dieser Tatsache immer wieder bewusst zu werden, trainiert bereits Deine Willenskraft, weil Du beginnst, den Prozess dahinter zu verstehen und die nötige Geduld aufzubauen.

Genau deswegen brauchen umfangreiche Veränderungen in Deinem Verhalten auch immer etwas Zeit. Stell Dir dazu einen Wald vor, in welchem jeder Baum eine bestimmte Angewohnheit repräsentiert. Manche sind positiv und sollten gepflegt werden. Andere sind so schädlich für uns, dass sie gefällt oder sogar regelrecht herausgerissen werden müssen. Komplexe Veränderungen unseres Verhaltens verlangen jedoch das Ausreißen eines ganzen Waldes von Gewohnheiten, bis man die gewünschten Resultate an sich sieht und das dauert eben ein bisschen. Häufig zeigen sich erste Resultate aber bereits nach wenigen Wochen.

Eine Vielzahl von Routinen und Gewohnheiten - den „Wald" - bezeichnen wir auch als Paradigma. Paradigmen haben große Macht über Dich. Sie filtern Deine Wahrnehmung und lassen Dich die Welt so sehen, dass sie in Dein Paradigma hineinpasst. Zwei Menschen können exakt das gleiche sehen, es aber völlig unterschiedlich wahrnehmen und interpretieren. Sie beeinflussen auch die Art, wie Du kommunizierst und mit Menschen umgehst. Dein Paradigma lässt andere Menschen spüren, ob Du es gut und ernst mit ihnen meinst oder nur auf Deinen eigenen Vorteil bedacht bist. Es steuert nahezu alles, was den Erfolg in Deinem Leben ausmacht und ist daher äußerst hilfreich. Manchmal muss man jedoch einzelne Routinen oder sogar ein ganzes Paradigma bewusst überdenken und durchbrechen. Du kannst bestehende Gewohnheiten, die Dich nicht mehr unterstützen oder sogar schädlich für Dich sind nicht einfach vernichten. Du kannst Dir jedoch neue, positive Gewohnheiten aufbauen, welche die alten ersetzen.

„Das Leben eines Menschen kann vor sich hin dümpeln, genauso wie Wasser vor sich hin dümpeln kann. Und wie Richtung und Bewegung der Behelf des einen sind, so ist es ein bestimmender Zweck und Aktivität des anderen."

John Burroughs

Wie genau entsteht denn nun Motivation?

Motivation ist ein komplexes, kybernetisches Zusammenspiel unseres inneren Selbstbildes mit unserer äußeren Zielerreichung. Diese Definition ist noch nicht ganz vollständig aber vielleicht klären wir zunächst einmal einige Begriffe und kommen dann auf diese Aussage zurück. Deine Zielerreichung ist ein Maßstab für den aktuellen Grad der Umsetzung Deiner Idee. Kybernetik ist ein Begriff des amerikanischen Mathematikers Norbert Wiener und beschreibt die Wissenschaft von Meß-, Steuerungs- und Regelungsprozessen in Maschinen, lebenden Organismen und sozialen Organisationen. Der Begriff hat schon aufgrund seiner Entstehung in den 50er Jahren des letzten Jahrhunderts nichts mit dem heutigen Verständnis von „Cyber" zu tun, sondern stammt aus dem Griechischen und bedeutet so viel wie „Steuermann".

In einem kybernetischen System gibt es mindestens einen Sensor, der Informationen auswertet und anhand der Informationen des Sensors und den vorab programmierten Vorgaben ein Signal an eine regulierende Einheit sendet. Ein sehr einfaches und anschauliches Beispiel dafür ist ein Heizungsthermostat. Sobald die gemessene Temperatur im Raum unter einen vorab eingestellten Mindestwert fällt, schaltet sich die Heizung ein und wenn die Temperatur einen bestimmten Wert überschreitet, schaltet sich sie Heizung wieder ab. Ein weiteres Beispiel für einen kybernetischen Mechanismus sind Autopilot-Systeme in Flugzeugen oder Raketen. Eine Rakete fliegt nicht zu einer Raumstation, sie verirrt sich sozusagen dorthin. Über 99% ihrer Zeit befindet sie sich abseits vom Kurs und wird immer wieder durch Messungen und Kurskorrekturen in die richtige Bahn gelenkt. Auch in einem Flugzeug werden durch den Autopiloten fortlaufend Höhe und Geschwindigkeit gemessen und bei Abweichung von den Normwerten automatisch Kurskorrekturen an Höhen- und Seitenrudern sowie am Schub eingeleitet, ohne dass ein Eingreifen des Piloten nötig wäre.

Durch Bob Proctor habe ich zuerst von diesem Konzept erfahren und er erzählt eine witzige Anekdote dazu aus der Zeit, als computergestützte Autopiloten gerade in Verkehrsflugzeugen aufkamen. Er war in einem Flieger von Kanada nach Malaysia unterwegs, als plötzlich der Kapitän durch die Reihen schritt und nach dem Wohlbefinden der Passagiere fragte. Proctor antwortete daraufhin, dass es ihm im Prinzip schon gut ginge, er sich aber noch wesentlich besser fühlen würde, wenn er den Piloten wieder zurück in seinem Cockpit wüsste, anstatt ihn umher laufen zu sehen, um sich nach dem Wohlergehen seiner Passagiere zu erkundigen. Sobald Du Dir die Gewohnheiten aufbaust, die Dich in Richtung Deiner Ziele tragen, wird es Dir ebenfalls möglich sein, andere Themen in Angriff zu nehmen, während Dein Flieger weiterhin auf Kurs bleibt.

Kommen wir zu Deinem Selbstbild! Wir wissen, dass wir nicht immer ganz ehrlich zu uns selbst sind und uns manchmal sogar regelrecht etwas vormachen, nur um Schmerz zu vermeiden. Beispiele gefällig?

> *„Nicht so schlimm, dass ich heute nicht wie geplant fertig geworden bin, den Rest mache ich morgen."*

> *„Ich hab einen super Job gemacht, es ist nicht meine Schuld, dass nicht das heraus gekommen ist, was sich alle davon erwartet haben."*

> *„Ich kann nicht überall gleichzeitig sein und mich um alles kümmern."*

Diese Aussagen mögen auf den ersten Blick betrachtet nicht ungewöhnlich erscheinen und sogar wahr sein, aber sie haben noch etwas gemeinsam: Es sind alles Rechtfertigungen, entweder anderen gegenüber oder vor Dir selbst. Du versuchst damit Schmerz zu vermeiden. Das funktioniert deshalb so gut, weil Du Dir einerseits glauben willst, dass es tatsächlich so ist und ferner, weil Deine zweite Aufmerksamkeit nicht zwischen Bildern Deiner Vorstellungskraft und tatsächlich erlebten Erfahrungen unterscheidet. Da Du Dir also ohnehin regelmäßig etwas vormachst, kannst Du diese Fertigkeit genauso gut auch für etwas Produktiveres einsetzen, indem Du Dich in Deiner Vorstellung Bildern aussetzt, die Deinen inneren Autopiloten auf ein neues Ziel justieren. Sobald Deine zweite Aufmerksamkeit nämlich eine Diskrepanz zwischen

Deinem Dir selbst eingegebenen Ziel und Deinen aktuellen Handlungen feststellt, wird sie Dir Feuer unter Deinem Hintern machen. Das ist so aufregend, dass man es selbst gespürt haben muss, um es richtig zu verstehen. Also probiere es aus und mach Dir das Prinzip zunutze!

Damit ist es nun Zeit für eine vollständige Definition des menschlichen Antriebs: *Motivation ist ein komplexes, kybernetisches Zusammenspiel unseres inneren Selbstbildes* **mit unserer Wahrnehmung** *über unsere äußere Zielerreichung.* Was ist neu hinzugekommen? Die korrekte Interpretation unserer sensorischen Informationen durch uns selbst. Es genügt nicht, sich die richtigen Bilder einzugeben, wenn wir uns gleichzeitig vormachen, bereits besser voranzukommen, als wir es tatsächlich tun. Wir benötigen den Kontrasteffekt aus einem stimulierenden inneren Bild und einem zugleich unbefriedigendem äußeren Zustand für eine optimale Motivation. Davor müssen wir aber noch klären, was es überhaupt ist, das Du möchtest.

Was genau willst Du?

Wie sprießt aus einem Samenkorn ein Baum hervor? Es gibt keine Miniaturausführung des Baums in dem Keimling, also muss die Pflanze zunächst irgendwie entstehen, aber wie? In der Saat ist wie in jedem Lebewesen ein Genom, ein Bauplan für die Herstellung eines Lebewesens, enthalten. Dieses Genom wird durch geeignete äußere Bedingungen angeregt und fängt an, Proteine nach diesen Bauplänen zu produzieren.

Wenn die Saat den geeigneten Bedingungen ausgesetzt wird, zieht es Partikel aus seiner Umgebung an - dem Boden, dem Wasser und der Luft - und entwickelt sich zu einem Keimling. Der Keimling entwickelt Wurzeln, sprießt nach oben, durchbricht die Erdoberfläche und zieht von dort weitere Partikel aus der Luft an, die sein Wachstum noch weiter beschleunigen. Es entstehen ein Stamm, daraus Äste, dann Zweige, Blüten, Blätter - und schließlich ist aus der Saat ein kompletter Baum geworden! Der Baum kann dabei jedoch nie die Natur seiner Identität verändern. So wächst eine Lärche immer nur zu einer Lärche heran und aus einer Kastanie wird auch immer nur eine Kastanie.

Das Besondere an Dir ist, dass Du in alles hinein wachsen kannst, was Du möchtest, weil Du ein kreatives Wesen bist. Deine Bestimmung ist nicht festgelegt, wie die eines Ahornbaumes, einer Rose oder einer Karotte. Du entscheidest und hast in jedem wachen Augenblick die Kontrolle darüber. Unser Problem ist, dass wir an einem Tag eine Karottenpflanze sein wollen, am nächsten Tag ein Ahornbaum, am übernächsten ein Apfelbaum und dann wieder eine Orchidee. Totales Chaos! Kein Wunder, dass so vielen Menschen der Antrieb in ihrem Leben fehlt und sie Schwierigkeiten haben, voranzukommen. Entscheide Dich bewusst für das, was Du sein und wofür Du stehen willst und erlaube Dir dann, Dich von dieser Idee gänzlich absorbieren zu lassen und in sie hineinzuwachsen.

Mentales Kino: Deine inneren Bilder

Es gibt zwei Formen von Unterstützungssystemen in Dir. Die erste Form, die wir besprechen werden sind Deine inneren Bilder. Wenn Du an Deinen Traum denkst, was für Bilder steigen dann in Dir auf? Bilder der Hoffnung und Zuversicht oder eher welche der Verwirrung, Enttäuschung und des Bedauerns? Es ist für diesen Kontext übrigens egal, wie der Inhalt Deines Traumes beschaffen ist. Uns geht es hier um die Neurophysiologie, der Art, wie Du Deine Erfahrungen bewertest und abspeicherst. Diesen Prozess der gedanklichen Verarbeitung wollen wir zu Deinem Vorteil verändern und nicht die Inhalte Deiner Gedanken selbst. Deine innere Welt kann Deinem Erfolg zuträglich sein oder sie kann Dich bis zum totalen Stillstand ausbremsen. Sofern sie Dich bereits unterstützt, verfügst Du über ein gigantisches Asset und einen riesigen Vorteil gegenüber jenen Menschen, wo das noch nicht der Fall ist.

Hummeln im Hintern

In jedem anderen Fall werden wir jetzt in Dir eine neue Gewohnheit aufbauen, die Dir Deinen Traum in den schillerndsten Farben und kristallklaren Formen präsentiert, wann immer Du daran denkst. Eine Art Ultra-HD Kino in Deinem Kopf. Und das erreichst Du, indem Du Deinen Traum regelmäßig und bewusst in Gedanken durchlebst und nach Belieben weitere, neue Details hinzufügst, bis Du eine satte und gänzlich befriedigende Repräsentation von Deinem Traum in Deinem Kopf hast. Aber dort hörst Du noch nicht auf. Ergänze das innere Schauspiel um so viele Sinneseindrücke wie nur möglich. Stell Dir vor, Du bist ein Künstler. Es spielt keine Rolle, ob Du Dich für kreativ hältst oder nicht. Der Film ist einzig und allein für Dich!

Füge in Gedanken anregende Klänge und Geräusche hinzu, vielleicht gibt es auch bestimmte Stimmen, die Du hörst? Was sagen sie? Gibt es angenehme Gerüche, denen Du gern mit Deiner Nase folgen möchtest? Spürst Du bestimmte Wahrnehmungen in Deinem Körper? Was passt noch nicht so ganz richtig und muss noch geändert werden? Spüre, wie es sich anfühlt, wenn Du erreicht hast, wonach Du strebst.

Wenn Regisseure wie Christopher Nolan, James Cameron oder J. J. Abrams ihre Visionen auf Film einzufangen versuchen, können sie nicht zimperlich sein. Alles muss perfekt sein. Kompromisse ziehen sich wie ein schaler Beigeschmack durch eine Produktion. Der Zuschauer merkt, dass etwas nicht stimmt, so wie er merkt, wenn der Film etwas mehr Budget vertragen könnte. Sei daher ruhig genauso rigoros und verändere alles, was Dich stört, bis Du völlig zufrieden bist. Das Beste daran ist, es gibt keine Release Timelines, die Du einhalten musst! Du musst keine Rücksicht auf die egozentrischen Launen Deiner Stars nehmen oder inkompetente Laiendarsteller besetzen. Es gibt keinen Filmkomponisten, der einen Soundtrack produziert, der emotional einfach nicht so zu Deinem Film passt, wie Du Dir das vorstellst. Es gibt keinen ausführenden Produzenten, der Dir die Handlung vorschreibt und Teile Deines Budgets streicht, nachdem Du bereits alles verplant hattest.

Kapitel 6 – Motivation

Du musst Dich um nichts weiter kümmern als den perfekten Film in Deinem Kopf zu drehen und kannst dabei alles völlig frei entscheiden! Wenn Du einen Director's Cut hast, der Dir wirklich gefällt, dann durchlebe ihn täglich mindestens ein bis zwei Mal, bis er Dir in Fleisch und Blut übergegangen ist. Keine Sorge, das geht sehr schnell. Nutze einfach jede Gelegenheit, wenn Du kurz ungestört für Dich allein bist, um den Kurzfilm in Deinem Kopf abzuspielen. Passe ihn dabei gerne immer wieder an, wenn Du magst. Du kannst ihn auch öfter abspielen. Wichtiger ist jedoch Kontinuität als zu starke Euphorie in der Anfangsphase, die dann schnell abebbt.

Was Du hier machst, bezeichnet man auch als Visualisierung, eine virtuelle Simulation Deiner Kreation in Deinem Geist. Eigentlich ist es vielmehr eine Visualisierung mit Raketentriebwerk, da wir alle Deine Sinne mit einbeziehen, was das Erlebnis sehr viel stärker macht, als wenn wir nur mit mentalen Bildern arbeiten würden. Die Visualisierung wirkt auf verschiedenen Ebenen. Einerseits durch Deinen Gedanken und dem daraus resultierenden energetischen Abdruck in der universellen Kraft. Damit programmierst Du die kosmische Maschinerie auf Deine Ziele, indem Du ihr genau sagst, was Du möchtest.

Sie wirkt aber auch auf psychologischer Ebene durch die Schaffung eines Kontrasteffektes zwischen Deinem Wunschbild zu Deinem Jetzt. Presto. Instant-Motivation aus der Dose! Wie das? Im Grund sehr einfach. Wie schon früher besprochen kann Deine zweite Aufmerksamkeit nicht zwischen einem visualisierten und tatsächlichen Erlebnis unterscheiden. Es akzeptiert alles, was Du bewusst in Deiner ersten Aufmerksamkeit als gegeben akzeptierst und verbucht diese neue Vision schließlich als Realität, auf die sie Dich dann zubewegt. Das ist vielleicht die wertvollste und wichtigste Übung, die Du machen kannst und die Ergebnisse daraus kommen so schnell, dass es Dir fast unheimlich vorkommen wird.

Wir haben bereits besprochen, dass Motivation das Spannungsgefälle zwischen Deinem konditionierten, inneren Bild - da wo Du gerne wärst -

und dem äußeren Abbild Deiner Realität, also da, wo Du im Augenblick stehst, ist. Je mehr Du durch Visualisierung Deine inneren Wünsche und Träume befeuerst und anheizt, umso größer und kontrastreicher wird dieser Unterschied zu Deiner jetzigen Realität und umso stärker wird auch der daraus resultierende Antrieb. Beleuchte die Bilder Deiner inneren Welt in HD Qualität und in so brillanten Farben, dass die Realität im Vergleich dazu regelrecht verblasst. Der Erfolg wird nicht lange auf sich warten lassen!

Mache Deine Vision dabei niemals realistisch oder vernünftig. Übertreibe so gut wie es nur geht. Am Ende wirst Du immer nur die Aspekte umsetzen können, die auch realisierbar sind. Aber Du wirst staunen, um wie viel weiter Du kommst, wenn Du Dich nicht von vornherein mit dem einschränkst, was derzeit machbar ist oder Dir zur Verfügung steht. Mir persönlich hat Vernunft jedenfalls noch nie sonderlich gedient, selbst in Zeiten, wo ich sie noch hatte. Kennst Du das, wenn Leute zu Dir sagen „Aber Du musst doch vernünftig sein!"? Mit Vernunft ist hier nicht mehr die Fähigkeit zu logischem Denken gemeint, sondern konditioniertes, einschränkendes Denken auf Basis dessen, was uns bereits bekannt ist. In vernünftigen und realistischen Ideen steckt keinerlei Inspiration. Sie verursachen keinen Fortschritt. Nur die unvernünftigen Menschen treiben Dinge voran, indem sie auch Fehler machen. Denn genau diese Fehler sind Bestandteil unseres Fortschritts. Ohne Fehler gibt es kein Wachstum und es kann nichts Neues entstehen. Vernunft im Sinne von konditioniertem Denken ist Bullshit. Streiche am besten die Wörter ‚vernünftig' und ‚realistisch' komplett aus Deinem Wortschatz. Im schlechtesten Fall macht Dich das nur zu einem interessanteren Menschen.

Auch wenn Deine Ambition anfangs komplett unglaubwürdig klingt, wir trainieren und dehnen hier Deine Imagination. Zudem erfährt auch niemand, was Du Dir in Deinem Kopf für ein Ziel gesetzt hast, solange Du niemandem davon erzählst. Also spinne ruhig eine wenig herum. Und selbst wenn Du Dein Ideal nicht gänzlich erreichst, wirst Du im

Kapitel 6 – Motivation

Verlauf der Umsetzung wesentlich höher und weiter fliegen, als wenn Du Dir Ziele setzt, die vernünftig, plausibel und rational sind. Selbst in einem Auto mit defektem Heckscheibenwischer und einem Kratzer auf dem Kotflügel kommst Du immer noch deutlich schneller voran als mit einem neuen Fahrrad. Und wenn Du den Stern, auf den Du zielst, verfehlst, dann triffst Du eben einen anderen Stern. Aber wenigstens hast Du schon mal die Erdumlaufbahn verlassen.

Neuere Studien legen nahe, dass es sich für unsere Motivation besser auswirkt, wenn wir uns auf kleine Projektabschnitte oder Aufgaben konzentrieren anstatt auf das Endergebnis eines riesigen Projekts. Es ist richtig, dass Du - sobald es an die eigentliche Arbeit geht - Dich idealerweise auf einzelne kleine Task Chunks konzentrierst und an ihnen arbeitest, bis Du sie abhaken kannst. Das wirkt sich positiv auf Deine Konzentration, Deinen Fokus und damit Deine Performance aus und vermeidet, dass Du von einer bevorstehenden Aufgabe so überwältigt wirst, dass Du alles hinschmeißt.

Das hat jedoch nichts mit dem Prozess der Visualisierung zu tun, bei dem Du Dir den idealen Endzustand vor Augen führst, um daraus die richtigen Ideen, Motivationen und Handlungen für Dich abzuleiten noch bevor es zur Umsetzung kommt. Beide Methoden ergänzen sich also ideal, ähnlich wie Du beim Vertiefen in die Details einer komplexen Aufgabe immer wieder mal einen Schritt zurücktrittst, um das große Ganze - das „Big Picture" - nicht aus den Augen zu verlieren.

Hummeln im Hintern

„Der vernünftige Mensch passt sich selbst den Umständen an, von denen er umgeben ist. Der unvernünftige Mensch beharrt jedoch darauf, die Umstände an sich anzupassen. Daher hängt jeglicher Fortschritt von unvernünftigen Menschen ab."

George Bernard Shaw

Erfolgseintrittserwartung anstatt Erwartungshaltung

Erinnere Dich nochmal an das, was wir in einem früheren Kapitel über die Bedeutung der Erwartung besprochen haben. Es ging dabei nicht etwa um die irreführende ‚Erwartungshaltung', bei der Du Dir einredest, dass Dir etwas zusteht, es aber tatsächlich gar nicht glaubst. Da Du die Bilder in Deinem Kopf steuerst, die sich auf die universelle Kraft übertragen, ist ohnehin alles Deins, was Du Dir vorstellen kannst. Sobald Du es in Deinem Kopf sehen kannst, gehört es Dir. Es gibt keinen Grund, sich in irgendeiner Form in Deinen Bildern zu beschränken. Erwarte den Eintritt des visualisierten Ergebnisses genauso wie Du davon ausgehst, dass ein Brief auch beim Empfänger ankommt, sobald Du ihn verschickt hast. Und zwar genau in der Form, wie Du ihn abgeschickt hast. Was Du Dir in Deinem Kopf hinreichend lange und detailliert ausmalst, das muss auch eintreten. Das ist ein universelles Gesetz. Genauso wie die Schwerkraft auch nicht nur an bestimmten Orten oder zu bestimmten Tageszeiten funktioniert, wird Deine Prägung der universellen Kraft durch Deine Gedanken immer eine Reaktion im kosmischen Gefüge auslösen. Allein Du stehst zwischen Dir und der Verwirklichung Deines Ziels. Also warum solltest Du zweifeln und Aspekte Deiner Vision weglassen, die Du momentan noch für unrealisierbar hältst? Warum auch nur eine Nuance Deines Traumes verändern oder sogar auf etwas davon verzichten? Du hast Dir die Zeit genommen und genau ausgemalt, was Du erreichen möchtest. Jetzt ist es an der Zeit, den Dingen ihren Lauf zu lassen und Deinen Traum zu materialisieren.

Kapitel 6 – Motivation

Das alte Pärchen aus dem Hinterland

Die folgende Geschichte wird Dir helfen, Deine inneren Kräfte noch besser zu verstehen. Stell Dir ein altes Pärchen vor, das vor etwa hundert Jahren in einer Provinz - weit abgelegen von der Zivilisation - lebt. Eines Tages entscheidet sich dieses Pärchen in die nächstgelegene Stadt zu ziehen. Zu ihrem großen Erstaunen verwendet dort niemand mehr Petroleumlampen und Kerzen sondern kleine 8 Watt Glühkerzen aus Glas und Metall, die mit elektrischem Strom betrieben werden. Das Pärchen ist gänzlich fasziniert. Noch nie zuvor in ihrem Leben haben sie etwas Derartiges gesehen. Man kann daneben wunderbar lesen und arbeiten ohne sich zu verbrennen. Die Lampe erzeugt auch keinen Ruß oder unangenehme Gerüche wie die Öllampen, die sie bisher verwendet haben.

Die beiden gewöhnen sich an das neue Licht und einige Monate vergehen. Dann kommt ein Verkäufer an ihrer Tür vorbei und erklärt ihnen, dass ihre 8 Watt Lampen geradezu nutzlos seien und bittet sie, seine 60 Watt Lampe in ihrem Haus demonstrieren zu dürfen. Etwas experimentierfreudiger geworden stimmen die beiden eifrig zu. Der Verkäufer dreht alle vorhandenen Lampen etwas aus ihrem Sockel heraus, so dass sie erlöschen und entfernt eine der Lampen komplett. Dort dreht er eine seiner Lampen hinein und mit einem Schlag ist es fast taghell im gesamten Zimmer. Nur mit Mühe können die beiden älteren Herrschaften glauben, dass so viel Licht von etwas so winzigem wie einer einzigen Lampe kommen kann. Sie haben noch mehr Schwierigkeiten sich vorzustellen, wie hell es werden muss, wenn erst alle Lampen ausgetauscht sind.

Wenn wir jetzt den beiden erklären wollten, dass die Kraft, welche die Lampen so hell erstrahlen lässt, nicht aus der Lampe kommt, sondern aus dem Sockel und dass sie schon die ganze Zeit über dort vorhanden war, was denkst Du, wie gut die Chancen stehen, dass sie uns glauben? Sie würden sagen „Nein, nein - das Wunder kommt aus der neuen

Lampe." Doch allein durch unser Verständnis wissen wir, dass die Kraft der Elektrizität den Leitungen entstammt, und die Lampe lediglich ein Instrument ist, durch welches diese Energie ihre Arbeit verrichtet.

Genau das gilt auch für Deinen Verstand! Die Kraft kommt nicht aus Dir sondern fließt durch Dich hindurch und es sind die Bilder in Deinem Kopf, die der Kraft ihre Form und Funktion verleihen. Schraube bei jeder möglichen Gelegenheit eine größere Lampe in Deinen Sockel und Du wirst erstaunt sein, wie viel leichter Dir das Leben auf einmal von der Hand geht.

Deine inneren Stimmen

Kommen wir zur zweiten Form von mentalen Unterstützungssystemen, den inneren Stimmen. Es gibt zwei Stimmen in Deinem Kopf. Die erste ist die Stimme Deines inneren Kritikers, welche dafür sorgt, dass Du Dich einschränkst, an Dir zweifelst und schließlich scheiterst, wenn Du zulange auf diese Stimme hörst. Deine zweite innere Stimme ist Deine wahre Stimme, Dein schöpferisches Ich. Sie fördert Dein Wachstum und Deine Entwicklung, baut Dich auf und trägt Dich in Richtung Deiner Ziele.

Aufgrund Deiner bisherigen Erfahrungen und durch Deine Erziehung kann es sein, dass die kritische Stimme wesentlich dominanter ausgeprägt ist als Deine wahre Stimme. Dadurch ist sie nicht nur lauter, sondern bekommt auch mehr Sendezeit als die Stimme Deiner schöpferischen Natur. Manchmal ist es so schlimm, dass wir unsere wahre innere Stimme gar nicht mehr hören können und vergessen, dass es sie überhaupt gibt. Bei mir war es über weite Strecken meines Lebens so. Zum Glück lässt sich das jedoch wie fast alles in Deinem Leben ändern, indem Du Dir - Du ahnst es sicher bereits - einfach neue Gewohnheiten aufbaust und Deiner zweiten Aufmerksamkeit dadurch hilfst, die innere Stimme wieder lauter zu stellen, um sie klar und deutlich zu hören.

Kapitel 6 – Motivation

Wie wäre es, wenn Du morgens aufwachst, an etwas Tolles denkst und der erste Gedanke, der Dir durch den Kopf rast lautet „Das mache ich"! anstatt „Das kann ich nicht", „Das schaffe ich nicht", „Dafür fehlt mir das Geld", „Dafür habe ich keine Zeit" oder „[Setze hier einfach eine Ausrede Deiner Wahl ein]". Das Heimtückische und Diabolische an Deinem inneren Kritiker ist, dass er Dich nicht nur scheitern lässt, sondern Dich hinterher auch noch dafür verurteilt: „Das hab ich doch gleich gewusst, dass ich das nicht kann und dass daraus nichts wird". Er stellt Dir ein Bein und wenn Du fällst, lacht er Dich noch dafür aus und gibt Dir das Gefühl, gänzlich wertlos zu sein. Wenn das über eine genügend lange Zeit geschieht, ist Dein Selbstwertgefühl irgendwann so weit im Keller, dass Du nicht mehr verstehst, wozu Du überhaupt auf diesem Planeten ausgesetzt wurdest. Aber es geht natürlich auch anders!

Dein neues Hitradio: Mental FM

Stell Dir dazu zwei kleine Lautstärkeregler vor, die dafür sorgen, dass Deine kritische Stimme und Deine wahre Stimme leiser und lauter gestellt werden können. Komm schon, tu es jetzt gleich. Es tut nicht weh. Schließ die Augen, stelle Dir die zwei Regler vor und achte dann auf Deine inneren Dialoge. Zuerst drehst Du Deinen inneren Kritiker langsam allmählich lauter um sicherzugehen, dass Du den richtigen Sender ausgewählt hast. Du merkst sofort, wenn Du den Kanal getroffen hast, da Du anfängst Dich schlechter zu fühlen, je lauter Du die Stimme drehst. Wenn Du laut und deutlich hörst, wie schlecht Du bist, fühlst Du Dich irgendwann auch so. Es spielt keine Rolle, ob Suggestionen von außen oder innen herrühren. Wenn wir sie akzeptieren, wirken sie immer.

Drehe den Regler mit dem Kritiker jetzt leiser und immer leiser. Gelingt es Dir zunächst noch nicht, bleib einfach beharrlich und versuche es weiter. Benutze dabei Deine Vorstellungskraft, nicht Deine Willenskraft. Schließlich wird der Kritiker so leise sein, dass Du ihn kaum noch hören kannst. Dreh ihn dann komplett weg. Du brauchst ihn nicht mehr. Es gibt genügend Leute um Dich herum, die Dich darauf aufmerksam machen werden, was alles schief gehen kann auch ohne, dass Du Dich zusätzlich noch selbst sabotierst. Jetzt passiert etwas Spannendes. Zunächst mal fühlst Du Dich deutlich erleichtert. Für viele ist es das erste Mal in ihrem Leben, dass sie die Last ihres inneren Peinigers nicht mehr spüren.

Wenn Du jetzt gut in Dich hinein hörst, nimmst Du auf einmal eine weitere Stimme oder anfangs vielleicht noch eher ein diffuses Gefühl war, das Dich inspiriert, motiviert und antreibt. Vielleicht ist es etwas ungewohnt für Dich, weil Du diese Stimme bislang noch nie wahrgenommen hast. Das ist Deine wahre Stimme! Sie war immer da aber der Empfang war so schlecht, dass Du es mehr als Rauschen im Hintergrund wahrgenommen hast. Intuitiv hast Du gespürt, dass Du für mehr bestimmt bist, als Dein Leben lang nur auf Deine innere Heulsuse zu hören. Jetzt ist es an der Zeit, diesen Nörgler ein für alle Mal hinter Dich zu lassen und Zugriff zu den reichhaltigen Schätzen Deiner inneren Kräfte zu erlangen, findest Du nicht? Heiße die schöpferische Stimme in Dir willkommen und ermutige sie, öfter und lauter zu Dir zu sprechen! Dreh dazu den zweiten Regler - den Deines inneren Gewinners - langsam lauter. Spüre dabei in Dich hinein und achte auf alle Veränderungen in Dir. Es ist wie ein Bächlein, das langsam zu einem reißenden Strom anschwillt.

Du kannst diese Übung jederzeit wiederholen oder wenn es mal schnell gehen muss auch einfach den Sender wechseln, wenn sich Piratensender Rüffel FM mit seiner illegalen Dauerwerbesendung Hieb & Stich mal wieder zu Wort meldet und dazwischen schaltet. Wie das geht? Ganz einfach, indem Du innerlich einfach „Weiter!" zu Dir rufst und gedanklich den Sender wechselst. Auch dadurch gewöhnst Du Dir an, immer weniger auf den inneren Kritiker zu hören, was ihn sich bald langweilen und schließlich verstummen lässt. Wenn ich die Augen schließe, kann ich mich noch so sehr anstrengen, ich kann keinen Kritiker hören. Nur in ganz wenigen Situationen meldet er sich noch zu Wort, wie etwa bei neuen und unbekannten Herausforderungen. Aber er bekommt keine Sendezeit mehr, denn die ist dafür einfach zu kostbar.

Wie wir untereinander und vor allen Dingen mit uns selbst reden spielt eine sehr große Rolle. Da alle Kommunikation immer auch einen suggestiven Charakter hat und damit auf Deine Persönlichkeit einwirkt, kann zu viel Negativität mit der Zeit regelrecht Deine Persönlichkeit vergiften. Sicher macht es Spaß, wenn wir uns über bestimmte Situationen oder Personen lustig machen. Das ist auch ok und hilft gelegentlich beim Stressabbau. Aber zu viel davon führt zum Zynismus. Es ist wie ein Gewürz und durch zu große Mengen davon versalzen wir uns den Charakter.

Mental Spa

Probiere mal folgendes aus: Denke für 60 Sekunden intensiv über einen der folgenden Begriffe nach: Freude, Glück, Stärke, Erfolg, Einfach, Gesund, Leicht, Schön, Liebe, Hoffnung, Mut, Kraft. Suche Dir das Wort aus, das Dich intuitiv am meisten anspricht. Konzentriere Dich dann sowohl auf den Klang - wie bei einem Mantra - als auch auf die Schreibweise und die Bedeutung des Wortes für Dich. Wiederhole es immer wieder in Deinem Kopf, bis Dein ganzer Körper in Resonanz zu diesem Wort schwingt. Bereits nach weniger als einer Minute spürst Du deutliche Veränderungen in Deiner Stimmung, wenn Du die Übung für 4-5 Minuten fortsetzt, bist Du wie ausgewechselt!

Es ist fast unvorstellbar, was für eine Kraft von einem einzigen Wort auf die gesamte Stimmung und Psyche ausgeht, solange man es nicht ausprobiert. Ein besonderer Vorteil dieser Konzentration auf einzelne Wörter liegt darin, dass sie keinerlei Widersprüche zwischen erster und zweiter Aufmerksamkeit in Dir auslösen. Ein essentieller Kritikpunkt am positiven Denken ist der, dass man sich nur einredet, es würde einem besser gehen während das Unbewusste eine gänzliche andere Agenda für uns hat. Daher sollten Suggestionen nicht in direktem Gegensatz zu Deinen inneren Überzeugungen stehen, weil sie sonst von Deinem kritischen Wachbewusstsein herausgefiltert werden und nicht die zweite Aufmerksamkeit erreichen. Das ist das Schöne an dieser Methode. Egal wie mies es Dir geht, wenn Du an das Wort Freude denkst, ergründest Du nur dessen Bedeutung. Du redest Dir nicht ein, dass es Dir gut geht sondern zerrst von der positiven Suggestivkraft eines einzelnen Wortes. Diese Form von Aktivierung kommt unterstützend auch auf der zu diesem Buch gehörenden App für Dein Smartphone zum Einsatz. Zudem wird dort über einen tiefen Entspannungszustand der kritische Teil Deiner ersten Aufmerksamkeit heruntergefahren um eine ungewollte Ablehnung von Suggestionen zu vermeiden.

Du kannst die eben besprochene Methode über sogenannte Affirmationen noch weiter ausbauen. Das sind positive Suggestionen, die Du Dir selbst gibst, indem Du bestimmte Leitsätze immer wieder in Deinem Kopf wiederholst. Fang wieder mit einem ganz einfachen Wort an, z.B. „Freude", und baue daraus dann immer schönere und komplexere Gebilde wie etwa „Ich bewege mich unaufhaltsam auf meine Träume zu - nichts kann mich stoppen!". Schreib Dir zu Deiner Person passende Affirmationen auf und wiederhole sie täglich.

Am Anfang mag sich das Aufsagen mancher Affirmationen zwar noch wie eine Lüge anfühlen, zumindest solange wie Du nur auf das Äußere schaust. Aber das äußere Gegenwärtige ist eine Manifestation Deiner vorangegangenen Gedanken und Gefühle. Wenn Du diese ‚Lüge' also oft genug wiederholst und Deiner zweiten Aufmerksamkeit einprägst, akzeptiert sie Dein Verstand schließlich und Du fängst an, daran zu glauben. Dann fängt Deine alte Situation an, sich wie eine Lüge anzufühlen. Das ist der Zeitpunkt, wo die Welt um Dich herum Dir zur Hilfe eilt, um Dein mentales Abbild in Deine neue Realität umzusetzen und mit Leben zu befüllen. Plötzlich öffnen sich Türen um Dich herum, wo vorher nur Wände waren und das scheinbar völlig zufällige Auftreten unvorhergesehener Ereignisse genau im richtigen Augenblick wird Dir den Atem rauben.

Es kann sein, dass Du mit der Zeit das Gefühl bekommst, dass sich Deine Affirmationen ‚abnutzen' und an Kraft verlieren. Das bedeutet nichts weiter, als dass Du die Statements verinnerlicht wenn auch noch nicht notwendigerweise realisiert hast und sie keine mentale Zugstärke mehr für Dich besitzen. Du verlierst die Lust, sie zu lesen oder im Kopf zu wiederholen. Verwechsle das Nachlassen der Wirkung aber nicht mit Deinem anfänglichen Widerstand, Deine Ideen und Affirmationen aufzuschreiben und Dir selbst immer wieder vorzulesen! Der anfängliche Widerstand eine positive Veränderung im Leben vorzunehmen rührt immer aus Deiner bestehenden Konditionierung heraus. Es ist ähnlich wie beim Kraftsport. Anfangs ist der Widerstand so groß, dass man geneigt ist, sofort aufzugeben. Später hingegen ist der Reiz so schwach, dass kaum noch ein Trainingseffekt erzielt wird.

> *„Das Leben kann durch den Sog von Zielen oder über den Schub von Trieben bewegt werden."*
>
> *Viktor E. Frankl*

Der kleinste gemeinsame Nenner des Erfolgs

Für lange Zeit hab ich angenommen, dass Arbeit uns immer und zu jedem Zeitpunkt Spaß machen muss, damit wir maximal motiviert sind und unser gewünschtes Ziel erreichen. Dann las ich dazu in einem äußerst interessanten Artikel von Albert E.N. Gray, „The Common Denominator of Success", folgendes:

> *„Erfolgreiche Menschen besitzen die Angewohnheit, Dinge zu tun, die erfolglose Menschen nicht gerne tun (…) Sie werden durch erstrebenswerte Ziele motiviert, erfolglose*

Hummeln im Hintern

Menschen durch angenehme Arbeitsmethoden. Es ist aber nicht so, dass erfolgreichen Menschen diese unangenehmen Arbeiten mehr Spaß machen als weniger erfolgreichen. Sie haben sich lediglich Gewohnheiten zugelegt, bestimmte Dinge automatisiert zu erledigen, ohne groß darüber nachzudenken."

Der Artikel ist sehr alt und stammt bereits aus den 40er Jahren des vergangenen Jahrhunderts. Doch an dem Prinzip, das Gray hier beschreibt, hat sich seither nichts geändert. Obwohl Spaß in vielen Fällen sicher ein wichtiger und motivierender Faktor ist, kann er strategisch betrachtet auch genau das Gegenteil bewirken. Spätestens sobald Du Dich nur noch auf Aufgaben konzentrierst, die Dir Spaß machen, während Aufgaben, die getan werden müssen, einfach liegen bleiben, hast Du ein ernsthaftes Problem. Entscheidend ist, dass Dich Dein Ziel inspiriert und nicht die Methoden, die nötig sind, um dorthin zu gelangen. Gray zufolge machen erfolgreichen Menschen diese Tätigkeiten keineswegs mehr Spaß, sie haben lediglich die Bedeutung von Gewohnheiten verstanden und bauen sich ständig neue auf, um unangenehme Tasks zu automatisieren und von ihrer zweiten Aufmerksamkeit erledigen zu lassen, so wie Du auch ein Auto steuerst, ohne groß darüber nachzudenken.

Als ich das begriffen hatte, wurde mir schlagartig bewusst, wie oft ich in der Vergangenheit Dinge aufgeschoben oder gar nicht erledigt hatte, nur weil ich sie als unangenehm empfand. Uns allen geht es zu bestimmten Zeiten in unserem Leben so, dass wir Dinge nach hinten schieben obwohl genau das Gegenteil angezeigt wäre. Wenn Du also bis eben noch das Gefühl hattest, der einzige Mensch mit diesem Problem zu sein, kann ich Dich beruhigen. Du befindest Dich in guter Gesellschaft. Das Beste an dieser Nachricht ist jedoch, dass Du Dich nicht mit schierer und permanenter Willenskraft durch Dein Leben quälen musst. Selbstdisziplin ist lediglich am Anfang nötig, um in Schwung zu kommen und Momentum aufzubauen. Sobald Dir die Aufgabe zur Gewohnheit geworden ist, kostet es Dich kaum noch willentliche Anstrengung.

Kapitel 6 – Motivation

So baust Du Dir neue Gewohnheiten auf

Wie baust Du Dir neue, erfolgreichere Gewohnheiten auf? Zunächst mal benötigst Du ein Verlangen nach einem bestimmten Resultat. Das ist in den meisten Fällen aber ohnehin gegeben, da Du Dich sonst kaum damit befassen würdest, wie Du Dein Ziel besser erreichen kannst. Dann benötigst Du einen Trigger, einen auslösenden Reiz, der dazu führt, dass Du mit dem erwünschten Verhalten beginnst. Das kann etwas sehr einfaches sein. Etwa indem Du eine bereits bestehende Routine - wie regelmäßiges Spazieren an der frischen Luft - mit dem neuen Verhalten - z.B. Joggen - koppelst. Immer wenn Du ans Spazieren gehen denkst, verknüpfst Du die Idee automatisch mit dem Joggen. Du kannst Dir am Abend vor dem morgendlichen Lauf bereits Deine Laufschuhe als Trigger neben das Bett stellen oder das Heimkommen von der Arbeit mit dem Anziehen Deiner Laufkleidung verknüpfen. Möchtest Du mit dem Rauchen aufhören, dann ist der beste Trigger die Zigarette in der Hand selbst. Sobald Du den Trigger spürst, denke an Dein neues, gewünschtes Verhalten.

Als dritte Zutat benötigst Du eine Belohnung, die je nach Situation kleiner oder auch größer ausfallen kann. Beim Laufen kann es genügen, sich mit einer Dusche zu belohnen. Duschen würdest Du zwar ohnehin, aber Du verkaufst Dir die Vorfreude darauf als Belohnung. Wenn das nicht genügt, kannst Du Dich auch mit einem Kaffee, einer Entspannungsübung, Deiner Lieblingsmusik, einem kurzen Spiel auf Deiner Konsole, einem Stück Schokolade, einem Glas Wein oder sogar mit einer Zigarette belohnen. Letzteres natürlich eher dann, wenn Dein Ziel nicht gerade ist, mit dem Rauchen aufzuhören. Wir benötigen die Belohnung nicht dauerhaft, sondern nur so lange, bis wir die gewünschte, neue Gewohnheit aufgebaut haben. Danach speist sich das kybernetische System aus den eingebauten Vorteilen, die Dir die neue Routine verschafft, etwa das eines steigenden körperlichen Wohlgefühls, besserer Gesundheit, einem Gefühl der Selbstverwirklichung oder finanziellen Vorteilen. Du ahnst es sicher bereits: Der Wert der Belohnung muss natürlich immer größer wiegen, als der Schmerz, den die neue Routine Dir anfangs verursacht.

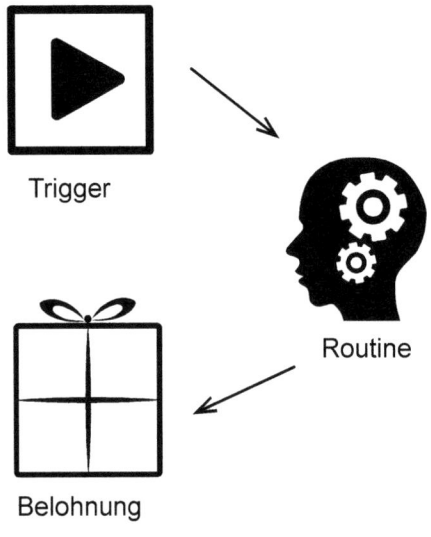

Bild 9:
Gewohnheiten aufbauen. Ein starkes Verlangen nach dem erwünschten Resultat speist den Zyklus. Eine beliebige Belohnung funktioniert daher nicht.

So baust Du Dir ein neues Paradigma auf

Es ist möglich, eine größere Zahl von Gewohnheiten auf einmal zu verändern, wenn diese Veränderungen alle durch ein übergeordnetes Ziel aneinander gekoppelt sind. Um eine Vielzahl neuer Gewohnheiten auf einmal auszuprägen, musst Du einen recht starken Anreiz verspüren, weil Du einem Tsunami von Unbehagen und Ängsten ausgesetzt sein wirst. Und einzig Dein Anreiz sowie Dein Vertrauen in den Prozess der Veränderung werden Dich unversehrt durch dieses Schlachtfeld tragen.

Kapitel 6 – Motivation

Stell Dir vor, Du wechselst den Job. Dann bist Du von heute auf morgen gezwungen, viele Dinge gänzlich anders zu handhaben, als Du das bisher gewohnt bist. Das verursacht viel Stress, Sorgen und vielleicht sogar Gefühle von Panik. Diese Veränderungsängste werden möglicherweise noch durch Existenzängste verstärkt, falls Du die Probezeit nicht bestehen solltest. Wir wissen natürlich, dass wir irgendwie immer wieder auf die Beine fallen werden. Dennoch ist die Angst da. Es mischen sich bestehende Routinen, die bisher gut für Dich funktioniert haben mit den Anforderungen, neue Routinen auszuprägen. Hier hast Du also mehrere Faktoren, die miteinander zusammenwirken. Du kannst durch diese Phase im Wissen um den Prozess der Veränderung wesentlich bewusster hindurch schreiten und wirst Dich nach einiger Zeit wieder völlig normal und wohl fühlen, sobald sich Dein Paradigma angepasst hat.

Bei einem Jobwechsel oder beim Start eines neuen Unternehmens kommen häufig alle Faktoren zusammen, die den Wechsel eines Paradigmas charakterisieren. Ein genügend starker Anreiz - immerhin willst Du den Job oder das neue Unternehmen - sowie das Wissen um die Tatsache, dass es eine Zeit lang recht ungemütlich werden könnte, bis Du fest im Sattel sitzt. Visualisiere Dein Ziel täglich. Zähme die Stimme Deines inneren Kritikers. Schaue allein nach vorne. Wenn Du zwei Schritte nach vorne und aus Angst wieder einen zurückgehst, verlängerst Du nur die Phase der Unsicherheit. Nutze eine der Techniken zur Beseitigung aufkommender Ängste aus dem vorangegangenen Kapitel wann immer sie Dich befallen und höre Dir in diesem Zeitraum auch regelmäßig die Übung ‚Action' der begleitenden Mobile App Metamorphose an (***www.hummelnimhintern.com***). Sie hilft Dir, Dich stärker auf Phasen der Veränderung einzulassen. Dadurch kannst Du den Paradigmenwechsel deutlich kürzer und angenehmer gestalten.

Selbstsabotage

Warum tun wir manchmal nicht das, von dem wir wissen dass wir es tun müssten, um voran zu kommen? Von schlecht bezahlten Motivationstrainern hört man manchmal, dass wir es einfach nicht wirklich wollen oder zumindest nicht stark genug wollen, wenn uns etwas nicht gelingt. Ich hab so etwas auch mal von einem Trainer gesagt bekommen. Rückblickend betrachtet bin ich mir nicht ganz sicher, ob er zu dem Zeitpunkt nicht vielleicht sogar etwas Recht hatte. Aber in dem Moment wollte ich ihm dafür gerne ins Gesicht schlagen. Ich hatte ein monatliches Einkommen, das kleiner war, als das, was ich heute in einem durchschnittlichen Monat für mein Mittagessen ausgebe, tankte gerade so viel, wie ich brauchte, um von einem Gelegenheitsjob zum nächsten zu kommen, aber man konnte mir sicher nicht vorwerfen, dass ich nicht bis an die Zähne motiviert war. Ich las alle Bücher zum Thema Erfolg und Persönlichkeitsentwicklung, die ich finden konnte, hörte mir Audioprogramme an und fuhr in einem alten und leicht angerosteten Renault Clio durch die halbe Republik, um Seminare zu besuchen, wo ich erwartete, dass mir gesagt wird, dass ich mich auf einem guten Weg befand und alles richtig mache und nicht, dass ich alles falsch mache.

Der Mann hatte wie gesagt sicher nicht völlig Unrecht, war aber dennoch ein schlechter Coach. Ich glaube, dass es viele Trainer gibt, die es sich mit solchen Aussagen sehr leicht machen. Von dieser Person lernte ich jedenfalls nichts über Wertesysteme und Selbstsabotage. Das erfuhr ich erst sehr viel später von jemandem, der mir aufzeigte, dass ich im Grunde genommen zwar alles richtig machte (na endlich, geht doch!) aber alles was ich tat, auf die falschen Werte einzahlte. Das ist in etwa so, wie wenn Du ohne Ortskenntnisse in einem völlig intakten Aston Martin DB11 über die Autobahn donnerst, aber im Navi ist das falsche Ziel einprogrammiert. Es spielt keine Rolle, wie früh Du losfährst oder wie schnell Du unterwegs bist. Du wirst dennoch nie ankommen.

Kapitel 6 – Motivation

In Deinem Kopf gibt es eine Werte - Hierarchie, die in strikt absteigender Reihenfolge priorisiert, was Dir im Leben wichtig ist. Der wichtigste Wert erhält nahezu die gesamte Aufmerksamkeit, alles darunter wird gewissermaßen nur noch mit lebenserhaltendem Notstrom versorgt, aber kaum wirklich vorangetrieben und entwickelt. Ist Dein wichtigster Wert im Leben das Shoppen nach neuer Kleidung, dann fließt dort Deine gesamte Energie, Aufmerksamkeit und auch Dein Geld hin. Ist der wichtigste Wert für Dich Vermögensentwicklung, dann geht ein Großteil Deiner Energie in diesen Stadtteil Deines Gehirns.

Jetzt kommt etwas wichtiges, das mir erst sehr viel später klar wurde. Mein oberster Wert war zu diesem Zeitpunkt nicht, alles dafür zu tun, um finanziell erfolgreich und unabhängig zu werden. Mein oberster Wert war, alles dafür zu lernen, um es zu ermöglichen! Großer Unterschied. Ich unterstellte einfach, dass der Rest dann schon ganz von allein passieren würde. In Klischees gesprochen wollte ich bereits alles erreicht haben - mit allen damit verbundenen Annehmlichkeiten - ohne jedoch vorab den Preis dafür zahlen. Lernen ist immer angenehmer als zu handeln. Es ist wie vor einen Kaminofen zu treten und zu sagen „Gib mir Wärme, dann gebe ich Dir auch Holz!".

Mein Fokus lag auf der Suche nach angenehmen Wegen zu meinem gewünschten Ziel anstatt nach funktionierenden Wegen zu meinem angenehmen Ziel. Den letzten Satz kannst Du ruhig ein zweites Mal lesen, wenn er Dir gefällt. Der Unterschied ist ganz einfach, dass mein wichtigster Wert angenehmere Mittel, Methoden und Arbeitsweisen waren, anstatt um jeden Preis meine Ziele zu verfolgen. Und die ganze Zeit über hab ich mir dabei eingeredet, dass ich auf dem besten Weg ans Ziel bin. Das war falsch, wie sich schmerzlich herausstellte.

Jetzt kommt etwas noch wichtigeres: Diese Wertepriorisierung lässt sich natürlich durch bewusste Entscheidungen verändern! Wie jegliche Form von Konditionierung kannst Du auch Deine Wertehierarchie anpassen, sobald Du Dir selbst auf die Schliche gekommen bist, dass

Du Dir etwas vormachst und keinerlei Fortschritte erzielst. Festzustellen, dass man nicht weiterkommt ist übrigens ein exzellenter Indikator dafür, etwas verändern zu müssen. Ergebnisorientierte Menschen mögen nicht immer alles, was sie tun. Sie tun es trotzdem. Weil sie sich Gewohnheiten aufgebaut haben, die sie gar nicht mehr darüber nachdenken lassen, ob die jeweilige Tätigkeit sie gerade anregt oder eher narkotisiert. Nimm Dir aber nicht zu viel auf einmal vor. Fange in kleinen Schritten an.

Action Steps
Attacke! Gang, kuppeln und Gas: Die Übungen für das Kapitel

Gang 1...2: Action

1. Mentale Inventur: Egal wohin Du willst, Du benötigst zwei Informationen, um ans Ziel zu gelangen. Du musst nicht nur wissen, wo es hingehen soll. Du musst Dir auch völlig darüber im Klaren sein, wo Du gerade stehst.

   - Wo bist Du?

   - Wo willst Du hin?

   Schreib Dein Ziel nun kurz und prägnant in der Gegenwart auf, so als ob Du es bereits erreicht hättest. Starte mit „Ich bin..." gefolgt von „Ich tue..." und schließlich „Ich habe..."!

Gang 3...4: Energie

2. Deine tägliche Energie Routine I:

   Lies Deine Ziele mehrmals täglich. Ideal ist es, wenn Du sie Dir in Evernote als Favorit in den Schnellzugriffen speicherst. Wenn Du es mit der Veränderung wirklich ernst meinst, schreib Deine

Ziele zudem für die ersten 100 Tage täglich händisch immer wieder neu auf. Nach 3 Monaten hast Du Deine Botschaft so oft notiert, dass sie tief und fest in Dir verankert ist.

Gang 5…6: Bestimmung

3. Deine tägliche Energie Routine II:

   Visualisierung: Das ist der zweite Teil Deiner täglichen Energie Routine. Gehe täglich für mindestens 3-5 Minuten in Dein mentales Kino und visualisiere Dein ideales Leben in seinen kühnsten Facetten. Wenn Du diesen Tipp beherzigst, spürst Du bereits nach wenigen Tagen deutliche Veränderungen in Deinem eigenen Verhalten sowie auch in Deinem Umfeld.

KAPITEL 7

Action!

„Wenn Du ganz bewusst beschließt, weniger aus Dir zu machen, als Du sein könntest, wirst Du für den Rest Deines Lebens unglücklich sein."

Abraham Maslow

Der große Aktivator: Action!

Hattest Du schon mal einen Traum? Ich meine keinen Nachttraum, den wir alle von Zeit zu Zeit haben. Ich meine einen Traum, der Deine innersten Werte und Wünsche widerspiegelt und so intensiv ist, dass Du Dich ihm nicht entziehen kannst, dass er Dein ganzes Handeln bestimmt und Du nicht aufhören kannst, bis er umgesetzt ist. Als Kinder träumen wir täglich mehrere Stunden lang vor uns hin und phantasieren darüber, was wir gerne sein, tun oder haben wollen. Manchmal haben wir auch Träume darüber, was wir anders machen würden, wenn wir die Welt nur einen Augenblick dazu bringen könnten, uns zuzuhören.

Wenn wir etwas älter sind und in unseren ersten Job starten, haben wir immer noch Träume. Aber diese Träume gleichen mehr und mehr denen unserer Mitmenschen. Wir wollen einen liebevollen Partner, eine Wohnung oder ein eigenes Haus, eine Beförderung, vielleicht auch heiraten und eigene Kinder. All das sind gute und wichtige Träume. Nur sind es nicht notwendigerweise Deine eigenen Träume, sondern konditionierte Träume Deiner Mitmenschen, denen Du jetzt nachgehst. Wir freuen uns natürlich, sobald wir eine dieser Etappen in

Kapitel 7 – Action!

unserem Leben erreichen. Aber echte Erfüllung geht davon noch nicht automatisch aus. Warum? Deine ureigenen Träume kommen aus Deinem Inneren und sind schöpferischer Natur.

Als Kind hast Du Dich nicht damit begnügt, banale Familiensituationen nach zu spielen, oder? Du wolltest Arzt oder Polizist werden, um anderen Menschen zu helfen. Du wolltest auf den Mond fliegen, einfach nur deshalb, weil es cool ist. Und vielleicht hast Du sogar schon das eine oder andere davon umgesetzt. Aber was ist mit den Dutzenden von anderen Dingen? Sobald Du älter wirst, packst Du Deine Träume in immer kleinere Boxen, bis sie irgendwann so klein sind, dass sie in Deine Jackentasche passen. Träume zerplatzen nicht wie Seifenblasen. Das ist Unsinn. Sie werden einfach immer kleiner, lassen dadurch in ihrer Kraft nach und verschwinden schließlich. Menschen, die Sterbende auf ihrem letzten Weg begleiten, berichten von einem konkreten Bedauern, das alle anderen überschattet. Es ist der Wunsch, den Mut gehabt zu haben, sich selbst treu zu sein und so zu leben, wie man es möchte, anstatt wie andere es von einem erwarten.

Wir wollten als Kinder unsere eigenen Bilder materialisieren, ohne dabei Rücksicht auf das zu nehmen, was *andere Menschen um uns herum sind, tun oder haben*. Was andere Menschen von Dir denken ist völlig irrelevant. Und es hilft Dir auch nicht, in Boulevard Magazinen zu blättern und das Leben anderer Leute zu bestaunen. Du kannst dort jederzeit genauso stehen, wenn Du das möchtest. Aber sei vorsichtig mit dem, was Du Dir wünschst und überlege Dir sehr gut, ob es wirklich das ist, was Du willst. Vielleicht fehlt etwas gänzlich anderes in Deinem Leben als die konzentrierte und geballte Aufmerksamkeit der Öffentlichkeit auf Dein Privatleben. Der Punkt ist, sobald Du eine Idee aus der formlosen Substanz in ihre physische Entsprechung gebracht hast, hast Du keinerlei Kontrolle mehr über ihre Form! Achte also sehr genau darauf, welche Bilder Du in Deinem Kopf erzeugst. Du lebst in einem unendlichen Universum mit unbegrenzten Ressourcen, die zu Deiner Verfügung stehen. Was andere tun oder haben, kannst Du ebenfalls tun oder Dir aneignen. Und um es noch präziser auszudrücken, müssen wir sagen, dass all diese Dinge Dir sogar schon gehören - wenngleich auf spiritueller und noch nicht auf der materiellen Ebene.

Wenn Du nur einen einzigen Punkt aus diesem Buch mitnimmst, dann diesen: Lass Deine Träume nicht kleiner werden. Lass sie nie verblassen. Lass sie wachsen und gedeihen. Lass Deinen Drachen hoch aufsteigen und Deinen Stern hell erstrahlen, so dass jeder ihn sehen kann! Lebe Dein Leben so wie Du es willst. Teile ruhig die guten und wie auch die schwierigen Aspekte mit Deinem Lebenspartner. Lass Dir aber nie von Deinem Partner vorschreiben, wie Dein Leben auszusehen hat und schreib es auch Deinem Partner niemals vor. Du lebst Dein Leben einzig und allein für Dich und niemanden sonst. Es ist in Beziehungen nicht immer leicht, einen gemeinsamen Konsens zu finden ohne seinen Lebenspartner dabei zu reduzieren, aber es ist machbar.

Du erfährst in diesem Buch alles, was Du wissen musst, um Deinen Träumen in ihrer ungeschmälerten und beeindruckenden Größe Gestalt zu verleihen. Das ist ein Versprechen, das ich sehr ernst nehme. Es gibt jedoch einen kritischen Punkt, der Deine Tagträumerei von effizienter Umsetzung in allen Bereichen des Lebens unterscheidet: Die Tat!

> *„Ich wünschte, ich hätte den Mut gehabt, mir selbst treu zu bleiben, statt so zu leben, wie andere es von mir erwarten."*
>
> *Bronnie Ware*

Der Imperativ der Handlung

Oft wissen wir, was zu tun ist und wenn uns jemand darauf hinweist, können wir regelrecht böse werden und antworten „Ja, das weiß ich alles! Erzähl mir etwas Neues!". Aber genau da liegt der Hase im Pfeffer begraben. Obwohl wir es wissen, tun wir es oft dennoch nicht. Warum

Kapitel 7 – Action!

ist das so? Jegliche Form von Spiritualität materialisiert sich auf der Handlungsebene. Alles, was davor passiert, ist nur Phantasie oder Wunschdenken solange Du nicht ins Handeln kommst. Phantasie ist genauso wichtig wie jeder andere Aspekt auch. Aber nur, wenn alle Teile zusammenwirken, kann ein Ganzes daraus entstehen. Esoteriker verwenden viel Energie darauf, anderen Menschen zu erklären, dass wir allein mit Gedankenkraft unsere Probleme lösen können. Nun, ganz der Forscher in diesem Bereich, kann ich Dir versichern, dass ich nicht nur darüber gelächelt habe. Ich habe es sogar ausprobiert und fast den Verstand in dem unerschütterlichen Glauben verloren, alles sei allein eine Frage des positiven Denkens. Der schöpferische Prozess beginnt im Verstand aber er manifestiert sich durch Deine Handlungen!

Es führt einfach kein Weg daran vorbei: Wenn Du nicht darauf warten möchtest, dass irgendetwas passiert, musst Du selbst aktiv werden. Interessanterweise kommen Dir dabei alle möglichen Umstände auf jede nur erdenkliche Art zur Hilfe, sobald Du den Prozess *zunächst selbst* initiierst und aktiv wirst. Wir leben in einem geordneten Universum und es ist denen am wohlsten gesonnen, die am meisten bewegen. Du bist das Instrument einer universellen Kraft, die sich durch Dich hindurch ausdrückt. Was viele als nicht enden wollende Glückssträhne bezeichnen, ist richtiges Denken und Handeln in vollendeter Form.

Wenn Du ausschließlich an Dich selbst glaubst, stößt Du in dem Moment an Deine Grenzen, wo Du mit einem Hindernis konfrontiert wirst, das größer ist als Du selbst. Aber im Wissen und Vertrauen um eine höhere Kraft mutig nach vorne zu schreiten, ohne sich dabei von seinen Ängsten lähmen zu lassen, das ist die Definition von Courage und der Anfang von Wachstum. Die produktivsten Menschen handeln daher immer in dem Wissen, dass sie ihre Last nicht alleine zu tragen haben sondern mit einer Kraft arbeiten, die bedeutend größer ist, als sie selbst es sind.

Du kannst A oder B tun, wichtig ist nur, dass Du überhaupt tust. Du kannst auch X oder Y tun, aber Du musst TUN! Erst indem Du aktiv wirst und handelst, öffnest Du die Wege und Kanäle, über welche Deine Talente und Fähigkeiten in die Welt hinaus getragen werden und der Wohlstand in Dein Leben zurück fließen kann. Es stimmt schon, Du kannst Dich innerlich regelrecht reich denken. Aber erst an Deinen Taten wird man auch äußerlich Deinen Wert bemessen können. Oder wie Jesus es formulierte: „An ihren Früchten werdet ihr sie erkennen."

„Tue was getan werden muss. Das mag nicht immer zum Glück führen, aber zu Großartigkeit."

George Bernard Shaw

Handle im Hier und Jetzt!

Wo bist Du am ehesten mit Deinen Gedanken im Laufe eines Tages? Lebst Du primär in der Vergangenheit oder in der Zukunft? Während es wichtig ist, Kraft und Energie aus der Vorstellung künftiger Ereignisse sowie Dankbarkeit aus vergangenen Ereignissen zu ziehen, kannst Du nur im Hier und Jetzt handeln, die Dinge um Dich herum in Angriff nehmen und sie zum Positiven verändern. Im Hier und Jetzt zu leben eliminiert sämtliche Ängste und Sorgen und verschafft Dir IGL - „Instant Gute Laune"! Es ist unmöglich, sich zu sorgen, während man mit seinen Gedanken komplett im Hier und Jetzt ist.

Oft denken wir nicht wirklich für uns selbst. Unsere Gedanken folgen automatisch dem, was gerade um uns herum passiert. Wenn etwas Tolles passiert, fühlen wir uns toll. Wenn etwas Schlechtes passiert, fühlen wir uns schlecht. Dabei kann kein externer Faktor Deine Stimmung beeinflussen. Das kannst allein Du selbst. Und es erfordert sogar verhältnismäßig wenig Übung, seine Gedanken so in den Griff zu bekommen, dass sie nicht verselbständigen und abdriften, sobald sich äußere Umstände mal zu Deinen Ungunsten verändern.

Diese Form der Kontrolle über unsere Innenwelt lässt sich insbesondere durch Meditation sehr gut trainieren. Wenn Du meditierst, steigerst Du damit Deine Fähigkeit, jederzeit völlig präsent zu sein. In Studien wurde festgestellt, dass Meditation bereits nach nur 5 Sitzungen Ängste, Wut und Müdigkeit spürbar verringert und die Konzentration steigern kann. Nur 4 Sitzungen reichten aus, um die Gedächtniskapazität zu erhöhen. Meditation beruhigt die Emotionen und schärft zugleich die Sinneswahrnehmung, so dass schwächere Reize erkannt werden und die Anfälligkeit für visuelle Illusionen sinkt.

Sie steigert das Wohlbefinden, Dein Selbstvertrauen und verbessert damit auch Deine soziale Interaktion. Langzeit Meditierende weisen eine verkleinerte Amygdala auf. Das ist der Bereich im Hirn, der mit Ängsten und Besorgnis assoziiert wird. Gleichzeitig vergrößert sich der präfrontale Kortex, der mit den höchsten Formen kognitiver Verarbeitung und Intelligenz assoziiert wird. Die Integration von Gedächtnisinhalten, emotionale Bewertungen und der Empfang sensorischer Signale werden verbessert. Auch die Effizienz des präfrontalen Kortex wird optimiert, sodass weniger Hirnaktivität nötig ist, um eine Aufgabe optimal ihrem Ende zuzuführen. Dadurch schützt Meditation auch vor Demenz.

Nebenbei verbessern sich Aufmerksamkeit, räumliche Verarbeitung und Stressresistenz. Das Schlafbedürfnis verringert sich und überdies kann Meditation auch noch helfen, chronische Schmerzen, Depressionen, Schizophrenie und zahlreiche andere Leiden zu lindern. Es verbessert zudem auch noch die Herzfrequenzvariabilität. Und für all das ist eben nicht - wie häufig angenommen - jahrelanges Praktizieren nötig, auch wenn die Erfolge mit fortschreitender Praxis natürlich zunehmen. Genug Gründe, um damit anzufangen? Erleichtern kannst Du Dir die Meditationspraxis zudem erheblich mit einer Mind Machine, wie wir sie bereits in Kapitel 5 angesprochen haben und auf die wir im letzten

Kapitel noch einmal zurückkommen. Auch die mittlerweile überaus preiswerten EEG - Neurofeedback Geräte helfen dabei, den richtigen Meditationszustand zu identifizieren. Eine sehr preisgünstige Möglichkeit dafür bietet das Muse Headband, welches Deine Gehirnwellen misst und über Änderungen der Naturgeräuschkulisse in Deinem Kopfhörer Feedback gibt, ob Du Dich im richtigen Zustand befindest. Ich habe Muse selbst noch nicht getestet, da ich die Kasina benutze, die ich bei Bedarf um ein Neurosky Mindcap XL EEG Biofeedback System und einer speziellen Software am PC erweitere. Diese Variante ist damit dann etwas flexibler als Muse aber unterm Strich auch teurer. Nähere Information zu Muse findest Du unter *www.choosemuse.com*.

„Exzellenz ist die Verpflichtung, eine Sache zu Ende zu bringen."

Bob Proctor

Bist Du ein Nebendarsteller in Deinem eigenen Film?

Da der Gedanke der Tat immer vorausgeht, erschaffst Du Dir zuerst Bilder von der perfekten Umsetzung Deiner Idee in Deinem Kopf und fängst daraufhin an zu handeln. Wenn Du regelmäßig visualisierst, wirst Du Dich nie mehr über ein zu geringes Maß an Motivation beschweren können. Der Potentialunterschied zwischen Deiner Vision und Deiner jetzigen Situation erzeugt ein starkes Spannungsgefälle und sorgt dafür, dass Du Dich in Bewegung setzt. Du magnetisierst Dich regelrecht auf Dein Ziel. Motivation kommt durch regelmäßiges Visualisieren!

Genauso wie Unkraut sich ausbreitet, sobald ein Garten nicht mehr richtig gepflegt wird, breitet sich Unkraut auch in Deinem Leben aus, wenn Du nichts dagegen unternimmst und die Initiative ergreifst. Wenn Du nicht selbst am Steuer sitzt und Entscheidungen für Dich triffst, lenkt Dich vermutlich jemand anderes durch Dein Leben. Also fang am besten

Kapitel 7 – Action!

noch heute an zu handeln! Beginne dabei ruhig in kleinen Schritten, bis Du genügend mentale Stärke entwickelt hast, auch größere Aufgaben in Angriff zu nehmen.

Was noch wichtiger ist, wenn Du etwas tun kannst, tu es gleich! Motivation entsteht durch Momentum. Schnelligkeit ist dabei enorm wichtig, denn wenn Du nicht sofort auf den inneren Drang reagierst, Dich in Bewegung zu setzen, trainierst Du Dich auf Untätigkeit und Faulheit. Je schneller Du Deine Ideen in Angriff nimmst, umso schneller ist auch die Antwort der universellen Kraft, die Dir zur Hilfe eilt, um Deine Taten zu unterstützen. Produktivität liebt hohe Geschwindigkeiten. Wenn Du zu langsam bist, verfließt Dein Momentum. Deine Motivation und Dein Wille zum Erfolg versiegen, irgendwann ziehen andere an Dir vorbei. Du hast einfach keine Chance zu gewinnen, wenn Du zu langsam bist.

Es ist leichter, den Schwung aufrecht zu erhalten, als in Fahrt zu kommen. Das gilt für einzelne Tätigkeiten ebenso wie für Deine gesamte Grundeinstellung - je mehr Du Dich daran gewöhnst, Dir selbst viel abzuverlangen, umso leichter fällt Dir Dein Leben. Das Leben ist leicht, wenn Du es hart lebst und es ist schwer, wenn Du versuchst, es auf die leichte Art zu leben. Konzentriere Dich daher auf die wichtigsten Dinge und delegiere den Rest an Dein Team oder an externe Partner. Auch im privaten Bereich solltest Du Dir so viel Zeit frei schaufeln wie nur möglich. Stelle eine Haushaltshilfe und nötigenfalls einen Assistenten ein, sobald es Sinn macht. Lass Dich nicht davon abhalten, mehr zu erledigen, nur weil Du denkst, dass Du das alles unmöglich allein schaffen kannst. Du bist nicht allein. Ich kann es kaum genug betonen, Du brauchst ein starkes Unterstützungsnetzwerk aus Partnern. Du brauchst ein exzellentes Team um Dich herum! Erledige Deine Tasks schnell und nutze die daraus resultierende Befriedigung, um mit dieser Energie weitere Aufgaben zu erledigen. Geschwindigkeit darf jedoch niemals zu Lasten der Qualität gehen. Aus der Befriedigung über das Vollbrachte entstehen neue Anreize zum Handeln und daraus schließlich positive Gewohnheiten.

Vorbereitung

Seneca war ein römischer Philosoph und Naturforscher, der etwa zu Beginn unserer Zeitrechnung lebte und einer der meistgelesenen Schriftsteller seiner Zeit war. Von ihm stammt das berühmte Zitat „Glück ist, wenn gute Vorbereitung auf Gelegenheiten trifft." Sich gut vorzubereiten mag nicht sonderlich sexy klingen. Aber es ist der Teil der Gleichung, über den Du die volle Kontrolle hast. Und es geht dabei auch nicht allein um die Vorbereitung auf wichtige private oder geschäftliche Termine, was ohnehin selbstverständlich sein sollte. Es geht um die Vorbereitung Deiner Fertigkeiten und Deines Charakters auf künftige Ereignisse, die sich noch nicht einmal in Sichtweite befinden.

Es genügt nicht, nur zur richtigen Zeit am richtigen Ort zu sein, um aus einer Situation zu profitieren. Du musst Dir der Tatsache auch gänzlich bewusst sein, dass Du gerade zur richtigen Zeit am richtigen Ort bist. Und das geht nur durch äußerst gründliche Vorbereitung und die ‚Schärfung Deiner Axt', um nochmal mit Abraham Lincolns Worten zu sprechen. Wenn wir unsere Wahrnehmung und Fertigkeiten nicht soweit entwickeln, wie es nötig ist, werden wir im Verlauf unseres Lebens durch hunderte von Situationen gehen, die wir zu unserem Vorteil hätten wenden können und es nicht mal bemerken. Das veranlasst dann Menschen, irgendwo in der Ferne nach ihrem Glück zu suchen, anstatt es im Hier und Jetzt zu umarmen. Nicht Vorsicht, sondern gute Vorbereitung ist die Mutter der Porzellankiste. Vorbereitung ist das Markenzeichen eines Profis!

Kapitel 7 – Action!

„Freiheit liegt darin, wagemutig zu sein."

Robert Frost

Verbrenne Deinen Plan B - oder besser noch, erstelle ihn gar nicht erst!

Beim folgenden Punkt musste ich eine Weile überlegen, ob ich ihn überhaupt anführe. Häufig wird genau das Gegenteil von dem empfohlen, was ich Dir gleich raten werde. Aber ich habe auch festgestellt, dass ich in jedem einzelnen Fall besser dran war, wenn ich nach diesem Prinzip vorgegangen bin. Und da ich Dir einen Bärendienst erweisen würde, Dir wichtige und funktionierende Ideen vorzuenthalten, erfährst Du hier, was ich von Fallnetzen und doppelten Böden halte. Nicht sehr viel. Das kann ich schon mal vorausschicken.

Für die wichtigsten Entscheidungen in meinem Leben hatte ich nie einen ‚Plan B'. Ich habe einfach immer alles auf eine Karte gesetzt und die Brücken hinter mir abgebrannt. Man mag das als Herausforderung seines Schicksals, Leichtsinn oder auch als Dummheit bezeichnen. Für mich war es immer ein Investment in meinen Glauben an mich selbst sowie in universell gültige Prinzipien. Wer einen Plan B erstellt, mag nach außen hin bedacht, umsichtig oder gar klug erscheinen, aber er tut eines nicht: Er projiziert kaum Vertrauen und Zuversicht in seinen Plan A! Ich predige hier weder Leichtsinn noch Risikoignoranz. Aber oft lassen uns übertriebene Vorsichtsmaßnahmen per Anker, Rettungsseil und Fangnetz nicht vorwärts kommen, sondern bremsen uns aus.

Der spanische Konquistador Hernando Cortés ließ bei seiner Landung in Veracruz (Mexico) 1519 zunächst vor den Augen seiner Gefolgsleute zwei Meuterer hinrichten und anschließend die Schiffe verbrennen, auf denen sie eben angekommen waren, nur um eines klar zu machen: Es gibt keinen Weg zurück! Entweder es wird gekämpft oder alle gehen unter.

Er gewann. Nach reiflicher Überlegung alles auf eine Karte zu setzen, ist auch eine Kernstrategie von Investment Legende Warren Buffett: "Lege all Deine Eier in ein Körbchen und passe dann sehr gut darauf auf!" Diversifizierung ist seiner Meinung nach nur eine Schutzvorkehrung für Dumme. Es macht kaum Sinn für jemanden, der genau weiß, was er tut.

Das mag provokant und völlig konträr zu dem klingen, was viele Top-Manager und sogar Trainer empfehlen: Diversifizieren, Risiken durch Streuung minimieren und so weiter. Die Wahrheit ist, nachdem Du alle nötigen Überlegungen angestellt, sie konsequent bis zu ihrem logischen Ende hin verfolgt hast und daraufhin bedacht Deine Entscheidung zugunsten einer Option triffst, dann ‚scheidest' Du Dich damit auch von Deinen Alternativen. Das ist genau der Sinn einer Entscheidung! Wir können an einer Weggabelung nur einen Weg einschlagen und nicht beide. Anders kommen wir nicht vorwärts. Alles funktioniert, sobald wir es auf die richtige Art und Weise tun. Manchmal öffnet sich ein leichterer oder lukrativerer Weg und Du bist gezwungen neu zu entscheiden, ob Du Deine Strategie ändern willst oder an ihr festhältst. Aber alles funktioniert!

„Entweder man findet einen Weg, oder man schafft einen Weg."

Hannibal

Attacke: Massive, kraftvolle und zielgerichtete Handlung!

Das Problem ist selten, dass wir nicht wissen, was zu tun ist, sondern dass wir es einfach nicht tun. Weil es sehr viel leichter gesagt als getan ist. Herauszufinden, was ich in meinem Leben will, war für mich beinahe schwieriger, als es dann umzusetzen. Zumindest hat es wesentlich länger gedauert und ich bin immer noch nicht fertig, da ich den Prozess nie als abgeschlossen betrachte. Wenn Du mit etwas startest, ist es zunächst

Kapitel 7 – Action!

einmal völlig egal, was dabei alles schief gehen kann. Viel wichtiger ist der Fokus darauf, was alles gut gehen kann. Indem Du dort startest, wo Du gerade bist und mit dem arbeitest, was Dir zur Verfügung steht, schaffst Du die idealen Voraussetzungen für späteres Messen, Optimieren und Nachbessern. Du kannst nichts verbessern, solange Du noch gar nicht angefangen hast. Planung ist notwendig und sinnvoll, aber nur als Vorstufe zur Handlung. Für jede Optimierung müssen zunächst genügend Ergebnisse generiert werden und diese entstehen erst dadurch, dass Du etwas machst. Und damit meine ich vor allen Dingen, dass Du etwas „falsch machst". Wenn schon beim ersten Mal alles richtig läuft, ist Dein Ziel wahrscheinlich zu niedrig gesteckt. Du hast das, was Du tust, schon einmal gemacht und wächst durch diese Herausforderung nicht mehr.

Die Frage ist also nicht, ob Du bei einer neuen Unternehmung, sei es einer Weltreise, einem neuen Job, einer Geschäftsgründung oder bei der Kandidatur für das Kanzleramt etwas falsch machst. Du wirst ganz sicher etwas falsch machen, sofern Du alles richtig machst. Die Frage ist vielmehr, ob Du aus Deinen Fehlern schneller lernst, als alle um Dich herum und gleichzeitig immer wieder neu aufstehst, und zwar solange, bis es einfach keinen Grund mehr dafür gibt, weil jemand gerade die Kiste zugenagelt hat, in die man Dich zuvor hineingelegt hat. Dieser Umstand sollte Dir auch die Angst davor nehmen, Fehler zu machen. Du bist dazu geboren, die Dinge solange falsch zu machen, bis Du sie richtig machst. Diesen Prozess bezeichnet man als Lernen. Leider scheint Lernen aber entweder nicht sonderlich im Trend zu liegen oder Manager bestrafen ihre Mitarbeiter fälschlicherweise für Lernfehler, anstatt für Verfahrensfehler, die aus Unachtsamkeit und wider besseren Wissens gemacht wurden, obwohl der Mitarbeiter bereits die nötigen Kompetenzen besitzt. Nur so ist zu erklären, dass in vielen Unternehmen ein regelrechtes Klima der Angst vor Fehlern herrscht. Michael Masterson schreibt in seinem Buch „Ready, Fire, Aim" von einem Ansatz, der genau diese Herangehensweise für den Aufbau eines beliebigen Geschäftes berücksichtigt. Und er ist ein ziemlich guter Anlaufpunk für solche

Hummeln im Hintern

Fragen. Bisher hat er einige Dutzend Unternehmen in Größenordnungen von bis zu einigen hundert Millionen US Dollar Umsatz aufgebaut.

Eine neue Idee ist in ihrer frühen Entstehungsphase extrem anfällig für fehlendes Engagement in Bezug auf ihre Umsetzung und ganz besonders für Kritik. Das betrifft sowohl Kritik durch Dritte wie auch durch Dich selbst. Erlaube Dir kritisches Feedback erst dann, wenn Deine Idee bereits etwas gereift ist und nur noch einen realitätsnahen Feinschliff benötigt. Davor überlässt Du das Spielfeld besser den imaginativen Sektionen Deines Verstandes - Deinem Träumer!

Um erst einmal Leben in Deine junge und noch empfindliche Idee zu hauchen, kannst Du ruhig Abkürzungen nutzen, bevor Deine Idee wieder im endlosen Ozean des geistigen Äthers verschwindet. Hilfsmittel und „Krücken" sind in der kreativen Phase also explizit erlaubt und völlig ok. Zum Beispiel verwenden professionelle Direct Response Werbetexter sogenannte ‚Swipe Files'. Das sind Sammlungen von Textblöcken vergangener, bereits erfolgreich gelaufener Werbetexte, die sie entweder selbst für ihre Kunden geschrieben haben oder die ein anderer Werbetexter verfasst hat. Dabei geht es nicht um das Abkupfern oder Wiederaufbereiten alter Texte sondern darum, erst einmal eine Idee grob zu skizzieren und festzuhalten. Du willst die Idee gewissermaßen konservieren, um sie dann später auszuformulieren, sobald das Grundgerüst erst einmal steht. So gewinnt der Text zügig an Struktur, der Werbetexter sieht frühzeitig, in welche Richtung es gehen soll und kommt schneller voran. Zudem hat er bereits etwas, auf das er aufbauen kann und sitzt nicht vor dem berühmten weißen Blatt ohne eine Idee, womit er beginnen soll.

Unser Problem ist nicht, dass wir nicht wüssten, was als nächstes zu tun wäre. Das Problem ist, dass wir es wissen und dennoch nicht tun. Das Umsetzen geht verhältnismäßig leicht, sobald erst mal Klarheit über das Ziel herrscht. Wenn man genau weiß was man will, braucht man meist kein Buch über Motivation mehr.

Kapitel 7 – Action!

„Alles ist theoretisch unmöglich, bis es getan wird."

Robert A. Heinlein

Schreite mutig voran: Anfangen ist der erste Schritt

Wie viele Dinge entgehen uns im Leben, nur weil wir nicht mutig genug sind, um danach zu fragen? Frag die Person, die Dir gefällt, ob sie mit Dir ausgehen möchte. Frag nach den Gründen, warum etwas Bestimmtes nicht funktioniert. Frag nach dem Termin mit diesem wichtigen Geschäftspartner und um Himmels Willen - frag Deinen Kunden nach dem verdammten Auftrag! Mut ist wie alle erfolgsrelevanten Charaktereigenschaften eine Gewohnheit und lässt sich trainieren.

Es gibt einen Textauszug aus einem Buch, den ich sehr zu schätzen gelernt habe und hier frei übersetzen wiedergeben möchte:

> *„Solange wir keine Verpflichtung eingehen, gibt es ein Zögern; die Möglichkeit, sich zurück zu ziehen. Den Akt der Initiative und Schöpfung betreffend, gibt es eine elementare Wahrheit, deren Unkenntnis zahlreiche Ideen und brillante Pläne vernichtet: In dem Moment, wo wir uns einer Sache gänzlich verpflichten, greift die Vorsehung ein. Alle möglichen Umstände eilen uns zur Hilfe, die sonst nie eingetreten wären. Ein ganzer Strom von Ereignissen entspringt der Entscheidung, sendet unvorhergesehene Umstände, Begegnungen und materielle Unterstützung entlang unseres Weges, die kein Mensch sich je hätte erträumen lassen. Ich habe einen tiefen Respekt für ein Zitat Goethe's gewonnen: Was immer Du beginnen kannst*

Hummeln im Hintern

oder wovon Du träumst, fange es an. Kühnheit trägt Genie, Macht und Magie in sich. Beginne jetzt."

William Hutchinson Murray (1913-1996), "The Scottish Himalayan Expedition" von 1951

Das von Goethe genannte Zitat findet sich teilweise auch ohne nähere Quellenangabe im Internet wieder und wurde in dieser Form allerdings nie von Goethe formuliert. Murray scheint sich hier einer recht freien Interpretation von Goethe's Faust bedient zu haben, die von John Anster ins Englische übersetzt wurde. Dennoch ist es natürlich toll, wenn sich Menschen durch Goethe inspiriert fühlen, etwas so wahres nieder zu schreiben.

Fange an und nutze das Momentum, bevor Du die Motivation wieder verlierst, die sich in Dir aufgebaut hat. Die meisten Menschen verbringen mehr Zeit damit sich vorzubereiten, als tatsächlich zu starten - viele schaffen es nicht mal bis zur Startlinie. Ich möchte Dir etwas anderes vorschlagen. Wenn Du etwas Neues ausprobierst, fange damit an, noch bevor die Angst eine Chance hat, in Dir aufzukommen und die Idee zu ersticken. Lasse Deine zweite Aufmerksamkeit für Dich arbeiten und schreib Dir Deine Idee wie im letzten Kapitel beschrieben täglich immer wieder von neuem auf. Du kannst einen eigenen Block nur dafür verwenden. Fange an mit „Ich bin/habe/tue X". Zeit für etwas Narzissmus! Keine Sorge, es schaut Dir keiner zu!

Wenn Du Dein Ziel auf diese Weise etwa hundert Mal aufgeschrieben hast, also nach etwa 3 Monaten oder schneller, wenn Du mehrere Durchgänge pro Tag machst, hat sich Dein Ziel so sehr in Dir festgesetzt, dass es zu einem Teil Deines neuen Paradigmas wird. Es wird zu einem Teil von Dir. Wenn Du dann noch täglich die Übungen zur Visualisierung machst, dann kann Dich in Kürze fast nichts mehr aufhalten. Du wirst nach den 100 Tagen sicher noch nicht alle Ziele erreicht haben, aber Du befindest Dich auf dem besten Weg dorthin.

Kapitel 7 – Action!

Wenn Deine Angst bis dahin nicht gänzlich verschwunden ist, so hat sie sich doch zumindest deutlich verändert. Und da Du weißt, dass Du die Angst einfach tolerieren kannst, ohne Dich von ihr lähmen zu lassen, wird sie eher zu einem Indikator für Dich, ob Du genügend Fortschritte machst. Wenn es zu gemütlich wird, bewegst Du Dich eventuell nicht mehr schnell genug in Richtung Deiner Ziele.

Machst Du Dir Sorgen, dass Du noch nicht alles weißt, was zur Umsetzung Deines Plans nötig ist? Niemand, der jemals etwas völlig Neues in Angriff genommen hat, hat zu Beginn alle Teile des Puzzles gekannt. Selbst viele Business Pläne sind bereits hoffnungslos unbrauchbar noch bevor das Unternehmen überhaupt seinen Betrieb aufgenommen hat. Sobald die einzelnen Phasen aus dem Plan jeweils greifen, hat sich der Markt und damit notwendigerweise auch das Unternehmen oft schon so stark verändert, dass es nur noch wenig mit der ursprünglichen Business - Idee gemeinsam hat oder es stellt sich heraus, dass Anpassungen nötig sind, weil von falschen Prämissen ausgegangen wurde. Das heißt natürlich nicht, dass Business Pläne unnötig sind. Noch wichtiger ist aber Flexibilität. Gehe mutig soweit wie Du sehen kannst und wenn Du dort ankommst wirst Du sehen, wie es weiter geht.

Wenn Du auf einer Straße entlang auf ein Ziel zusteuerst, ist es für Deine Zielerreichung völlig unerheblich, wie das Gras heißt, das neben der Straße wächst. Es ist auch egal, was auf den Briefkästen steht, an denen Du vorbeifährst. Es ist unwichtig, welche Tiere in den angrenzenden Wäldern oder Wiesen hausen und was sie gern fressen. Solange Du weißt, auf welcher Straße und in welcher Richtung Du unterwegs bist, ist es sogar völlig gleichgültig, wie die Stadt heißt, durch die Du gerade hindurch fährst. Sie bestätigt lediglich Deinen richtigen Kurs. Auch die Beschaffenheit der Straße spielt keine ausschlaggebende Rolle sondern beeinflusst allenfalls die Geschwindigkeit Deiner Zielerreichung. Und dennoch passiert es nur zu häufig, dass wir uns ablenken lassen und anfangen, uns mit der Farbe der vorbei rauschenden Briefkästen, der Form der angrenzenden Zaunlatten oder dem Duft des

Grases auseinanderzusetzen, wo es eigentlich einzig um den Fokus auf den vor Dir liegenden Weg gehen sollte. Konzentration, Willenskraft und Disziplin sind am Anfang enorm schwierig umzusetzen. Sie sind vermutlich sogar das Schwierigste an diesem Unterfangen der stetigen Verbesserung überhaupt. Aber es wird mit der Zeit immer leichter, weil Du Dir entsprechende Gewohnheiten aufbaust und weniger darüber nachdenken musst, eventuell unangenehme Dinge auch umzusetzen.

Bestimmung - Vision - Ziel

Was willst Du? Was genau ist es, das Du wirklich willst? Denke so konzentriert und angestrengt darüber nach, als ob Dein Leben davon abhängen würde, denn das tut es! Du bist kein Zustand, Du bist ein Prozess und in jedem denkenden Augenblick entwickelst Du Dich in die Richtung, der Deine Gedanken folgen. Du bist also niemals völlig „fertig" sondern ständig in einem Entwicklungsprozess, der Dich Deinem Ziel entweder näher bringt oder Dich davon entfernt. Präziser ausgedrückt bewegst Du Dich immer genau auf ein Ziel zu. Aber die Qualität dieses Zieles ist entweder mangelhaft oder es wurde gar nicht bewusst definiert.

Wenn Du kein definiertes Ziel hast, kommst Du auch nirgendwo an. Du bist dann wie der sprichwörtliche Korken auf dem Ozean, der je nach Wind und Strömung umher treibt. Angenommen Du überquerst den Atlantik, und Dein Ziel-Kompass weicht nur um wenige Strich ab. Dann kann das den Unterschied zwischen einer Ankunft in Buenos Aires bedeuten obwohl Du vielleicht ursprünglich nach Salvador wolltest. Dazwischen liegen über 4.000 Kilometer. Sofern Dein Ziel unklar ist und Du nicht weißt, was genau Du willst, wird es unmöglich, jemals anzukommen. Es zu wissen, ist zwar noch kein Garant für Erfolg. Aber ohne Ziel wird Dein Leben mit Sicherheit zu einer Odyssee.

Interessant ist in dem Zusammenhang, dass es uns eigentlich gar nicht so schwer fällt, ein Ziel zu erreichen, wenn wir es erst einmal

Kapitel 7 – Action!

gesteckt haben und uns völlig sicher sind, dass wir es auch wirklich wollen. Von Natur aus sind wir bereits „Zielerreichungsautomaten". Herauszufinden, was wir wirklich wollen, fällt uns jedoch sehr schwer. Das geht mir selbst nicht anders. Wann immer ich anfange, mich selbst unbewusst zu boykottieren, habe ich meinen Wunsch nicht ganz zu Ende gedacht. Vielleicht kommt die Erreichung des Zieles mit einem zu hohen zeitlichen oder finanziellen Verzicht. Vielleicht muss ich dafür einige Charaktereigenschaften ablegen, die ich eigentlich an mir mag. Vielleicht hab ich auch Angst, nach dem Veränderungsprozess von den Menschen, die mir wichtig sind, nicht mehr akzeptiert zu werden. Vielleicht ist die Belohnung zu klein und rechtfertigt den Aufwand einfach nicht.

Man hört viele ergebnisorientierte Menschen von Zielen sprechen, aber das ist eigentlich die kleinste Maßeinheit für Fortschritte in Deinem Leben. Angenommen Du kletterst gern und möchtest eine der recht anspruchsvollen alpinen Nordwände besteigen. Dann liegt Deine Bestimmung in der Herausforderung mit der damit verbundenen Anregung all Deiner Sinne, der Adrenalinausschüttung sowie dem daraus resultierenden Gefühl ‚richtig zu leben'. Dieses Gefühl formt und prägt Dich. Es ist oft eine nahezu unveränderliche Konstante, die Dich über einen langen Zeitraum oder gar Dein gesamtes Leben hinweg begleiten wird. Der zu besteigende Gipfel ist Deine Vision zur Erfüllung dieser Bestimmung und jede einzelne Etappe auf dem Pfad ganz nach oben stellt eines Deiner Ziele auf dem Weg dorthin dar.

Du schreitest also von Ziel zu Ziel, um Deine Vision zu leben und Deine Bestimmung zu erfüllen. Deine Ziele werden auf dem Weg zur Umsetzung Deiner Vision immer wieder angepasst und sind damit der kleinste Gradmesser für Deinen Erfolg, da sie sich Deiner Vision unterordnen, wie sich auch Deine Vision Deiner Bestimmung unterordnet. Und weil Deine Bestimmung Dein ganzes Leben dekliniert und zu Deinem wichtigsten Antrieb wird, ist es äußerst wichtig, sich etwas Zeit dafür zu nehmen, was genau Deine Bestimmung ist.

Hast Du Deine Bestimmung gefunden, schreib sie Dir auf! Das müssen nicht mehr als ein paar Sätze sein. Je prägnanter desto besser. Ich benutze für meine Notizen eine App auf meinem Smartphone und in dieser App habe ich auch meine Bestimmung schriftlich fixiert, so dass ich zu jeder Tageszeit darauf zugreifen und sie immer wieder auffrischen oder nötigenfalls auch verändern kann. Natürlich kannst und solltest Du Dir auch Deine Ziele aufschreiben, aber solange Du nicht die treibende Kraft hinter Deinen Zielen identifizierst, nützen Dir auch Deine schriftlich fixierten Ziele nicht sehr viel.

Die folgenden Fragestellungen helfen Dir bei der Identifikation Deines persönlichen Fahrplans:

Bestimmung: Was fange ich mit meinem Leben an? Wie kann ich einen nachhaltigen und positiven Beitrag leisten? Was erfüllt mich? Die Bestimmung ist hier im Sinne eines von Dir selbst festgelegten Ideals zu verstehen, auf das Du Dich gerne hin bewegen möchtest und nicht als ein fremd bestimmtes Schicksal.

Vision: Wie erreiche ich am besten meine gewählte Bestimmung? Welches unternehmerische Vehikel oder ehrenamtliche Engagement benötige ich?

Ziel: Was konkret sind die nächsten Schritte auf dem Weg zur Umsetzung meiner Vision?

Was willst Du von Deinem Leben?

Die meisten Menschen verbringen mehr Zeit damit, ihren nächsten Sommerurlaub zu planen als ihr Leben. Zu entscheiden, was Du willst, ist nichts, was im hektischen Alltagsstress irgendwo zwischen Schreibtisch und Kaffeemaschine geschieht. Es ergibt sich nicht einfach so als spontane Eingebung bei einem Sonntagsspaziergang. Du entscheidest

Kapitel 7 – Action!

es auch nicht über ein einziges Wochenende. Du musst Dich intensiv damit auseinandersetzen. Ein Jahresurlaub im klassischen Sinne ist dafür völlig ungeeignet: Koffer packen, rein ins Auto oder den Flieger, ankommen, einchecken und dann so viele Sehenswürdigkeiten in so kurzer Zeit wie nur möglich ‚abhaken', um auch ja keinen Urlaubstag zu vergeuden. Nein, auf so einer Expedition erfährst Du nichts über das, was Dir wirklich wichtig ist.

Du benötigst einen besonderen Ort und ein paar Tage ungestörter Ruhe. Nimm Dir genügend Zeit dafür und plane diese Zeit gemeinsam mit Deinem Lebenspartner. Immerhin wollt ihr beide ähnliche Dinge im Leben, sonst wärt ihr nicht in einer Beziehung. Am besten ist, Du zwackst Dir ein paar Tage von Deinem Urlaub ab und beschäftigst Dich ausschließlich mit Dir selbst und was Dir in Deinem Leben wichtig ist. Optimal sind dafür auch etwas längere Auszeiten vom Job in Verbindung mit einem Trip, bei welchem aber nicht Besichtigungen im Vordergrund stehen, sondern Besinnung. In vielerlei Hinsicht ist es das genaue Gegenteil Urlaubs. Ich nenne es einen Reboot. Welches Ambiente das geeignete für Dich ist, ist eine Frage persönlichen Geschmacks. Der eine mag einen Ort in den Bergen bevorzugen, der andere einen Flecken an einem See oder in einem Wald. Es sollte jedoch ein stiller Ort sein, idealerweise draußen in der Natur, an dem Du für ein paar Tage durch nichts von Deinen eigenen Gedanken abgelenkt wirst. Nicht einmal durch Dich selbst. Auch nicht von Deinem Smartphone. Lass es am besten gleich zu Hause, wenn es geht. Du solltest auch lesen und Musik hören auf ein Minimum beschränken. Das zwingt Dich nämlich, nur mit Deinen Gedanken zu arbeiten. Natürlich kannst und sollst Du Dir Notizen machen, wenn Du auf etwas stößt. In den Übungen unten findest Du einige wertvolle Fragen, die den Prozess der Introspektion in Gang setzen.

Du fängst an, Dir zu notieren, welche Fertigkeiten Du Dir im bisherigen Verlauf Deines Lebens angeeignet hast und worin Du gut bist. Erstelle eine zweite Übersicht zu den Dingen, die Du gerne machst.

Hummeln im Hintern

Suche nach Mustern oder Übereinstimmungen in den beiden Listen, die Dich in eine bestimmte Richtung ziehen. Ziel ist es nicht, ein fertiges Konzept oder gar einen Masterplan für Dein Leben zu entwickeln. Aber Du solltest mit einer starken Idee zurückkommen, die etwas in Dir auslöst, wann immer Du sie näher betrachtest. Diese Idee bezeichnen wir als Deine Bestimmung. Formuliere diese Bestimmung so prägnant wie möglich und feile daran so lange, bis sie gänzlich passt. Lass Dich dabei stärker von Deinen Gefühlen leiten als von Deiner Logik. Deine Logik wird von Deinen Überzeugungen kontrolliert. Das heißt, dass sie gar nicht so logisch ist, wie wir häufig annehmen. Also lass gleich von vorn herein alles weg, von dem Du denkst, dass es der ‚vernünftige' Weg wäre, weil es ‚rational' klingt oder ‚realistisch' für Dich erreichbar ist. Mach Dir einen Spaß daraus und spinne ruhig ein bisschen herum.

Bei mir gab es während dieses Prozesses ein Dilemma, weil ich mich partout nicht zwischen zwei sich dabei heraus kristallisierenden Ideen entscheiden konnte. Beide berührten mich sehr stark, aber jede davon hätte meinem Leben eine völlig andere Richtung gegeben. Nur in einem solchen Fall kannst Du Deine Logik auf einen Kaffee einladen, um zu prüfen, welche der beiden Ideen mehr Aussicht auf Erfolg haben würde. Aber ansonsten hat Deine Vernunft in diesen Tagen nichts in Deiner Nähe verloren. Wir suchen nach Inspiration. Und die findet sich selten in der Nähe unserer Vernunft. Wir suchen nach Deiner Batterie, die Dich auch dann noch antreibt, wenn alles so schief geht, dass Du unter anderen Umständen bereits das Handtuch werfen würdest. Aber Deine Bestimmung treibt Dich weiter voran. Indem wir uns so tief wie nur möglich in die Bilderwelt unserer Wünsche, Träume und Ziele vertiefen, energetisieren wir uns selbst darauf, sie auch zu erreichen. Du weißt sofort, wenn Du auf etwas substantielles gestoßen bist, weil Du es in Deinem ganzen Körper fühlst, so als ob die Schließzylinder eines gewaltigen Schlosses in einer bestimmten Position einrasten und damit das Tor zu einem gigantischen Energiereservoir öffnen.

Kapitel 7 – Action!

„Allein die, die riskieren zu weit zu gehen, können herausfinden, wie weit man überhaupt gehen kann."

T. S. Eliot

Der Action - Kickstarter: Die Cortés Strategie

Wenn Du immer noch nicht genug Energie aufbringen kannst, um in die Gänge zu kommen, dann kannst Du Dir ganz leicht Dein eigenes Motivations - Cockpit aufbauen. Vor knapp fünfzehn Jahren informierte ich meine ganze Familie und einige Freunde schriftlich, dass ich eine Verpflichtung eingehen würde etwas zu tun, das ich hasste, das zu dem Zeitpunkt aber wichtig für mich war, um in meinem Leben voranzukommen. Dadurch, dass nun alle Bescheid wussten, konnte ich aus der Nummer auch nicht mehr heraus, ohne mein Gesicht zu verlieren. Damit bediente ich mich des Prinzips der „negativen Motivation"‚ dem zugrunde liegt, dass wir eher bereit sind, Dinge zu tun, um Schmerz zu vermeiden, als Dinge, die uns Freude bringen könnten. Die Angst davor etwas zu verlieren ist immer größer als der Drang danach etwas zu gewinnen.

Wenn Du nicht glaubst, dass uns die Angst vor negativen Dingen stärker motiviert, als die Vorfreude auf positive, dann schau mal in einer beliebigen Tageszeitung auf die Headlines der Titelseite. Findest Du mehr Berichterstattungen über Spenden für wohltätige Zwecke und über Familien, die nach langer Trennung endlich wieder zusammengefunden haben oder eher über Sachen, die in der Welt nicht so gut funktionieren? Ich würde sogar behaupten, dass Du Schwierigkeiten haben wirst, überhaupt eine positive Schlagzeile zu entdecken. Es sind diese Headlines, die Dich motivieren, die Zeitschrift zu kaufen - oder nicht.

Das ist meine Adaptation der Cortés Strategie, um sich den Rückweg zu verschließen und allein nach vorne zu schauen. Sie ist wesentlich rentabler und zudem auch noch besser für die Umwelt, da Du keine

Schiffe dafür brauchst, die Du anschließend verbrennst. Ich nutze sie, wann immer ich es sehr ernst mit einer Sache meine. Anstatt ein großes Geheimnis um meine Pläne zu machen und mir so einen bequemen Fluchtweg offen zu halten, falls die Dinge nicht wie erwartet laufen sollten, erzähle ich einfach so vielen Menschen wie nur möglich davon. Du hast keine Vorstellung davon, wie sehr Du Dich damit aus Deiner Komfortzone heraus katapultierst! Nebenbei erhältst Du dadurch auch noch wertvolle Tipps und Kontaktempfehlungen.

Du kannst diese Methode auch bei der Erziehung Deiner Kids nutzen. Wenn sie etwas wollen, lass sie dafür Verpflichtungen eingehen und alle Menschen in ihrem Umfeld über diese Verpflichtung in Kenntnis setzen. So bringst Du ihnen frühzeitig die Bedeutung von Verpflichtungen, Entbehrungen und Disziplin bei und baust damit äußerst wichtige und nützliche Gewohnheiten für später auf. Disziplin heißt, sich selbst ein Kommando zu geben und diesem dann auch zu folgen. Entbehrungen sind Dinge niederer Natur, die Du aufgibst, um Ziele höherer Natur zu erreichen. Eine Verpflichtung gehst Du dann ein, wenn Du Dich haftbar für den Ausgang einer Situation machst. Verbindliche Menschen wirken stark anziehend auf uns, weil sie die Verantwortung für ein Ergebnis nicht in die Hände dritter legen. Deine Kinder werden Dir diese wertvollen Lektionen später danken!

„Leute, die nie etwas riskieren, leiden unter den schlimmsten Angstzuständen von allen."

John Carlton

Risiko

Es scheint so, als ob Menschen, die um jeden Preis Risiken vermeiden wollen, irgendwann unweigerlich mit Situationen konfrontiert werden, in welchen sie gezwungen sind, sehr viel größere Risiken auf sich zu

Kapitel 7 – Action!

nehmen, als jene Menschen, die das Risiko nicht von vornherein pauschal scheuen. Auch Menschen, die aufgrund von Gewohnheiten immer wieder den gleichen Fehler machen, wie z.B. einen für sie ungeeigneten Partner zu wählen oder sich im entscheidenden Moment zurückzuziehen, obwohl sie nach vorne preschen sollten, werden solange immer wieder mit der gleichen Herausforderung konfrontiert, bis sie die Lektion aus dem vermeintlichen Fehler gelernt haben.

Mut ist nicht die Abwesenheit von Angst, sondern Dein Voranschreiten ungeachtet dessen. Ein Surfer, der auf seinem Board steht und eine Welle auf sich zu rollen sieht, weiß auch nie genau, was ihn erwartet und dennoch vertraut er seinen Fähigkeiten und Instinkten. Surf-Anfänger sind bei guter Kondition physisch durchaus in der Lage, das gleiche zu vollbringen, doch fehlen Routine durch mangelnde Konditionierung der zweiten Aufmerksamkeit und daraus resultieren Ängste, die uns veranlassen, genau das Gegenteil von dem zu tun, was in dieser Situation richtig wäre. Die Flucht nach vorne ist die beste Möglichkeit, seiner Angst progressiv zu begegnen und sie abzubauen. Wenn Du sie eingeholt hast, wirst Du feststellen, dass die Situation ihren Schrecken verloren hat und weit weniger Angst einflößend wirkt, als ursprünglich angenommen.

„Menschen werden nicht durch die Dinge verstört, die ihnen widerfahren, sondern durch ihre Interpretation dieser Dinge."

Epiktet

Herausforderungen

Wenn Dir mal der Sinn danach stehen sollte alles einfach hinzuwerfen und aufzugeben dann fang zuerst mit diesen Dingen an: Niedriges Selbstwertgefühl, Zweifel an Deinen eigenen Fähigkeiten, Übertriebener Hang zum Perfektionismus, Misstrauen gegenüber Deiner Intuition,

Hummeln im Hintern

Leistungsdruck und Prokrastination („Aufschieberitis"). Wenn Du schon zweifelst, dann zweifle nicht an Deinen Fähigkeiten. Zweifle an den Limitierungen Deiner derzeitigen Konditionierung. Beginne an die Möglichkeit zu glauben, dass Du alles erreichen kannst, was Du vor Deinem inneren Auge siehst. Ich glaube schon jetzt an Dich, auch wenn Du es vielleicht selbst noch nicht kannst. Und das tue ich nicht etwa, weil ich Dich kenne. Ich tue es, weil alle Menschen im Grunde genommen die gleichen Voraussetzungen mitbringen und jeder von uns das erreichen kann, was ihm wichtig ist. Also fang an, ebenfalls an Dich selbst zu glauben! Ignorier einfach, was andere Leute über Dich denken. Das ist nicht Deine Sache. Es geht Dich nichts an. Die zum Buch gehörende App für Dein Smartphone hilft Dir dabei, niedriges Selbstwertgefühl abzulegen und Deine Ziele wie ein Laser in den Fokus zu nehmen und darauf los zu marschieren.

Jeder persönliche oder kollektive Fortschritt erzeugt jedoch Konflikte, genauso wie jede Bewegung auch ganz natürliche Reibung erzeugt. Stell Dich darauf ein. Wenn Du Dinge verändern und besser machen willst als sie bisher gemacht wurden, wirst Du unweigerlich in Widerstände hineinlaufen, daran gibt es absolut keinen Zweifel. Nur, was bringen wir unseren Kids dazu in den Schulen bei? Konflikte sollen wir um jeden Preis vermeiden und ihnen aus dem Weg gehen. Wir sollen uns anpassen und darauf achten, was andere von uns denken. Was für ein Unsinn! Nichts könnte weiter von der Wahrheit entfernt liegen. Es scheint fast so, als ob Schulen Menschen zur Unfähigkeit erziehen anstatt zu lebenden, atmenden und denkenden Individuen. Wenn sich jeder um das scheren würde, was andere von ihm denken, dann stünde die gesamte Entwicklung unserer Zivilisation still und es gäbe keine Innovation mehr. Jeder hätte Bedenken, von anderen für seine Träume ausgelacht zu werden. Und jeder hätte panische Ängste, seine Träume daraufhin auch noch in die Tat umzusetzen.

Hier ist ein sehr guter Ratschlag: Erstens, schwitze niemals über Kleinigkeiten. Zweitens, alle Probleme sind Kleinigkeiten! Lerne „Kein

Kapitel 7 – Action!

Problem" zu sagen. Mach Dir ein Mantra daraus und wiederhole es immer und immer wieder in Deinem Kopf. Du kennst jetzt die mächtige Wirkung, die allein ein einzelnes Wort haben kann, sobald es sich in Deiner zweiten Aufmerksamkeit festgesetzt hat.

Als wir mit unserem Guide über den Amazonas schipperten - nein, paddelten -, in einem winzigen, ausgehöhlten Einbaum, durch dessen behelfsmäßig mit Lehm verstopfte Löcher fortwährend Wasser zu uns eindrang, ich völlig ungewohnte Geräusche zu allen Seiten wahrnahm und es dann plötzlich auch noch zu regnen anfing, stieg langsam ein gewisses Gefühl von Panik in mir auf. Und obwohl ich normalerweise gar nicht zu solchen Reaktionen neige, steigerte ich mich auch noch in die Angst hinein, sobald ich sie erst einmal an mir festgestellt hatte. Also wiederholte ich in Gedanken immer und immer wieder „Ich liebe den Wald und der Wald liebt mich." Mir war klar, dass weder die Pflanzen noch eines der Tiere ein Problem mit mir hatten, selbst die gefährlichen haben einen gesunden Respekt vor dem Menschen und sind in der Regel sehr scheu. Das Problem existierte allein in meinem Kopf. Nach etwa zehn Minuten durchzog mich schließlich ein Gefühl der völligen Ruhe, das auch die restlichen Tage im Regenwald anhielt. Ich konnte die Touren anschließend wesentlich besser genießen. Nicht alle Ängste lassen sich so leicht bändigen, aber Du wirst überrascht sein, wie oft es gelingt.

Ein guter Lehrer meinte einmal, dass man seine Gedanken lieber auf ein höheres Ideal richten solle als auf niedere Bedenken. Wenn Du Deinen Sorgen immer weniger Platz einräumst, nehmen sie mit der Zeit auch immer weniger Platz ein. Versteh mich aber nicht falsch. Ich möchte auf keinen Fall, dass Du die Probleme in Deinem Leben vernachlässigst oder gar ignorierst. Das wäre fatal. Du sollst sie angehen und so elegant wie nur möglich lösen. Gleichzeitig sollst Du aber so wenig wie möglich emotionalen Ballast an sie heften. Es ist nicht leicht zu lernen wie man seine Gedanken zähmt. Anfangs bekommt man das Gefühl, dass es aussichtslos ist, so wenig Kontrolle besitzen wir über das, was täglich durch unsere Köpfe rauscht. Insbesondere dann, wenn

Hummeln im Hintern

Dein Leben gerade um Dich herum im Chaos versinkt. Lass Dir Zeit und hab Geduld. Alle Übungen und Empfehlungen in diesem Buch helfen Dir dabei, die Eigentümerschaft und damit die Kontrolle über Deinen Verstand zurück zu gewinnen. Wenn Du Schritt für Schritt vorgehst, wird es Dir gelingen. Es ist allemal leichter, als ein Leben voll von Zweifeln und erdrückenden Sorgen zu ertragen.

Verschwinden Deine Sorgen nur weil Du weniger oft an sie denkst? Sicher nicht, aber der erste Schritt besteht darin, Deine inneren Ressourcen zu stärken, damit mit Du mit den Anforderungen des Lebens besser umgehen kannst. Alles Weitere folgt daraus. Anstatt sich ein leichteres Leben zu wünschen, wünsch Dir also lieber mehr innere Stärke, um mit den Herausforderungen umzugehen. Und wie nahezu alles im Leben lässt sich auch innere Stärke trainieren. Eine einzige Idee aus diesem Buch umzusetzen und in Deine tägliche Routine zu integrieren muss nicht viel Zeit kosten. Wenn Du jetzt damit anfängst, dann ist nach einem Jahr genauso viel Zeit vergangen, wie wenn Du es jetzt nicht tust. Aber Dein Denken wird sich nach diesem Jahr so sehr zu Deinem Vorteil verändert haben, dass Du einige Deiner alten Sorgen gar nicht mehr wiedererkennst.

Das Leben konfrontiert Dich solange mit einer Herausforderung, bis Du die Lektion daraus gelernt hast. Diese Herausforderungen treten entweder als Beunruhigung, Sorge, Bedrohung oder gar Elend in Dein Leben. Meisterst Du die Aufgabe, gelangst Du ins nächst höhere Spiellevel des Lebens. Dir wird eine neue Lektion präsentiert, die Deinem nunmehr gesteigerten Bewusstsein und Niveau Deiner Fertigkeiten entspricht und die Dich auf eine völlig neue Art und Weise fordert. Lernst Du nicht, die vor Dir liegende Herausforderung zu meistern, bleibst Du auf dem Level gefangen und wirst immer wieder mit neuen Ausgestaltungen des gleichen Problems konfrontiert. Weigerst Du Dich dann weiterhin, die Lektion anzunehmen, werden die Konsequenzen mit der Zeit immer härter und schmerzhafter. Bis Du Deine Meinung schließlich änderst und doch anfängst, an Dir selbst zu arbeiten. Das ist der Grund warum

Kapitel 7 – Action!

manche Menschen in scheinbar ausweglosen Job-Sackgassen gefangen bleiben oder immer wieder an den falschen Lebenspartner geraten. Der bereits verstorbene Wayne Dyer sagte einmal „Wenn Du glaubst, dass andere Menschen für Deine Probleme verantwortlich sind, dann musst Du den Rest der Welt zum Psychiater schicken, nur damit Du Dich besser fühlst." Lerne mehr über Dich selbst. Dort liegt die Ursache für die Resultate, die Du in Deinem Leben erzielst.

Action Steps
Attacke! Gang, kuppeln und Gas: Die Übungen für das Kapitel

Gang 1…2: Action

1. Übe die Cortés Strategie. Fange mit einem kleinen Ziel an, um Dich nicht zu starkem Stress auszusetzen. Kommuniziere dieses Ziel in Deinem Familien- und Freundeskreis, so dass Du Dir den Rückweg verbaust.

Gang 3…4: Energie

2. Plane für die gleich folgende Übung einen Kurzurlaub in einer besonderen Location. Sie sollte Dich inspirieren und Dir die nötige Ruhe geben, um Dir über Deine Bestimmung im Leben klar zu werden. Such Dir etwas aus, das zu Dir passt. Das kann in den Bergen, am Strand oder in einer Blockhütte im Wald sein. Ideal ist es, wenn Du ohnehin ein Sabbatical planst und ein paar Tage Deiner Reise allein dieser Introspektion widmen kannst.

Gang 5…6: Bestimmung

3. Wir haben im letzten Kapitel über Deine Ziele gesprochen und sie konkret definiert. Jetzt gehen wir einen Schritt weiter und formulieren Deine Bestimmung! An was sollen sich Menschen

erinnern, wenn sie nach Deinem Tod an Dich denken? Wofür möchtest Du bekannt sein? Die Übung mit der Grabrede aus dem ersten Kapitel kann Dir dabei helfen. Lass Dich auch von den folgenden Fragen leiten. Sie stammen aus der fantastischen ‚Purpose Finder Exercise' aus Bob Allens „Nothing Down":

- Welche Tätigkeiten liebst Du? Was verschafft Dir die größte Zufriedenheit? Was verschafft Dir regelmäßig Aufregung und gute Laune?

- Was ist Dir wichtig? Würdest Du es auch tun, wenn Du damit kein Geld verdienen könntest? Was würdest Du tun, um Deinem Leben Bedeutung zu verleihen, wenn Du nur noch 12 Monate zu leben hättest? Wofür würdest Du Dein Leben riskieren? Wofür hast Du in der Vergangenheit bereits freiwillig Einschränkungen hingenommen? Wofür stehst Du? Wofür stehst Du nicht?

- Worin bist Du gut? Worin bist Du überragend? In Bezug auf was haben Dir Leute in der Vergangenheit bereits gesagt, dass Du gut darin bist? Worin hattest Du Erfolgserlebnisse?

- Wozu wurdest Du geboren? Wozu fühlst Du Dich berufen? Was ist Dein Ding? Dein Bereich? Deine Niche? Wo kannst Du einen Beitrag leisten? Was kannst Du einen Unterschied machen? Was ist Deine einzigartige Mission im Leben?

Lies Dir Deine Bestimmung täglich durch sobald Du sie formuliert hast!

KAPITEL 8

Trinity

Das Erfolgs-Trio: Training - Mentor - Team

„Erzähl mir und ich vergesse wieder. Lehre mich und ich behalte. Involviere mich und ich lerne."

Benjamin Franklin

Das Power Team

Es gibt eine Erfolgskomponente, die manchmal so sehr unterschätzt wird, dass sie schließlich zum Scheitern der gesamten Unternehmung führen kann - egal ob es ein kommerzielles oder non-kommerzielles Projekt ist. Und das selbst, wenn die Idee an sich ausgereift und bis ins Detail durchdacht ist. Niemand kann etwas wirklich Großes gänzlich alleine auf die Beine stellen. Dabei geht es nur zu einem Teil um den Aspekt der physischen Unterstützung und des dadurch entstehenden Zeitgewinns. Wir brauchen Menschen, die uns unterstützen, energetisieren und das Beste aus uns herausholen. Allein einer Person zu gefallen oder ihr imponieren zu wollen, kann schon ein mächtiger Antrieb sein. Ein richtiges Team ist aber noch wesentlich mehr als nur das.

Es sorgt neben Motivation auch für echte Aktivität und dafür, dass alle Teammitglieder auf Kurs bleiben. Es sieht komisch aus, wenn alle in einem Büro an etwas bestimmtem arbeiten und einer legt sich plötzlich hin, um ein Nickerchen zu machen. Dein Team sorgt damit für Wachstum und steigendes Momentum. Noch wichtiger, es trägt auch der Tatsache Rechnung, dass jeder Mensch unterschiedliche Stärken hat und fördert diese Spezialisierung durch sinnvolle Arbeitsaufteilung. Dadurch muss der Buchhalter keine Kaltakquise machen, der Geschäftsführer keine Differentialgleichungen lösen und ein Kundenbetreuer keine ergonomischen Designkonzepte erstellen. Niemand muss somit Entscheidungen treffen, die seine Kenntnisse und bisherigen Erfahrungen einfach nicht hergeben. Du musst kein Experte auf allen Gebieten sein, Du kannst Dir das Know-how über Deine Mitarbeiter einkaufen. Als Elon Musk SpaceX gründete, wusste er so gut wie nichts von der Raumfahrt. Aber er sorgte dafür, dass er die Besten der Branche um sicher herum versammelte. Im Jahr 2018 wird SpaceX das erste Privatunternehmen sein, das eine unbemannte Sonde auf dem Mars absetzt. Ein Team unterstützt sich gegenseitig in seinem Wissen und seinen Werten. Es hilft jedem, der mal ins Taumeln gerät. Viele Teammitglieder werden mit der Zeit zudem auch zu Deinen engen Freunden und helfen Dir in Situationen, die weit über den ursprünglichen Kontext hinausgehen.

Gute Freunde kennen Dich nicht nur sehr gut, sie schätzen und lieben Dich auch für das, was Du bist. Aber es erschwert es ihnen auch, sich Dir anzupassen, sobald Du Dich veränderst. Sie möchten normalerweise nicht, dass sich irgendetwas ändert, sondern dass alles so bleibt, wie es ist. Da Du ihnen wichtig bist, versuchen sie Dich davor zu bewahren, Fehler zu machen. Und weil sie nicht wollen, dass Du Dich von Ihnen entfernst und damit unerreichbar für sie wirst, werden manche von ihnen Dich daran zu hindern suchen, allzu große Veränderungen in Deinem Leben anzustreben. Sei darauf vorbereitet. Erkenne es an und sieh es als das, was es ist. Deine Freunde wollen Dir damit nichts Böses und auch wenn sich eure Wege trennen sollten, macht das weder sie noch Dich zu schlechten Menschen. Eine der wichtigsten Wahrheiten im Leben ist, dass einfach nichts so bleibt, wie es ist. Du kannst Situationen entweder verbessern oder verschlechtern. Beharren ist eine Illusion. Meistens befinden wir uns in einem Zustand des scheinbaren Stillstands, indem die Dinge mal ein bisschen besser und mal ein bisschen schlechter laufen. Echte Freunde stellen sich Dir jedoch niemals in den Weg, es sei denn, Du befindest Dich im freien Fall!

Kapitel 8 – Trinity

Ein Team kann auch eine positive Abhängigkeit zwischen Dir und Deinen Kunden sein, zwischen Dir und Deinem sozialen Umfeld oder Dir und Deiner Familie. Es kann eine Allianz mit einem Mitbewerber sein, um sich gegen einen dritten Mitbewerber behaupten zu können. Als Unternehmer wird nur durch den gegenseitigen Austausch von Werten zwischen Deinen Kunden und Dir aus Deiner großen Idee irgendwann eine gigantische Idee. Oder ein Rohrkrepierer, wenn Deine Kunden nie ein Forum erhalten, Dir mitzuteilen, was sie an Deiner Idee lieben und was sie daran stört. Etwas, wovon Menschen später einmal profitieren sollen, kann nicht in einem sozialen Vakuum entstehen.

Für die meisten ist das Konzept des Teamplays zwar etwas ganz normales. Existenzgründer oder selbständige Einzelkämpfer machen aber immer wieder den Fehler, alles selbst erledigen zu wollen. Am Anfang eines jungen Unternehmens gibt es dafür noch plausible, finanzielle Gründe. Später ist es einfach nur noch eine schlechte Angewohnheit, die sich nur äußerst schwer wieder ablegen lässt. Großartige Dinge entstehen nie durch einzelne Menschen. Manchmal ernten einige wenige Menschen den Ruhm, aber das heißt nicht, dass sie es allein geschafft haben. Und nur der Vollständigkeit halber: Großartige Dinge entstehen auch nie über Nacht. Es mag sein, dass einige wenige Menschen über Nacht berühmt zu werden scheinen, aber wenn Du genauer recherchierst, steckt in jedem einzelnen Fall eine lange und zumeist harte Phase der Vorbereitung dahinter.

Hummeln im Hintern

„Du kannst Dir sicher sein, sobald Du Deine Zeit und Aufmerksamkeit den höchsten Vorteilen anderer widmest, wird Dir das Universum zur Hilfe eilen, immer und genau im richtigen Augenblick."

R. Buckminster Fuller

Synergie

Etwas geradezu Magisches passiert, wenn mehrere Menschen ihren Verstand zusammenschalten und beginnen, an einem Problem zu tüfteln. Man nennt diese Form von Magie auch ‚Synergie'. Wenn Du mehrere Menschen mit unterschiedlichen Kenntnissen und Fertigkeiten zusammenbringst, dann partizipiert jeder Mensch in dem Team von den Fähigkeiten eines jeden anderen. Daher definiert sich der Wert eines solchen Netzwerkes auch nicht durch die Anzahl der Personen sondern durch die Anzahl der Verbindungen zwischen den Menschen innerhalb des Netzwerkes. Der Wert eines Netzwerkes ist somit nicht etwa proportional zu der Anzahl der Personen sondern steigt progressiv. Zwischen drei Personen bestehen drei autarke Beziehungen. Das lässt sich auch ohne größere Rechnerei noch leicht nachvollziehen. Schwieriger wird es jedoch, wenn die Teams wachsen. Wie bestimmt man dann den Wert des Netzwerkes?

Die Anzahl der Verbindungen kann man nach folgendem mathematischen Zusammenhang einfach bestimmen:

$S = (N^2 + N) / 2 - N$

S ... Synergie (Anzahl der Verbindungen zwischen allen Personen)

N ... Anzahl der Personen

Kapitel 8 – Trinity

Setzt Du in diese Gleichung 3 Personen ein, die in eine Team miteinander zusammenarbeiten, dann kommst Du auf das Ergebnis, das wir oben schon durch Überlegungen bestimmt hatten:

$(3^2 + 3) / 2 - 3 = 3$

Bei 4 Personen kommst Du somit auf $(4^2+4)/2-4 = 6$ autarke Verbindungen. Für ein Team aus 7 Menschen ergeben sich damit 21 Verbindungen, bei 10 Personen sind es schon 45 und bei 100 Personen sind es sogar bereits 4.950 individuelle Beziehungen!

Man spricht bei Synergie deshalb auch davon, dass das Ganze mehr ist, als die Summe seiner Teile. Gelegentlich findest Du dafür auch den Ausdruck 1 + 1 = 11, um diese Idee näher zu verdeutlichen, was unter rein mathematischen Gesichtspunkten aber natürlich etwas unerhört klingt. Der Architekt und Philosoph Richard Buckminster Fuller hat als erster die Gesetzmäßigkeiten der Synergie näher untersucht und den Begriff mitgeprägt. Für ihn war es jedoch wesentlich mehr als nur ein mathematischer Zusammenhang, für ihn stand das Prinzip stellvertretend für das Zusammenhängen und Zusammenwirken aller Lebewesen, von Materie und Kräften, die sich gegenseitig bedingen und unterstützen und jeweils gemeinsam einen Nutzen daraus ziehen.

Völlig egal, ob Dein Team später aus einem Tandem, einer Kompanie oder einem ganzen Bataillon bestehen wird - anfangen ist der erste Schritt! Kommen wir also in diesem Zusammenhang zu der mit Abstand wichtigsten Lektion, die so leicht zu erlernen ist, dass sie häufig übersehen wird oder ihr erst zu spät ausreichend Beachtung eingeräumt wird. Einmal habe ich eine Webseite lanciert und darauf Kurse über Triathlon Training digital angeboten. Dazu gehörte es u.a. einen Werbebrief schreiben, ihn ins englische zu übersetzen, da wir dort unsere Zielgruppe am stärksten vertreten sahen, die Seite zu testen, anschließend das Produkt zu kreieren, indem wir einen Ghostwriter anheuerten, um den Text zu schreiben. Es waren Grafiken zu erstellen und formatieren, das Layout des E-Books zu gestalten, das E-Book von einem englischen Muttersprachler nochmal Korrektur lesen zu lassen, den Werbebrief erneut zu überarbeiten, weil mittlerweile einige Aspekte etwas veraltet waren, Google Werbekampagnen aufzusetzen, Textanzeigen zu kreieren, auf Abverkäufe zu optimieren und so weiter. Kurzum, man kommt vom hundertsten Punkt zum tausendsten. Wenn Du so etwas allein schaffen möchtest - und wir reden hier zunächst wirklich allein vom operativen Arbeitsaufwand - dann musst Du schon ein verdammter 12-armiger Roboter sein und zudem Experte in wenigstens 70 verschiedenen Themenbereichen. Und Du wirst dann immer noch zwei Drittel der Dinge nur etwa halb so gut machen, wie jemand, der sich wirklich auskennt.

Als Angestellte sind wir es gewohnt in Teams zu arbeiten und jeder seinen Stärken entsprechend anderen Aufgaben nachzugehen, uns dabei gegenseitig zu motivieren oder auch mal zu kritisieren, falls es nötig ist. Aber kaum kümmern wir uns um private Belange oder machen uns selbständig, versuchen wir auf einmal alles alleine auf die Beine zu stellen und vermeiden Teamwork wo es nur geht. Das ist geradezu verrückt. Plötzlich sind wir also eine Ein-Mann-Armee und das, was wir gut können und wofür andere uns beneiden weicht dem, was getan werden muss.

Fangen wir aber nicht gleich an, jemanden ins Blaue hinein einzustellen und Kosten zu produzieren, noch bevor Du überhaupt erste Einnahmen generierst. Überlege Dir lieber, wer das gewisse Etwas mit sich trägt, das Deine Idee zum Fliegen bringen wird. Suche Dir einen Partner, der das Potential hat, die Idee mit Dir zu tragen. Überprüfe, ob Du die Person nur als Partner gewinnen möchtest, weil sie Dir ähnlich ist. Du suchst jemanden, der heterogen ist, mit dem Du Dich in fachlichen Dingen ruhig auch mal etwas reiben kannst. Du möchtest keine Kopie von Dir selbst. Die Person sollte mit ihren Interessen und ihrem Erfahrungshintergrund auch einen komplementären Aufgabenbereich zu Dir übernehmen und nicht genau auf demselben Thema arbeiten wie Du.

Kapitel 8 – Trinity

Dann folgt der wichtigste Schritt. Finde heraus, ob Du der Person vertrauen und ihr Interesse an Deiner Idee gewinnen kannst. Dafür gibt es kein Patentrezept und auch nach Jahren kann es noch unangenehme Überraschungen geben. Hol Dir so viele Informationen zur Vorgeschichte der Person ein wie nur möglich, frag nach Referenzen, vertraue hier aber letztlich Deinen Instinkten. Sei Dir im Klaren darüber, dass Dich auch Deine Intuition täuschen kann. Wenn man ein paar Mal durch Fehleinschätzungen von Personen ins Fettnäpfchen getreten ist, lässt man sich etwas mehr Zeit, den Charakter eines Menschen zu beurteilen und sein Vertrauen zu der Person aufzubauen.

Mache die Person dann zu Deinem Partner. Warte nicht zu lange damit, die Anteile gerecht zu verteilen und Sperrfristen zu definieren, die festlegen, wieviel der Partner ausgeschüttet bekommt, falls er vorzeitig Dein Venture verlässt. Das mag sich nach viel Arbeit anhören und eine ganze Weile dauern aber es lohnt sich. Einer meiner Partner kam erst etwa anderthalb Jahre nach dem Launch eines Projektes an Bord. AirBnB hat sich in der Recruitingphase 5 Monate lang Zeit mit der Entscheidung gelassen, bevor sie ihren ersten Mitarbeiter eingestellt haben. Einer der Gründer, Brian Chesky, fragte alle seine ersten Kandidaten, ob sie auch bei AirBnB arbeiten würden, wenn sie aufgrund einer medizinischen Diagnose wüssten, dass sie nur noch ein Jahr zu leben hätten. Das ist die Art von Hingabe, die er von seinen ersten Schlüsselpersonen erwartete. Schon ein zweitklassiger Mitarbeiter kann einem größeren Unternehmen ernsthaften Schaden zufügen. Einem Start-Up kann er regelrecht das Genick brechen. Überstürze also nichts beim Recruiting aber ziehe es auch nicht unnötig in die Länge. Gute Leute haben es nicht nötig auf ein Angebot zu warten.

Zweifelst Du schon, ob es die Person, die Du suchst, überhaupt gibt? Dann denk nochmal drüber nach! Willst Du Dir wirklich einreden, dass Deine Ressourcen beschränkt sind - in einem Universum, das keine uns bekannten physikalischen Grenzen aufweist? Glaubst Du, dass die Mittel zur Umsetzung Deiner Träume begrenzt sind? Die Limitierung existiert einzig und allein in Deinem Kopf. Sobald Du dort die Bremse löst und damit Platz für größere Bilder schaffst, strömen materieller und spiritueller Reichtum nur so in Dein Leben. Die meisten Menschen empfangen ihre Besitztümer durch das Schlüsselloch, anstatt die Tür weit aufzureißen und die Pracht und Fülle dieser Welt herein zu lassen.

„Starte kein Unternehmen solange es keine Besessenheit ist und etwas, das Du liebst. Wenn Du bereits eine Exit Strategie hast, ist es keine Besessenheit."

Mark Cuban

Exkurs: Entrepreneurship

Stell Dir vor, Du möchtest ins Ölfördergeschäft einsteigen. Zunächst folgt die Exploration. Du überlegst Dir, wo das Öl wohl am ehesten zu finden sein wird. Erst dann fängst Du mit dem Bohren an und stellst schließlich Deine Förderpumpe auf. Wenn das Öl hier sinnbildlich für das Geld Deiner Kunden steht, dann sind die Förderpumpen Deine Produkte. Wenn Du jedoch zuerst Deine Förderanlage aufstellst und erst danach Erkundigungen einholst, ob die Stelle überhaupt geeignet ist, bist Du schneller bankrott, als Du die Hände über dem Kopf zusammenschlagen kannst. Und doch ist der mit Abstand häufigste Fehler, den junge Unternehmer leider immer wieder machen, der, zuerst mit dem Bohren anzufangen und sich erst dann zu überlegen, wo eigentlich das zu fördernde Öl sein könnte. Es werden Produkte gebaut und investiert und dann krampfhaft überlegt, mit welchen Marketingtricks man diese Produkte einem geeigneten Opfer unterjubeln kann. Auch viele etablierte Unternehmen machen ständig den Fehler beim Launch neuer Produkte und es ist immer ein teurer Fehler.

Eugene Schwartz schrieb viele der am besten verkaufenden Werbetexte in der Geschichte und zudem mit „Breakthrough Advertising" auch eines der wichtigsten Bücher zum Thema Werbung überhaupt, auch wenn er nie ganz die Bekanntheit eines David Ogilvy erreichte. Und eine seiner Kernaussagen war stets, dass das Geheimnis seiner Werbetexte allein darin liege, sich nach den Trendströmungen in den Märkten zu richten und dann den Interessenten basierend auf seinen Vorkenntnissen für das Produkt über die richtige Ansprache abzuholen. Die Aufgabe eines Werbetexters besteht nicht darin, in Menschen ein Interesse zu wecken, das vorher noch nicht da war. Es besteht darin, ein vorhandenes Interesse zu nutzen und so zu verstärken, dass Menschen nach ihrem Geldbeutel greifen. Dazu müssen im Vorfeld Trends erkannt und darauf basierend Produkte konzipiert oder neu positioniert worden sein. Ein Produkt kann noch so gut gemacht sein, aber wenn es niemand kaufen will, nützt das beste Marketing nichts.

Machen wir es also wie die großen Rohstoff Explorer und checken zuerst, wo sich das Öl überhaupt befindet. Wer genau ist Deine Zielgruppe? Was interessiert sie? Sind diese Leute bereit, für Deine Lösung Geld auszugeben? Sind sie einfach, in großer Zahl und kosteneffizient zu erreichen? Dann wählst Du den geeigneten Bohrer aus, Du konzipierst Deine Produkte und Dienstleistungen. Schließlich fängst Du mit dem Bohren an und beginnst mit dem Fördern. Du fängst an, Deine Produkte und Dienstleistungen zu vermarkten!

Stell die Fragen im vorigen Absatz immer und immer wieder, anfangs ruhig auch ohne unmittelbar eine konkrete Antwort zu erwarten. Du setzt damit interne Suchprozesse in Gang. Lass die Idee in Dir heran reifen, aber verwende täglich etwas Zeit darauf, aktiv über Deine Idee nachzudenken, um ihr mehr Kraft zu verleihen. Oft kommt die Antwort dann, wenn Du gerade mit etwas ganz anderem beschäftigt bist und gar nicht aktiv über das Problem nachdenkst. Die besten meiner Ideen entstehen bei völlig trivialen Tätigkeiten wie beim Joggen, unter der Dusche oder kurz vor dem Einschlafen. Aber nur wenn ich mich vorab sehr intensiv mit der Problemstellung auseinandergesetzt und sie immer wieder von verschiedenen Seiten beleuchtet habe.

Hummeln im Hintern

Sobald Du den Entschluss gefasst hast, unternehmerisch aktiv zu werden und noch bevor Du irgendetwas anderes machst, lautet die einzige Aufgabe, Deinen ersten Kunden zu identifizieren und zu gewinnen. Mit Gewerbeanmeldung, Steuerberater und Rechtsanwalt aufsuchen, Visitenkarten gestalten, Briefbögen drucken und Webdomain sichern - allesamt wichtige Tätigkeiten, mit denen wir uns gerne befassen - machst Du Dir nur vor, unternehmerisch tätig zu sein. Solange Du keinen ersten Kunden hast, bist Du de facto arbeitslos. Allerdings ist es bei weitem nicht so schlimm wie Du denkst. Immerhin hab ich geschrieben, dass Dein erster Job darin besteht, *einen* ersten Kunden zu gewinnen. Nicht zwanzig, nicht zehn oder fünf sondern einen. Das klingt doch irgendwie machbar, oder? Es kann sich dabei auch um einen Zwischenhändler oder Distributor handeln, wenn Du ein Produkt herausbringst.

Stell Dir also ein paar Tage lang immer wieder diese eine zentrale Frage: „Wer ist meiner erster Kunde?" Wo kannst Du mit Deinen Produkten und Dienstleistungen künftig am ehesten Mehrwerte stiften, Kosten einsparen, Arbeitsvorgänge erleichtern, bestehende Prozesse optimieren, Menschen glücklicher und zufriedener machen? Und vor allem, wer ist der erste Kunde, mit dem Du all das gerne anpacken möchtest. Mit wem kannst Du testen, ob Dein verrücktes Hirngespinst tatsächlich einen fruchtbaren Boden findet?

Im Consumer Bereich überlegst Du Dir, über welchen Multiplikator oder welche Plattform Du zu Deinen ersten Kunden (Plural!) kommst, mit welchen Du Dir Deinen Lebensunterhalt oder eine Grundversorgung sichern kannst. Du wirst hier vor allen Dingen über wirkungsvolle Marketingmaßnahmen passende Kunden auf Dein Produkt oder Deinen Service aufmerksam machen. Im B-2-C Bereich lohnt es sich häufig aufgrund der geringeren Warenkörbe nicht, seine Kunden direkt zu akquirieren und es ist auch zu Recht verboten, „kalte" Akquise - Telefonate bei Privathaushalten zu machen.

Kapitel 8 – Trinity

Im Business Bereich suchst Du Dir Deinen ersten potentiellen Kunden, rufst ihn an und sagst ihm, dass Du ihn als Kunden gewinnen möchtest. Das klingt ziemlich banal und das ist es zum Glück auch. Hast Du angenommen, Du machst Deinem potentiellen Geschäftspartner erst mal etwas vor, um ihn in Sicherheit zu wiegen und dann später bei passender Gelegenheit mit der Wahrheit zu überraschen? Keine Ahnung, warum so viele gestandene Sales Manager und sogar professionelle Sales-Trainer einen gigantischen Mystizismus um den B-2-B Vertrieb verbreiten. Vielleicht, damit sie ihre Jobs rechtfertigen können. Die Herausforderung im Vertrieb liegt nur zu einem Teil an den richtigen Techniken, zum größeren Teil sind es die richtige Geisteshaltung und solide Kommunikationsfertigkeiten, die sich beide sehr gut trainieren lassen. Damit bewahrst Du auch dann einen kühlen Kopf, wenn sich Dein Kunde im Termin verspätet und Dir offenbart, dass er statt einer Stunde nur noch 25 Minuten Zeit für Dich hat, von denen er Dir weitere 7 Minuten lang erklärt, was alles mit Deinem Produkt nicht stimmt.

Solltest Du auf die Initialkundenfrage keine vernünftige Antwort haben und Dich bereits dabei ertappen, begeistert weitere Aktivitäten in Deinem Business zu planen... Stop! Stell Dich stur und gehe einfach zurück zur Kundenfrage. Um es nochmal ganz deutlich zu sagen: Gehe nicht zum nächsten Schritt weiter, solange Du nicht sicher weißt, wer Dein erster Kunde sein wird! Lass Dich nicht von Deinem inneren Kobold hinters Licht führen. Allzu groß sind die Verlockungen.

Von diesem ersten Kunden ausgehend baust Du Dein Business weiter aus. Aber solange Du nicht akzeptierst, dass ohne den entscheidenden ersten Verkauf noch gar kein Unternehmen existiert, wirst Du immer wieder auf Schwierigkeiten stoßen, die Dich früher oder später in die Knie zwingen. Ich weiß, dass gerade diese Tatsache, die intellektuell zwar recht einfach zu begreifen aber emotional oft dennoch sehr schwer umzusetzen ist, vielen ambitionierten Menschen die größten Schwierigkeiten bereitet. Mir ging es so. Ich hab mir bei meinen ersten Gehversuchen als Selbständiger lange vorgemacht, in meinen

Hummeln im Hintern

unternehmerischen Bestrebungen voranzukommen, bis ich verstanden habe, dass ich eigentlich ein arbeitsloser Unternehmer bin. Nur dass sich Entrepreneur irgendwie besser anhörte als Phlegmatiker. Meine Visitenkarten waren aber auch damals schon sehr schön.

Frag Deine potentiellen Kunden nicht nur, was sie wollen, sondern schaue vor allen Dingen sehr genau hin, was sie tun und wie sie es tun. Das iPhone wäre sicher nie entstanden, wenn Steve Jobs potentielle Kunden nur gefragt hätte, was sie gerne an der Folientastatur früherer Mobiltelefone verbessert haben wollten. Herausgekommen wäre dabei wohl eine Folientastatur mit leichterem Anschlag oder eine, die auch bei Regen noch gut funktioniert. Hans Zimmer, einer der erfolgreichsten derzeit lebenden Filmkomponisten, der Blockbustern wie Batman, Inception, Gladiator, Fluch der Karibik, Interstellar, Sherlock Holmes, Mission Impossible, Madagascar und über 150 weiteren Hollywood Streifen ihre akustische Identität gegeben hat, meinte in einem Interview sehr treffend: ‚Frage nie die Allgemeinheit, was sie als nächstes sehen wollen, weil dann kommen so Antworten wie: Star Wars, Indiana Jones oder Batman. Aber unser Job ist es, uns Dinge auszudenken, die sie sich gar nicht vorstellen können, deswegen sollte man so eine Frage auch nicht stellen.' Die weltweit besten Marketing Consultants, die Du haben kannst, sind Deine Kunden. Und sie refinanzieren sich zudem auch noch ganz von selbst und passen immer genau in Dein Budget, egal wie klein es auch sein mag. Frag sie ruhig. Und vor allen Dingen beobachte und studiere sie!

Beleuchte nicht nur die Stärken sondern gerade auch die Schwächen Deiner Idee. Suche Dir dafür die kritischsten Menschen aus Deinem Bekanntenkreis, die Du finden kannst! Es sollten keine chronischen Nörgler sein. Aber durchaus kritische Menschen mit Sachverstand als Unternehmer oder in einem Teilgebiet, das Dir noch neu ist. Tausche Dich dann regelmäßig mit allen Menschen in der Gruppe aus, vor allen Dingen den kritischen Personen. Das verringert nicht Deine Motivation, sondern es vergrößert sie, denn es zeigt Dir Deine Denkfehler und

Kapitel 8 – Trinity

Schwachstellen auf und vergrößert damit die Erfolgschancen, das Ganze auch bis zum Ende zu bringen. Das ist die mit Abstand schnellste Art zu lernen und dennoch machen so wenige Gebrauch davon.

Es sollte eigentlich völlig selbstverständlich sein, aber in der Startphase geht es darum, Deine Kosten so niedrig wie möglich halten. Der einzige Bereich, wo nicht gespart werden sollte, ist der für die Gewinnung von Neugeschäft. Dort kannst Du wilde Partys und Orgien feiern - nicht sprichwörtlich, aber Du weißt hoffentlich, wie ich das meine. Ein erheblicher Teil Deines Geldes muss in diesen Bereich fließen, je nach Branche manchmal sogar mehr als in die Entwicklung des Produktes selbst. Kümmere Dich um die Dinge, bevor sie zu einem echten Problem werden.

Hege, pflege und entwickle Deine kreative Seite - Deinen inneren Frodo oder Deine Alice aus dem Wunderland. Hege, pflege und entwickle auch unabhängig davon Deine ‚Macher'-Seite - Deinen inneren James Bond, Ironman oder welches Analogon Dir hierzu auch immer am besten gefällt. Eine leichte Schizophrenie geht in den meisten Fällen als Genialität durch. Und irgendwie sind wir auch immer beides, aber wir lassen meist eine der beiden Seiten zugunsten der anderen verkümmern. Aber sowohl Dein innerer Nerd mit seinem Hang zur Melancholie als auch Dein innerer Hero mit seiner fast unerträglichen Macho-Natur haben Dir beide etwas zu sagen und halten ihre Überraschungen für Dich bereit.

Nach Liebe ist Produktivität der Gemütszustand, der Dir am meisten Erfüllung, Befriedigung und Selbstverwirklichung verschafft. Konsumieren verschafft uns kurzfristige Befriedigung. Produzieren hingegen sorgt für eine langfristige und anhaltende Befriedigung, weil es ein kreativer Akt ist. Etwas zu erledigen, erzeugt ein Gefühl des Voranschreitens und der Zufriedenheit. Endorphine werden ausgeschüttet. Wenn dann auch noch unsere innersten Bilder nach und nach physische Gestalt annehmen, dann mischt sich ein kreatives Hochgefühl mit der

Zufriedenheit darüber, etwas erledigt und abgeschlossen zu haben. Und beides sind sehr mächtige Antriebe. Der Mensch ist dafür bestimmt, Dinge zu entwickeln und voran zu treiben.

Warum aber scheitern dann so viele Gründer? Ist es tatsächlich mangelndes Know-how oder eher Überforderung und mangelnde Unterstützung auf die sich stetig ändernden Anforderungen während der Wachstumsphase. Oder sabotieren sich die Gründer sogar unbewusst selbst, so dass irgendwann der innere Antrieb versagt?

Fakt ist, dass die meisten Menschen sicher gar nicht erst den Ring betreten sollten, weil sie noch gar nicht so weit sind. Und damit meine ich nicht die fachlichen Qualitäten. Es erfordert eine gewisse mentale Stärke, die man sich aber aneignen kann. Es ist ein sehr persönliches Urteil, wann jemand soweit ist, das jeder für sich selbst fällen muss. Das eigentliche Problem, über das wir hier sprechen, heißt „Angst".

Du hast Angst, Du könntest Scheitern? Woher nimmst Du das ‚könnte'? Du wirst scheitern! Ich versuche, so viele Fehler in so kurzer Zeit wie nur möglich zu machen, um so schnell wie es geht herauszufinden, wie etwas richtig funktioniert und welche meiner verrückten Ideen Substanz haben. Die Angst davor zu scheitern ist das größte Hemmnis, welches Menschen davor bewahrt, ihre wahre Größe im Leben zu erreichen. Es gibt jedoch nur äußerst wenige Risiken, die so groß sind, dass sie Dein Leben dauerhaft beeinflussen können. Von den Worst Case Szenarien, die wir uns in unseren Köpfen ausmalen, erholen wir uns relativ schnell, sofern sie überhaupt eintreten.

Wenn Du also irgendwo eine Taubheit in Dir verspürst, die Du Dir nicht erklären kannst, weil sonst alles bestens in Deinem Leben verläuft. Wenn Du seit einiger Zeit mit dem Gedanken spielst, eine Idee umzusetzen aber Dich bisher nicht getraut hast... Packe es an! Der beste Zeitpunkt für Dich zu starten war vermutlich vor einigen Jahren, aber der zweitbeste Zeitpunkt ist genau jetzt!

Ressourcen

www.entrepreneurship.de
www.komponentenportal.de
www.kickstarter.de
www.emyth.com

„Bildung ist die mächtigste Waffe, die Du einsetzen kannst, um die Welt zu verändern."

Nelson Mandela

Mentoring: Auf der Suche nach Yoda

Kannst Du Dich an die Szene aus Star Wars erinnern, in der Luke sagt, er würde versuchen, den X-Wing allein mit der Kraft seiner Gedanken aus dem Sumpf heraus zu heben? Yoda entgegnet seinem Schüler daraufhin „Nein, nicht versuchen. Tu es oder tu es nicht. Es gibt kein Versuchen!" Wie? Du kennst Star Wars nicht? Shame on you!

Wofür suchen wir im Leben nach Menschen, die uns den Weg zeigen? Ist es nicht viel spannender alles von selbst herauszufinden, anstatt auf jemanden zu hören, der bereits alle Fehler vor uns gemacht hat?

Ein guter Mentor tut vor allen Dingen drei essentielle Dinge für Dich:

- Er kann Dir Perspektiven aufzeigen, die außerhalb Deines Aufmerksamkeitsradius liegen.

- Er kann Dir Sachverstand in Bereichen geben, die Du noch nicht beherrschst und die Du aus Angst oder Unsicherheit häufig gezielt vermeidest oder die Du überhaupt noch gar nicht auf dem Radar hast.

- Ein guter Mentor versteht, dass jedes gute Ding Zeit braucht und bringt Dir die nötige Geduld bei.

Ein Mentor spürt auch sofort, wenn Du von Deinem selbst auferlegten Kurs abweichst und kann Dir mehr oder weniger sanfte Tritte in Deinen Hintern geben, damit Du in kürzester Zeit wieder ‚on track' bist. Im Kapitel Leadership gehen wir darauf noch gezielter ein. Daher ist es auch wesentlich besser und vor allen Dingen schneller, sich neue Informationen und Verhaltensweisen durch einen Mentor anzueignen anstatt autodidaktisch.

Es gibt drei verschiedene Formen von Mentoring, die teilweise völlig isoliert voneinander, häufiger jedoch in einer Mischform auftreten, während Du durch Dein Leben sprintest:

Mentoring per Zufall

Das ist die häufigste Form des Mentorings und meint die Entdeckung eines Zusammenhangs durch reinen Zufall. Der Mentor ist hier selten eine konkrete Person, sondern oft ein Medium wie z.B. ein Text auf einer Webseite, einer Zeitschrift oder in einem Buch. Aber auch Ereignisse wie z.B. ein besonderer Urlaub oder ein Jobverlust können Mentoring Charakter haben. Sogar ein schwerer Unfall oder eine Krankheit qualifizieren sich als Mentoren. Kurzum, alles was Dich den Kurs Deines Lebens nachhaltig ändern lässt, triggert diesen Mentor in Dir.

Hands on Mentoring

Das ist jede Person, die Dir absichtsvoll etwas Konkretes beibringt, sei es eine neue Sportart, eine Technik oder Strategie oder eine bestimmte Art zu denken. Das ist die Form, die wir üblicherweise im Sprachgebrauch als Mentoring bezeichnen. Eine solche Mentoring Beziehung kann von einigen Minuten bis hin zu vielen Jahren andauern. Manche dieser Mentoren tauchen aus dem Nichts heraus auf, andere musst Du gezielt aufsuchen und ansprechen. Ein guter Start ist, sich Gedanken darüber zu machen, welche Ressourcen Dir noch fehlen und dann Personen in Deinem „B-Netzwerk", also dem Kreis Deiner Freundesfreunde sowie Kontakte auf einschlägigen sozialen Plattformen, mit denen Du sonst wenig oder gar keinen Austausch hast, gezielt anzusprechen. Denke dabei wie bei jeder sozialen Transaktion nicht nur an Deine Probleme und Deinen Gewinn, sondern zunächst daran, wie Du der Person helfen kannst. Das ist erstens recht nett und zweitens nimmt es den Fokus von Dir und richtet ihn auf Deinen potentiellen zukünftigen Mentor. Was hat er denn davon, Dir zu helfen? Es muss nicht immer monetärer Anreiz sein, der den Mentor dazu bewegt, mit Dir zu arbeiten. Dennoch ist es natürlich auch möglich und völlig legitim, einen Mentor für seinen Rat zu bezahlen. Ein klassischer Business Angel beteiligt sich z.B. nicht nur finanziell an einem Unternehmen, sondern steht dem Start-Up gleichzeitig auch mit Kontakten und spezifischen Know-how zur Seite. Das macht ihn zu einem Vertreter des Hands-on Mentoring.

Hero/Shero Mentoring

Diese letzte Form von Mentoring bezieht sich auf die Ikonen, die Dich persönlich so stark inspirieren, dass sie Dich ebenfalls prägen. Oftmals begegnest Du diesen Personen nie im Leben, weil sie entweder nur sehr schwer zugänglich oder gar nicht mehr am Leben sind. Dennoch kannst Du Zugang zu ihren Einsichten, ihrer Kraft und ihrem Mut gewinnen, indem Du ihre Bücher und Biographien liest, Dir ihre Filme anschaust, ihre Musik hörst oder ihre Produkte benutzt.

Versuche auf jeden Fall immer dafür zu sorgen, dass das Mentoring keine Einbahnstraße bleibt, sondern dass auch Dein

Hummeln im Hintern

Mentor von diesem Austausch profitiert. Das müssen keine großen Dinge sein, manche Mentoren finden einfach Gefallen daran, einer Person mit Potential zu helfen, andere tun es aus egoistischen Gründen. Setze auch hier wie immer Geben vor Nehmen. Das sollte Dir an dieser Stelle des Buches aber ohnehin schon tief in den Synapsen verankert sein. Dann folgt der Rest von ganz allein und Du findest nicht nur schneller und einfacher die richtigen Mentoren für Dich, sondern behältst sie auch länger.

Achte aber immer sehr genau darauf, wo Du Deine Informationen beziehst, wen Du um Rat bittest und von wem Du Feedback oder Kritik annimmst. Erzielt die betreffende Person nicht bereits außergewöhnliche Resultate in dem Bereich, solltest Du besser schleunigst das Weite suchen. Du würdest normalerweise ja auch nicht Deinen Onkel um Anlagetipps bitten, es sei denn er ist ein überaus erfolgreicher Anlageberater. Und würdest Du Deinen Zahnarzt fragen, ob er Dir das Fliegen beibringen kann? Vermutlich nur dann, wenn er über ein Flugzeug und wirklich sensationelle Expertise als Flugtrainer verfügt.

Auch wenn Du bei den letzten Sätzen etwas schmunzeln musstest, begehen wir dennoch oft genug genau diesen Fehler und bitten Leute um Rat, die es selbst nicht besser wissen. Warum tun wir das? Weil wir nicht bewusst darüber nachdenken. Weil wir die Gewohnheit haben, unseren Nachbarn oder Kollegen zu fragen anstatt jemanden, der es wirklich weiß. Nur so lässt sich erklären, warum wir immer wieder mit überholten oder völlig falschen Ideen und Konzepten in unseren Köpfen herumlaufen, anstatt mit den besten Informationen, die es da draußen gibt. Man hört z.B. immer noch von der rechten, konzeptionell-kreativen Hirnhälfte und der linken, logisch-arithmetischen Hirnhälfte. Dabei hat sich diese funktionale Aufteilung im Hirn bereits vor Jahren als falsch herausgestellt.

Napoleon Hill meinte einmal, dass es sich auszahlt, zu wissen, wie und wo man sich Know-how aneignet. Egal ob es sich um einen Golftrainer, Fluglehrer, Business Consultant oder Finanzplaner handelt. Die Dividenden kompetenten Trainings sind exorbitant. Lade Dir die besten Informationen in Deinen Verstand herunter, die Du finden kannst und höre nie mehr damit auf! Mache es zu einer neuen Gewohnheit von Dir. Arbeite da, wo Du Dinge lernen kannst, die Dich interessieren und voranbringen. Zahle für diese Expertise wenn nötig. Und gib gute Informationen freizügig weiter, ohne selbst dafür jedes Mal eine unmittelbare Gegenleistung zu erwarten. Die Kompensation erfolgt immer, aber nach ihren eigenen Regeln. Deine Aufgabe ist es zu distribuieren.

Lerne und gewöhn Dir auch frühzeitig an, Menschen um ihre Hilfe zu bitten. Alleine wirst Du nie so weit kommen, wie es Deine großartige Idee hergibt und die Chance ist hoch, dass Du vorher aufgibst. Es ist menschlich zu versuchen, die Dinge immer zunächst allein in Angriff nehmen zu wollen. Ich mache diesen Fehler nach wie vor. Das Bewusstsein um diese Tatsache unterscheidet Dich jedoch ab sofort von allen anderen um Dich herum.

„Einer gewinnt, der andere lernt, doch beide profitieren."

Ayn Rand

Die Power des Lernens und Trainierens

Als Kinder fallen uns neue Dinge irgendwie leichter. Wir sind eher „Helden", für die nichts unmöglich ist, gehen mit mehr Zuversicht und Phantasie an Herausforderungen heran. Wir sind Meister, die üben. Kinder geben nicht einfach während der ersten Gehversuche auf, nur weil sie zu langsame Fortschritte generieren. Deshalb ist es umso erstaunlicher, wie ungeduldig wir beim Erlernen neuer Fertigkeiten sind, sobald wir erst einmal erwachsen sind. Es ist, als ob wir das Lernen verlernt hätten. Und das nach so vielen Jahren der Schule und Ausbildung oder Studium. Oder haben wir gar nicht das Lernen verlernt sondern einfach nur die Lust darauf verloren?

Wenn wir Informationen konsumieren, legen wir ein echtes Junki Verhalten an den Tag! Wir rasen durch das Material, als ob es einen Preis für Geschwindigkeit gäbe. Noch bevor eine Information richtig in unseren Köpfen verankert ist, sind wir gedanklich bereits bei der nächsten. Wir machen uns vor, beim ersten Überfliegen alles im Detail verstanden zu haben, was jedoch niemals der Fall sein kann. Zuschauen ist billig und dreimal zuschauen fühlt sich bereits an, wie zur Hälfte gelernt. Wenn Du nach der Informationsaufnahme etwas weißt, heißt das noch lange nicht, dass Du es auch verstanden hast. Wissen und Verstehen sind zwei Paar Stiefel mit völlig unterschiedlichen Schuhgrößen. Etwas richtig verstanden hast Du erst dann, wenn Du es einer weiteren Person so erklären oder zeigen kannst, dass auch sie es versteht.

Erst wenn Du eine neue Idee wirklich verinnerlicht und die positiven Auswirkungen auf Dein Leben bewertet hast, fängst Du an, sie auch umzusetzen. Nur unsere Ungeduld treibt uns dazu, die Grundlagen eines neuen Konzepts zu überspringen und gleich die Abkürzung zu den fortgeschrittenen ‚Insidertricks' der neuen Zunft zu nehmen. Das gilt insbesondere beim Erlernen neuer Fertigkeiten. Wir sind der Ansicht, dass wir die Basics einfach auslassen zu können, um schneller voran zu kommen. Das ist jedoch ein gefährlicher Trugschluss, der uns am Ende zusätzliche Zeit kostet. Echte Meisterschaft liegt eben genau da: Im Trainieren und „Meistern" der Grundlagen. Fang erst mit dem Laufen an, bevor Du zum Rennen übergehst. Dadurch ersparst Du Dir viele Rückschläge. Anfangs zu schnell unterwegs zu sein kann Dich später ausbremsen. Konzentriere Dich beim Lernen auf Fokus

Kapitel 8 – Trinity

anstatt Multitasking, auf Ruhe anstatt Hast und auf Verständnis anstatt Überblick.

Stell Dir vor, Du bist auf einer Veranstaltung eingeladen und sprintest ans Buffet, während alle anderen noch sitzen und zuhören. Du stapelst Dir dann auch noch den Teller bis zum Rand voll, als ob Du schon längere Zeit nichts mehr zu essen bekommen hättest. Dann wird Dir bewusst, dass Du von einigen Leuten um Dich herum etwas argwöhnisch beobachtet, ja regelrecht angestarrt wirst und es merklich still im Raum wird. Dich packt die nackte Panik. Was zum Teufel ist nur in Dich gefahren? Zurücklegen kannst Du das Zeug jetzt auch nicht mehr, das wäre ja noch auffälliger, unangenehmer und vor allen Dingen peinlicher. Also drehst Du Dich wieder ans Buffet und schlingst alles direkt runter, in der Hoffnung, dass es nur wenige sehen, denen Du dann später gezielt aus dem Weg gehen kannst.

Wir mögen über so etwas lachen, aber beim Lernen verhalten wir uns oft genau so! Zu viel, zu schnell und dann aber vorzeitig aufgeben, wenn es beim dritten Anlauf noch nicht klappt. Das ist Irrsinn! Um also gar nicht erst in diese unangenehme Situation zu gelangen, mach Dir den Teller beim Lernen nicht zu voll. Nimm lieber wenige neue Dinge auf, diese dafür aber gründlich. Eigne Dir erst dann wieder neue Infos an, wenn Du die bisherigen Aspekte integriert und umgesetzt hast. Erst wenn Du gekaut und geschluckt hast, nimmst Du den nächsten Bissen zu Dir. Sei minimalistisch was den Input anbelangt und setze auf Qualität vor Quantität. Man tappt schnell in die Falle des Überangebotes. Es gibt so sensationell viel gutes Know-how da draußen zu immer günstigeren Preisen - und häufig sogar umsonst. Aber das ist ein Wolf im Schafspelz. Die versteckten Kosten sind Dein Investment in Form von Energie und vor allem Zeit. Bist Du bereit, andere Dinge aufzugeben, um eine neue Fertigkeit richtig zu erlernen?

Durch zu viel neuen Input kannst Du einen Burn-out bekommen, der sich genauso übel anfühlt, wie der, den Du durch zu viel Disstress bekommst. Konsumiere also lieber weniger neue Infos, aber nimm Dir dafür fest vor, diese neuen Infos auch umzusetzen. Dadurch vermeidest Du Information Overloading und Burn-outs. Eine gute Kur für Info-Junkies ist es, sich auf weniger Input zu konzentrieren und dafür zu versuchen, diesen besser zu verstehen und dann umzusetzen.

Was ist, wenn Du allein aufgrund Deiner Profession jeden Tag viele Informationen aufnehmen musst? Egal ob es um einen hohen operativen Informationsfluss geht, der durch eine Vielzahl von Kundenanfragen geprägt ist oder ob man sich regelmäßig intensiv weiterbilden muss, wie es z.B. bei Medizinern oder Juristen der Fall ist. Im Job ist es oft schwierig, zu einem Informationsasketen zu werden, während links und rechts ständig neue Probleme aufpoppen und man sich zudem auch noch auf dem neuesten Stand halten muss. Dennoch ist es gerade hier umso wichtiger, seine 2-3 Key Tasks für den Tag zu identifizieren und alles andere entweder zu delegieren oder so gut wie möglich auszublenden und zurückzustellen, bis man wieder die Zeit dafür hat. Wir kommen im Kapitel über Produktivität noch näher darauf zu sprechen, was konkret Du machen kannst, um wieder die Überhand über Dein Leben zu gewinnen, wenn Du in so einem Strudel gefangen bist.

„Fang damit an, zu tun was nötig ist. Dann tue was möglich ist. Und plötzlich tust Du das Unmögliche."

Franz von Assisi

Wiederholung: Der Weg zur Meisterschaft

Wenn Du neue Informationen aufnimmst, triggern diese Ideen bestimmte Assoziationen in Deinem Kopf. Du gehst auf einen mentalen Trip und konzentrierst Dich nicht mehr auf die vor Dir liegende Information. Beim Lesen merkt man es noch am ehesten, weil man das Gefühl bekommt, nochmal zurückgehen zu müssen, weil einem etwas

Kapitel 8 – Trinity

Bestimmtes entgangen ist. Vielleicht hast Du das schon selbst erlebt. Aber in einem Seminar, einem Video oder auch einem Hörbuch merkst Du es unter Umständen gar nicht, dass Du für einige Sekunden abwesend warst, weil Du Deinen Gedanken nachgegangen bist. Und selbst dann gibt es nicht immer einen Rückspulknopf, den Du drücken kannst. Nach einer Weile kehren Deine abschweifenden Gedanken dann wieder zurück, allerdings fehlen Dir einige wesentliche Puzzlestücke.

Je mehr Infos auf uns herein prasseln, umso stärker wirkt sich natürlich auch dieser Effekt aus. Kriselnde Unternehmen scheitern heute nicht mehr so sehr am Informationsmangel wie an der Ablenkung und daraus entstehenden, mangelndem Fokus auf die kritischen Prioritäten. Hervorgerufen wird diese Ablenkung durch zu viele neue Informationen, die täglich generiert und gar nicht so schnell umgesetzt werden können, wie sie entstehen.

Ich hab mir daher angewöhnt, mir eher wenige neue Ideen anzueignen, diese dafür aber umso gründlicher zu studieren. Das hat den Vorteil, dass man sich mit einer Idee in ihrer hochwertigsten und raffiniertesten Form auf einem viel tiefer gehenden Level auseinandersetzen kann. Das ist wie eine Art von geistiger Qualitätsoffensive. In der Praxis sieht das so aus, dass ich bestimmte Artikel und vor allem Bücher immer und immer wieder lese, anstatt sie wegzulegen und nach etwas Neuem zu greifen, was mich genauso viel Energie kosten würde. Manche Passagen in Büchern werden dabei signiert, mit Eselsohren versehen und über Wochen hinweg immer wieder studiert bis ich spüre, dass sich etwas in meiner Einstellung oder meinem Verhalten geändert hat. Aufgrund dieser aggressiven Form des Lesens musste ich mir manche Exemplare zum Entzücken des deutschen Buchhandels bereits mehrfach nachkaufen. Man könnte es mit einem Augenzwinkern auch als Brutto-Lesen bezeichnen.

Aber weißt Du was? Selbst wenn ich mir ein Buch zweimal nachkaufen musste, hat der ROI aus dieser Maßnahme die erhöhten Ausgaben bislang immer und bei weitem aufgewogen. Auch wenn man meint, eine bestimmte Textstelle verstanden zu haben, gibt es selten einen guten Text, den man nicht durch gründliches und wiederholtes Lesen noch besser verstehen kann. Manche Passagen werden zu einem regelrechten Mantra in Deinem Kopf und es erschließen sich immer neue, tiefere Bedeutungsebenen. Sobald Du ein gutes Buch zum zweiten Mal liest, siehst Du darin nicht etwas, das Du zuvor noch nicht gelesen hast. Du erkennst etwas Neues in Dir selbst, das vorher noch nicht da war. Schalte dafür etwas von dem Junk ab, den Du Dir täglich reinziehst. Wer schreibt denn eigentlich die Artikel, Newsletter und Romane, die Du größtenteils liest? Was für einen Wert hat eine Fernsehsendung, bei der Du andere Menschen, die Dir im Grunde genommen völlig egal sind, bei etwas beobachtest, das Dir ebenfalls ziemlich egal ist?

Gute Informationen wollen immer und immer wieder konsumiert werden. Es geht um den wertvollen, suggestiven Charakter der Botschaft, die durch die stetige Wiederholung Dein Verhalten zum Positiven verändert. Wo nicht gejätet wird, sammelt sich mit der Zeit Unkraut an und genauso ist es mit Deinem Verstand. Wenn Du ihn nicht regelmäßig positiven und motivierenden Informationen aussetzt, dann schwächst Du Deinen mentalen Muskel und negative, schädliche Suggestionen dringen leichter ein und setzen sich dort fest. Wir achten durch tägliches Duschen und Zähne putzen auf unsere Körperpflege. Wenn Du in die Liga der Spitzenreiter aufsteigen willst, wird mentale Hygiene absolut kritisch. Es muss nicht länger dauern, als ein paar Minuten am Tag. Je länger, desto besser natürlich. Mit der Zeit und Deinen erste Erfolgen wirst Du automatisch Lust bekommen, es länger zu tun aber mach es am Anfang nur so lange, wie es sich gut für Dich anfühlt und dafür aber regelmäßig.

Es gibt aber noch einen weiteren Aspekt, der für das Bruttolesen spricht. Wenn Du ein neues Buch liest, hast Du nach etwa 2-3 Tagen bereits die Hälfte von dem vergessen, was Du gelesen hast. Nach 30 Tagen erinnerst Du Dich nur noch an ca. 10% der Inhalte eines Buches. Der deutsche Psychologe Hermann Ebbinghaus hat bereits Ende des 19.

Kapitel 8 – Trinity

Jahrhunderts die Zusammenhänge zwischen Lernen und Vergessen von Informationen untersucht und an den Kernaussagen seiner Ergebnisse hat sich bis heute im Wesentlichen nichts geändert. Er stellte durch Eigenversuche fest, dass man bereits kurze Zeit nach dem Lernen von Material einen Großteil wieder vergessen hat. Durch Wiederholungen in sich stetig vergrößernden Intervallen vermeidest Du diesen Effekt, indem Du z.B. nach 10 Minuten, dann 30 Minuten, 2 Stunden, 1 Tag, 3 Tagen, 10 Tagen und 30 Tagen eine Wiederholung der Ideen und Konzepte vornimmst. Das gilt auch für das Erlernen neuer Bewegungen wie bei Tänzen oder im Kampfsport. Je mehr dieser Wiederholungen desto besser natürlich. Die Pausen dazwischen sind jedoch wichtig für die Integration der neuen Informationen. Genauso wichtig ist Schlaf. Neuere Studien zeigen, dass Lernen ohne hinreichenden Schlaf in der darauffolgenden Nacht nahezu zwecklos ist, weil das Gehirn die Informationen erst im Schlaf ins Langzeitgedächtnis überführt.

Bei einer Lektüre, die Du zur Unterhaltung liest, mag das gar nicht weiter schlimm sein, da es Dir ja um den angenehmen emotionalen Zustand während des Lesens geht. Die Kerninhalte einer guten Story behältst Du noch lange, nachdem Du die Namen der Protagonisten vergessen hast. Und bei manchen Büchern möchte man auch am liebsten so schnell wie möglich wieder vergessen, was dort drin stand. Aber bei Sachbüchern, Seminaren, Video - Tutorials, Online-Lernkursen oder Hörbüchern mit nicht-fiktionalen Inhalten ist der Unterhaltungswert nur die Verpackung. Dort geht es primär um den Nutzwert und den willst Du sicher wesentlich länger behalten als nur für ein paar Tage.

Noch besser als passive Wiederholung sind Studien zufolge kleinere Tests (Kommt Dir das irgendwoher bekannt vor?), in denen Du Dich selbst abfragst, was Du behalten hast. Dadurch werden die Gehirnbereiche mit den gespeicherten Informationen noch aktiver stimuliert als durch das bloße Wiederholen des Materials. Versuche Dich auch in anderen Umgebungen und Situationen an das Gelernte zu erinnern als in dem Kontext, wo Du es Dir zuerst angeeignet hast, das verstärkt die neuronalen Verknüpfungen.

Solche Tests wirken für Dein Gehirn beim Lernen wie kleine Steine im Fluss, über die Du von einer Seite des Flusses zur anderen gelangen kannst, ohne nasse Füße zu bekommen. Die Steine sind die bereits fest integrierten Wissensbausteine, an denen Du Dich entlang hangeln kannst, während gleichzeitig die noch offenen Lücken mit den weniger bekannten Fakten aufgefüllt werden, bis schließlich ein kleiner Damm aus Steinen über den Fluss führt. Übrigens wird auch in diesem Buch von der Wiederholung wichtiger Ideen reger Gebrauch gemacht. Unsere Kernidee, dass Du mit den Bildern in Deinem Kopf die Welt um Dich herum kontrollierst, wird dabei in jedem Kapitel immer wieder tangiert, bis sie sich tief in Deiner Neurophysiologie festgesetzt hat. Durch wiederholtes Lesen verstärkst Du den Effekt noch weiter.

„Lebe als ob Du morgen sterben würdest. Lerne, als ob Du ewig leben würdest."

Mahatma Gandhi

Setze regelmäßig neue Impulse für Dein Gehirn!

Selbst wenn alles in Deinem Leben wunderbar läuft, kann es sein, dass wir uns nicht erfüllt fühlen, wenn zu viel Konstanz in unserem Leben herrscht. Unser Gehirn langweilt sich sehr schnell und braucht für unser Wohlergehen regelmäßig neue Lern-Impulse. Wir fühlen uns immer dann besonders gut und angeregt, wenn wir etwas Neues dazu lernen. Auch bekannte Dinge auf eine neue Art zu tun, beugt diesem Phänomen vor. Das mag sich nach dem vorangegangenen Abschnitt zum Bruttolesen etwas widersprüchlich anhören, aber lass es mich kurz erklären.

Kapitel 8 – Trinity

So wichtig wie es ist, Deinen Verstand nicht zu überfordern, so sehr muss Du auch darauf achten, ihn nicht zu unterfordern. Es ist wie immer alles eine Frage der richtigen Balance. Regelmäßig etwas Neues zu lernen, um Dein Gehirn immer wieder auf eine andere Art zu aktivieren ist daher der beste Weg, um ein anregendes und erfülltes Leben zu führen. Probiere völlig verschiedene neue und verrückte Sachen aus, auch wenn sie Dir auf den ersten Blick merkwürdig vorkommen. Lass Dich darauf ein. Hier sind einige Anregungen: Lerne Boule, japanisches Go-Spiel, Violine, Kampfsport, Klavier, Surfen, Klettern oder Snowboarden. Wichtig dabei ist, dass Du die Fertigkeiten nicht halbherzig erlernst, sondern Dich voll auf die Lernerfahrung einlässt und die dafür notwendige Zeit realistisch einplanst. Dann gibt es weniger ernüchternden Erfahrungen. Natürlich wirst Du Rückschläge haben, aber sie sind dann ein Bestandteil des Lernprozesses und kein zeitraubender Faktor. Nimm Dir nur eine neue Aktivität vor und beschäftige Dich damit eingehend. Lass den anderen auch noch etwas vom Buffet übrig.

Es können auch ganz einfache Dinge sein, wichtig ist der Charakter des Neuen. Wie wäre es mal wieder mit einem neuen Restaurant oder wann warst Du zuletzt nachts in einem See schwimmen? Wenn Du nur gerne mal wissen möchtest, wie es ist, mit einem Hängegleiter zu fliegen oder Wildwasser zu raften, musst Du dafür auch nicht Deine gesamte Freizeit umstellen. Diese Aktivitäten kannst Du prima einmal ausprobieren und dann abhaken, es sei denn sie werden zu Deinen neuen Hobbys. Das Erlebnis behältst Du für immer in Deiner Erinnerung.

Hummeln im Hintern

„Ein weiser Mensch kann mehr von einer dummen Frage lernen als ein dummer Mensch von einer weisen Antwort."

Bruce Lee

Unsichtbare Assets

In den vergangenen Jahren sind kognitive Fähigkeiten im beruflichen Alltag immer wichtiger geworden. Price Pritchett schätzt, dass etwa 90 % der heutigen Arbeit kognitiver - das heißt mentaler und emotionaler - Natur entstammen, während nur etwa 10 % körperlicher Natur sind. Dieses Ungleichgewicht wird sich durch zunehmende Automatisierung in den kommenden Jahren noch weiter verstärken und die Schere weiter spreizen. Denken wird zur Kernkompetenz. Dein Verstand ist Dein wichtigstes Asset. Es ist Dein einziges Produktivitätswerkzeug, das nicht durch etwas anderes ersetzt werden kann. Deine mentalen Prozesse sind die Quelle Deiner Gesundheit. Sie sind die Quelle der Liebe, die Du im Leben erhältst und verschenkst. Und sie sind auch die Quelle Deines Wohlstands.

Was für eine einzelne Person gilt, gilt umso mehr für eine Gruppe von Menschen. Was eine Organisation denkt, fühlt und wie sie zu sich selbst spricht, entscheidet über die tagtägliche Performance. Die Gewinn - Verlust Rechnung aus dieser Betrachtung schlägt sich im jährlichen Finanzbericht des Unternehmens wieder. Die Stärke einer Organisation leitet sich von den weichen Kriterien eines Unternehmens ab. Aus diesem Grund schlägt Pritchett in seinem Buch „Deep Strengths" psychologische Scorecards vor, die sich auf das konzentrieren, was in den Köpfen der Mitarbeiter vorgeht anstatt um sie herum. Dort muss die größte Aufmerksamkeit liegen!

In nur wenigen High-Tech Unternehmen ist ein derart tiefes und spezifisches Fachwissen nötig, dass man das Know-how als die Basis des gesamten Unternehmens bezeichnen kann. Das Asset der meisten

Unternehmen sind die Soft Skills der Mitarbeiter, nicht so sehr deren Know-how. Sind die richtigen Soft Skills vorhanden, kann sich jeder Mitarbeiter die benötigten Kenntnisse in kurzer Zeit aneignen und wird das auch tun, selbst komplexe Zusammenhänge. Aber jemanden, der denkt, bereits alles (besser) zu wissen, kann man nur sehr schwer zu Höchstleistungen motivieren. Das, was in den meisten Unternehmen also den kleinsten Anteil in den Zielsetzungen des Mitarbeiters ausmacht, ist eigentlich der wichtigste Vermögenswert eines jeden Unternehmens: Die Soft Skills seiner Mitarbeiter!

Action Steps
Attacke! Gang, kuppeln und Gas: Die Übungen für das Kapitel

Gang 1…2: Action

1. „Dein Mentalhygiene Programm": Triff die bewusste Entscheidung, künftig weniger Infos zu konsumieren und dafür mehr auf die Qualität der Infos zu achten. Woher kommt die Information? Ist die Quelle wirklich verlässlich und zudem auch relevant für Dich? Ist die Person eine Kapazität auf ihrem Gebiet?

Gang 3…4: Energie

2. Lerne regelmäßig neue Impulse zu setzen. Such Dir eine Aktivität aus, die Du schon immer mal lernen wolltest und fange jetzt damit an!

Gang 5…6: Bestimmung

3. Bestimme eine Person in Deinem Leben, von der Du gezielt lernen möchtest. Wenn Du mit der Person bereits in Kontakt bist, musst die Person nicht zwingend ansprechen und darum bitten, Dein Mentor zu werden. Viele Menschen können mit

Hummeln im Hintern

der Idee des Mentoring ohnehin nicht viel anfangen. Werde Dir aber der besonderen Beziehung stärker bewusst und lass Dich gezielter auf den Lernprozess ein.

KAPITEL 9

Leadership

„Da war ich nun, 15.000 Fuß über dem Meeresboden, beide Triebwerke brannten und mein Fallschirm war in der Wäscherei."

Tom Schreiter

Ein Kapitel zum Thema Leadership kann man kaum vernünftig beginnen, ohne sich zu fragen, ob man wirklich Dinge aufschreiben soll, die eigentlich jeder bereits umsetzen oder zumindest für völlig selbstverständlich halten sollte. Intuitiv klingen diese Ideen meist recht plausibel. Die Schwierigkeit besteht darin, sich auch dann noch so zu verhalten, wenn es um einen herum zu rauchen anfängt oder bereits lichterloh brennt. Sich die Prinzipien richtigen Leaderships immer wieder frisch ins Gedächtnis zu rufen kann dann je nach Situation Mut machen oder lebensrettend sein. Was nützen einem zudem schon die besten Führungsstrategien in Zeiten, wo alles gut läuft? Erstens sind solche Perioden nur von kurzer Dauer und zweitens ist eine Idee keinen Pfifferling wert, solange sie nur in Friedenszeiten oder in einer sterilen Laborumgebung funktioniert. Führung ist der akrobatische Tanz, der entsteht, wenn Anforderungen Deiner Vorgesetzten sich mit den Anforderungen Deiner Mitarbeiter zu einem explosiven Cocktail vermengen und jeder bereit ist, Dir kameradschaftlich das Feuer für die Lunte zu reichen. Du wolltest hier sein. Also steh auf, konzentriere Dich wie noch nie zuvor und nimm die Sache ernst!

Mit diesen Punkten im Hinterkopf, aufrichtigem Respekt und vor allen Dingen ungebremster Begeisterung für Deine Entscheidung folgen hier meine Empfehlungen, die für Dich und alle Beteiligten einen riesigen Unterschied machen werden, wenn Du sie beherzigst! Dabei sind meine eigenen Erfahrungen als Verantwortlicher einer bundesweiten, dezentral organisierten Vertriebsmannschaft eingeflossen. Aber ich habe auch die Essenz aus zahlreichen Büchern zu diesem Thema herausgefiltert und dabei die Sachen weggelassen, die nur am Schreibtisch funktionieren und nicht in der Praxis. Nicht zu guter Letzt lebt dieses Kapitel auch recht stark von dem, was mir einst ein sehr guter Mentor dazu beigebracht hat.

„Urteile einen Menschen nach seinen Fragen, nicht nach seinen Antworten."

Voltaire

Leadership statt Management

Fangen wir damit an, was Leadership nicht ist. Wenn man alles eliminiert was man nicht benötigt, ist es manchmal einfacher zu erkennen, wofür ein bestimmter Begriff tatsächlich steht. Leadership bedeutet nicht Parameter zu messen, komplexe Aufgaben herunter zu brechen oder unangenehme Tasks zu delegieren. Es bedeutet nicht, zu überwachen, ob jemand die ihm anvertraute Aufgabe richtig ihrem Ende zuführt. Es bedeutet nicht, E-Mails mit einer Deadline zu versehen, sie dann zu verschicken, sich zurück zu lehnen und abzuwarten, bis die Feedbacks eintrudeln. All diese Dinge fassen wir unter dem Begriff des Managements zusammen und nur die wenigsten Menschen unterscheiden zwischen Leadership und Management, obwohl sie sich im Grunde wie Tag und Nacht gleichen.

Leadership ist die Führung und Entwicklung von Menschen. Management ist die Steuerung von Prozessen und Tasks. Führung bedeutet,

Kapitel 9 – Leadership

das Verhalten von Menschen positiv zu beeinflussen und dadurch den leuchtenden Kern eines Mitarbeiters noch stärker zum Scheinen zu bringen. Ein Leader ist eine Person, der Du zu einem Ort folgst, wo Du von allein aus nicht hingehen würdest. Management bedeutet, sich so schnell wie möglich von unangenehmen Aufgaben zu trennen. Leadership ist Personen bezogen. Management ist Aktivitäten bezogen. Leadership ist qualitativ. Management ist quantitativ. Manager administrieren bestehende Systeme. Führungskräfte innovieren bestehende Systeme. Manager optimieren den Status quo. Führungskräfte stellen den Status quo infrage und verändern ihn wenn nötig. Manager fragen Wie und Wann. Leader fragen nach dem Was und Warum. Manager schauen auf die Bottom Line. Leader schauen auf den Horizont. Management erfolgt innerhalb eines Paradigmas. Leadership erfolgt zwischen den Grenzen verschiedener Paradigmen. Der mittlerweile leider verstorbene Stephen Covey drückte es so aus: Management wirkt im System. Führung wirkt auf das System.

Und da die meisten Menschen nicht zwischen Leadership und Management unterscheiden, entsteht daraus ein ganzes Spektrum an Problemen. Wenn Manager versuchen, im Management Modus Teams zu führen, ist die Katastrophe bereits eingeladen. Wenn ein Manager eine Aufgabe delegiert, will er sie erledigt wissen, um sich selbst nicht darum kümmern zu müssen. Wenn ein Leader eine Aufgabe delegiert, dann will er dieser Aufgabe erledigt haben und bestimmt dazu genau die Person aus seinem Team, für die diese Aufgabe eine perfekte Herausforderung und den nächsten logischen Schritt in ihrer Entwicklung darstellt. Führung nach Leadership Prinzipien wirkt auf den ersten Blick emotional, subjektiv oder gar bevorzugend, ist dabei aber völlig rational, kausal und logisch. Es stärkt das gesamte Team, weil es fair ist. Es baut das Team auf. Führung im Managementstil ist egoistisch, wirkt aber auf den ersten Blick objektiv, sachlich und vernünftig. Wer im Management Stil führt, sorgt vor allen Dingen dafür, dass er selbst gut abschneidet und sich dabei gut fühlt. Das geschieht in der Regel auf den Köpfen seiner Mitarbeiter. Darum sind viele Manager bei ihren Teams auch nicht sonderlich beliebt. Es ist überhaupt nichts Falsches oder Schlechtes am Management, solange man es innerhalb der Grenzen dessen einsetzt, wofür es da ist: Für Tasks und Aktivitäten. Menschen wollen hingegen nun mal nicht verwaltet werden. Sie wollen geführt werden.

Bevor ein Künstler ein Stück Holz zu bearbeiten anfängt, ist die Figur, die ihm vorschwebt, bereits in dem Holzscheit enthalten. Aber erst durch das Schnitzen kommt sie zum Vorschein. Der Künstler muss also die Fähigkeit haben, die Figur in dem Holz zu sehen, noch bevor sie überhaupt da ist. Erst wenn er mit seiner Arbeit fertig ist, kann sie in ihrer vollen Schönheit auch von allen anderen genossen und bestaunt werden. Das ist ein exzellentes Bild, das Du Dir vor Augen halten solltest, wenn Du mal wieder entnervt einen Mitarbeiter anschnauzen möchtest. Im Rahmen seiner Möglichkeiten hat er alles richtig und das Beste aus der Situation gemacht. Nur hat er leider nicht über alle Informationen verfügt, die Dir vorlagen. Menschen sind nicht dumm, aber sie können nur mit dem arbeiten, was ihre Vorgesetzten ihnen zur Verfügung stellen.

Natürlich spielt Verantwortung gegenüber dem Mitarbeiter dabei eine große Rolle, denn jede Kommunikation ist laut Paul Watzlawick auch immer ein Akt der Manipulation. Und da wir nicht „Nicht-Kommunizieren" können, sind wir auch immer am Manipulieren unserer Mitmenschen. Aber allein Du entscheidest anhand Deiner ethischen Grundsätze, ob Du Menschen zum Positiven oder zum Negativen beeinflussen möchtest. Entscheidend ist also nicht der Manipulationsgedanke an sich, sondern die moralische Intention dahinter.

Kapitel 9 – Leadership

„Wenn Du Dir selbst Auftrieb verschaffen willst, verschaffe jemand anderem Auftrieb."

Booker T. Washington

Vom Gefolgsmann zum Leader

Eine der ersten und schwierigsten Herausforderungen, der Du je gegenüberstehen wirst, ist das Umschwenken vom Mitarbeiter zum Leader! Das vielleicht wichtigste, was Du in dem Zusammenhang verstehen musst, ist, dass niemand daherkommen wird und Dich einem Ritter gleich in den Führungsadel „schlägt". Es gibt kein bestimmtes Signal, ab wann Du die Zügel selbständig in die Hand nehmen kannst und es erteilt Dir auch niemand die Erlaubnis dazu. Man unterstellt irgendwie, dass Menschen, die aus dem fachlichen Bereich in eine Führungsposition wechseln automatisch wissen, was zu tun ist.

Das Timing, um den Schalter umzulegen, bestimmst Du allein. Du promotest Dich quasi von selbst. Es kann Wochen, Monate oder sogar Jahre dauern, bis Du denkst, dass Du soweit bist. Und wenn Du es nicht wirklich willst, passiert es gar nicht. Aber irgendwann - meist lange, nachdem Du den offiziellen Führungstitel erhalten hast - merkst Du, dass es an der Zeit ist, die Sachen anzupacken, da es sonst scheinbar keiner macht. Das ist der Zeitpunkt, in dem Du fast augenblicklich in den Modus einer echten Führungskraft schaltest und einen Quantensprung in Deiner Entwicklung machst. Du fängst an, auch unangenehme Themen proaktiv zu adressieren und manche Aussagen Deiner Vorgesetzten und Kollegen etwas kritischer zu hinterfragen. Das Harmoniebedürfnis, das einen Mitarbeiter stark mit seinen Kollegen verbindet weicht mehr und mehr dem Bedürfnis, die begleitenden Umstände näher zu erforschen, um sie anschließend gezielter verbessern zu können. Sei dabei hart in der Sache, aber sanft zur Person - niemals umgekehrt!

Übernimm ab sofort und für alle Zeit die komplette Verantwortung für Fehler Deiner Mitarbeiter. Du bist für das Training und die Organisation Deiner Leute verantwortlich und das gilt insbesondere auch dann, wenn etwas schief läuft. Lerne, Dich hinter Deine Leute zu stellen, wenn etwas gut geht. Lass Dein Team im Rampenlicht stehen und die Lorbeeren ernten. Halte dafür die schützende Hand über Dein Team und suche den Fehler zuerst bei Dir, sobald etwas schlecht läuft. Das ist nicht leicht, denn der Drang den Fehler zuerst bei anderen zu suchen, ist nun mal allzu menschlich. Deine persönliche Zufriedenheit kommt ab sofort nicht mehr aus den direkten, operativen Erfolgen Deiner Mitarbeiter, sondern aus der Tatsache, dass Du sie dort hingebracht hast!

Einen Menschen zu etwas Besserem zu formen, ohne dabei die eigenen Fehler auf diese Person zu projizieren, das ist fortan Deine neue Profession. Das ist nie leicht und gelingt auch nicht immer, aber allein die Anstrengung ist nobel und erstrebenswert. Die meisten Führungskollegen, die ich kenne, machen es daher auch genau umgekehrt: Sie sonnen sich in der positiven Anerkennung ihrer Vorgesetzten, vermeiden dort penibel jedes kritische Feedback und geben den Druck und die Standpauken ihrer Vorgesetzten ungefiltert an ihre Teams weiter. Klingt vertraut? Laut einer Untersuchung der Hay Group sind schlechte Führungskräfte der Hauptgrund für Unzufriedenheit am Arbeitsplatz und damit einer der wichtigsten Erfolgsfaktoren eines Unternehmens überhaupt. Nicht, dass wir für diese Einsicht eine Studie benötigt hätten. Aber es kommt sogar noch schlimmer.

Die Fakten

In den „Recruiting Trends 2014", einer Zusammenarbeit von Monster mit der Universität Bamberg waren 35,8% aller Vakanzen nur sehr schwer zu besetzen. Es gibt einen Mangel an qualifizierten Leadern, da die Entwicklung und Ausprägung von Führungsreife oft hinter der fachlichen Ausbildung zurückbleibt. In „Odgers-Berndtson

Kapitel 9 – Leadership

Demographie Studie & Manager Barometer" wird eine Lücke durch den demographischen Wandel ab 2020 prognostiziert, wodurch etwa 20% weniger Führungskräfte unter 50 Jahren zur Verfügung stehen werden als benötigt. Gleichzeitig geht die Mehrheit der Unternehmen von gleichbleibendem oder sogar steigendem Bedarf nach qualifizierten Führungskräften aus. Auch Führungsmüdigkeit nimmt weiterhin zu. Mehr als die Hälfte aller befragten Führungskräfte ist mit der bisher erreichten Hierarchiestufe zufrieden oder würde sogar eher einen Schritt zurückgehen. Die Arbeitsbelastung von Führungskräften ist so hoch wie nie zuvor. Top-Manager scheitern zumeist an Falschentscheidungen in Bezug auf Vision und Strategie. Fehlende Führungskompetenz gehört aus Sicht der Befragten zu den Hauptursachen, genauso wie ein zu geringes Urteilsvermögen und mangelnde Entscheidungsfähigkeit. Laut der Leadership 2030 Studie der Hay Group müssen Führungskräfte künftig mehrsprachig, flexibel, international mobil und anpassungsfähig sein. Doch am wichtigsten überhaupt ist: Sie werden herausragende Fähigkeiten zur Zusammenarbeit und zu konzeptionellem und strategischem Denken aufweisen müssen.

Diese Anforderungen hinterlassen Spuren. Den Experten des „Instituts Arbeit und Qualifikation" (IAQ) an der Universität Duisburg-Essen folgend ist die Stimmung in deutschen Büros so schlecht wie nie zuvor. Laut einer Studie aus dem Jahr 2011 hat in den letzten 30 Jahren die Zufriedenheit deutscher Angestellter im Job kontinuierlich abgenommen. Während die Zufriedenheit einiger Nachbarländer anstieg, nahm sie in Deutschland ab. Mitte der 1980er Jahre beobachteten die Wissenschaftler zuletzt Werte für die Zufriedenheit, die heute nur einzelne skandinavische Länder erreichen. Im europäischen Vergleich lag Deutschland 2006 auf dem fünft-letzten Platz. Die Spitzenplätze belegten Dänemark, Schweiz und Finnland. Grundsätzlich schnitten Länder gut ab, in denen unbürokratische Strukturen am Arbeitsplatz stärker ausgeprägt sind. Etwa wenn es möglich ist, sich seine Zeit flexibel einzuteilen und den Job mit der Familie vereinbaren zu können, wie es zum Beispiel in Schweden stärker der Fall ist.

Hummeln im Hintern

„Probleme sind keine Stop Schilder, sie sind Wegweiser."

Robert H. Schuller

Der Feuerlöscher

Mitarbeiter: „Ich habe da ein Problem."

Vorgesetzter: „Ausgezeichnet, genau dafür haben wir Sie engagiert!"

Sobald wir in einem Job anfangen, sind wir überzeugt davon, dass es auf jede gute Frage wenigstens eine passende Antwort gibt und dass gute Problemlösung vor allen Dingen sehr schnell gehen muss. Erfahrene Führungskräfte verbringen wesentlich mehr Zeit damit, zunächst die richtigen Fragen zu stellen, bevor überhaupt begonnen wird, nach einer Antwort zu suchen. Sie wollen das Problem so exakt wie nur möglich formulieren, denken verschiedene Lösungsvarianten durch, forschen nach Löchern in ihren Denkprozessen und überprüfen ihr exaktes Verständnis der Vorgänge. Als Führungskraft stehst Du im Wesentlichen vor zwei großen Herausforderungen: Erstens, kannst Du herausfinden, was getan werden muss? Und zweitens, wie sorgst Du dafür, dass es so schnell wie nur möglich geschieht? Alles, was wir bisher über den Verstand und seine Funktion besprochen haben, läuft hier wie in einem gigantischen Amazonas - Flussdelta zusammen. Nun führst Du nicht mehr nur Dich selbst - sondern Du führst auch noch ein Team! Fangen wir jedoch nicht bei Deinem Team sondern bei Deinen Vorgesetzten an. Denn egal wie hoch Du auch kletterst, solange Du nicht die gesamte Karriereleiter kaufst - was im Übrigen keine so schlechte Idee ist - wirst Du immer eine oder mehrere Personen über Dir haben, an die Du reporten musst.

Kapitel 9 – Leadership

Autoritätshörigkeit: Die Angst vor langen Job-Titeln

Niemand ist besser als Du. Mit Deinem einzigartigen Hintergrund an Erfahrungen, Fertigkeiten und Einstellungen bist Du etwas Besonderes auf diesem Planeten. Du kannst all das haben, was die Leute besitzen, die Du bewunderst. Neid ist die Angst davor, etwas zu verlieren, was uns gar nicht gehört. Es ist ein sinnloses Spiel, bei dem Du nur verlieren kannst. Alle Dinge auf dieser Welt sind bereits Dein. Es ist nur wichtig, sich dieser Tatsache auch immer wieder bewusst zu werden und die Fülle um Dich herum anzunehmen. Wenn Du nach den vorangegangenen Kapiteln noch etwas anderes glaubst, fange am besten gleich an, das Buch nochmal von vorne zu lesen, bis Du komplett von dieser Erkenntnis erfüllt bist. Mit jeder Wiederholung des Buches pellst Du eine neue Schale der Erkenntnis ab und dringst tiefer in Dein Verständnis der Zusammenhänge und damit Deine persönliche ‚Erfolgszone' ein.

Es gibt deshalb auch keinen Grund für Dich, Angst vor „Autoritäten" zu haben. Diese Ängste können nicht nur unproduktiv sondern sogar regelrecht lähmend sein und Deine gesamte Karriere behindern. Manchmal hast Du eine einzige Chance, Dich bei jemandem vorzustellen, der Person die Hand zu schütteln, ihr dabei in die Augen zu sehen und klar zu machen, dass Du ein wertvoller Mensch bist, den man besser nicht einfach ignorieren sollte. Durch intensives Nachdenken und wiederholtes Lesen dieses Kapitels kannst Du Dich schrittweise von dieser Angst lösen und schließlich gänzlich davon befreien, so wie von jeder anderen angelernten Angst auch. Es braucht nur etwas Zeit.

Trau Dich aber auch ruhig, Deinem Vorgesetzten hin und wieder zu sagen, dass er nicht alle Tassen im Schrank hat, wenn das denn so ist. Das kann überaus befreiend sein, sowohl für Dich als auch für Deinen Chef, da nur wenige Chefs von ihren Mitarbeitern kritisiert werden, obwohl sie nicht weniger Fehler machen. Eine echte Win - Win Situation also! Vorab solltest Du aber noch gut abwägen, ob es sich auch befreiend auf Deinen Arbeitsplatz auswirken kann. Nicht alle Chefs können mit Kritik gut umgehen. Insbesondere die schwächeren Charaktere unter ihnen neigen dazu, in jedem kritischen Mitarbeiter gleich einen Miesepeter oder gar einen Meuterer zu sehen.

Wenn Du noch nicht ernsthaft jemandem Deine Meinung sagen kannst, insbesondere im Anblick der Gefahr eines möglichen Verlustes, ist es ein erstrebenswertes Ziel, darauf hinzuarbeiten. Freiheit ist das Recht, anderen Menschen das zu sagen, was sie nicht hören wollen, wusste bereits George Orwell. Starke Führungskräfte schätzen daher auch Mitarbeiter mit Schneid. Und mit einer schwachen Führungskraft, die immer nur das bestätigt haben will, was sie Dir vorkaut, möchtest Du kaum Deine wertvolle Zeit verschwenden. Dafür ist das Leben einfach zu kurz und Du kannst von so einer Person auch nichts lernen.

Wenn Du also zu sehr darüber nachdenkst, wie Dein Chef wohl reagieren wird und ob er Dich am Ende nicht sogar raus wirft, dann wird vermutlich auch genau das passieren, sobald Du es darauf anlegst. Man kann spüren, ob jemand kongruent für seine Meinung einsteht oder nur seine Grenzen gegenüber dem Vorgesetzten austestet, wie es kleine Kinder gerne bei ihren Eltern tun. Dennoch musst Du natürlich irgendwo anfangen zu üben!

„Wer widerspricht, ist nicht gefährlich. Gefährlich ist, wer zu feige ist zu widersprechen."

Napoleon Bonaparte

Der unbequeme Angreifer

Aber was genau willst Du denn eigentlich üben? Unbequem zu sein, wenn es darauf ankommt. Und warum willst Du das üben? Weil es die eine Fertigkeit ist, auf die es ankommt! Es ist die Fertigkeit, die Du als gute Führungskraft meistern musst. Es ist von allen Führungsaufgaben die kritischste überhaupt. Es ist die Voraussetzung für gute Führungsarbeit. Nicht etwa das Sammeln von Reports, das Erstellen von Auswertungen, das Einstellen von Mitarbeitern oder das Absegnen von Urlauben und Reisekostenabrechnungen. Sondern unbequem sein, wenn es darauf ankommt! Und bitte beachte die auf den ersten Blick vielleicht unbedeutend erscheinende Einschränkung im Nebensatz. Sie grenzt Deine neue Führungsrolle von der eines Tyrannen oder Anarchisten ab. Es geht uns hier nicht darum, gegen die Interessen des Unternehmens zu arbeiten, sondern im Gegenteil darum, mentale Führungsstärke zu entwickeln, um Verbesserungen im Sinne des Unternehmens umsetzen zu können.

Es gibt einige hundert Bücher über richtige Führung. Die meisten davon sind nicht mal das Papier wert, auf dem sie verfasst wurden. Oder sie wurden von anderen Autoren abgeschrieben ohne jedoch eigene praktische Erfahrungen dahinter zu setzen. Aber kaum irgendwo wird überhaupt angerissen, was gute Führungsarbeit eigentlich charakterisiert. Zu Führen heißt, unbequem zu sein wenn es nötig ist. Nicht um zu ärgern, nicht um zu sabotieren und auch nicht um jeden Preis. Sondern allein um Veränderungen anzustoßen. Und Veränderungen sind nun mal von Natur aus etwas unbequem.

Wenn Du nichts zum Positiven hin veränderst, bist Du auch Dein Geld als Führungskraft nicht wert. Noch hast Du es verdient, überhaupt als solche bezeichnet zu werden. Fang also an geeigneter Stelle mit kleineren Meutereien an und entwickle Deine Skills dann stetig weiter. Unbequem heißt weder plump, noch derb, noch grob oder asozial. Es bedeutet nicht, seine Intelligenz gegen Muskelkraft einzutauschen. Es heißt einfach nur bereit zu sein, das Offensichtliche anzusprechen, das keiner ansprechen will. Und der Grund, warum es scheinbar keiner ansprechen will liegt darin, dass es eben nicht ganz angenehm ist, manche Dinge beim Namen zu nennen. Weil es unbequem ist! Und um selbst unbequem zu sein, ohne dabei das Vertrauen von Mitarbeitern und Vorgesetzten zu gefährden, bedarf es einiger Übung.

Gleichzeitig wirst Du dabei auch Idiotie kompromittieren, wo immer sie Dir begegnet. Und meine Güte, wirst Du in Deiner beruflichen Laufbahn einer Menge davon begegnen, sofern Du nicht für den Rest Deines Lebens von den Ersparnissen Deiner Großeltern leben willst.

„Die erste Methode zur Bestimmung der Intelligenz eines Führers ist sich die Leute anzuschauen, die er um sich herum versammelt hat."

Niccolo Machiavelli

Exkurs: Konzern-Idiotie

Je größer ein Unternehmen wird, umso mehr ist Konzerndummheit ein Problem, das kaum in den Griff zu bekommen ist. Und selbst wenn es als Problem erkannt und ernst genommen wird, ist es eigentlich eine fast unlösbare Aufgabe. Es ist eine gefährliche Mischung aus den überproportional wachsenden Kommunikationserfordernissen einer Organisation, der zeitgleichen Notwendigkeit, Aufgabenbereiche strikter voneinander abzugrenzen und einer verantwortungslosen „Ist mir doch Latte!" Einstellung mancher Mitarbeiter und vor allen Dingen auch ihrer Führungskräfte. Menschen, die über einen genügend langen Zeitraum in kleinen, eng abgegrenzten Boxen in einem Großraumbüro nebeneinander vor sich hin werkeln, fangen irgendwann auch an, so zu denken. Ayn Rand nannte die Extremform der Ausprägung einer solchen Gesinnung recht treffend Schmarotzer und Parasiten. Das sind die Mitarbeiter, die sich im Job für ihre Freizeit schonen, während ihre Kollegen die Arbeit für sie erledigen. Jeder kennt mindestens eine solche Person, kaum einer redet darüber. Und so hart es auch klingen mag - irgendwie fällt mir auch kein passenderes Wort dafür ein als Parasit.

Diese Kollegen weiden ein Unternehmen regelrecht aus, bis entweder nichts mehr davon zu retten ist oder der Laden allein aufgrund der

Kapitel 9 – Leadership

überproportionalen Anstrengungen einiger weniger Menschen überlebt, wie ein komatöser Patient an der Herz-Lungen-Maschine. Wir brauchen uns nichts vorzumachen. Auch wenn so ein Mitarbeiter das Unternehmen oft bereits lange verlassen hat, bevor es gefährlich wird, der entstandene Schaden ist häufig irreparabel, wenn auch nicht immer sofort sichtbar. Nun, ich bin der Überzeugung, dass das Prinzip der Gerechtigkeit immer Gültigkeit hat und auf lange Sicht betrachtet Vernunft auch immer über Dummheit siegt, selbst wenn der Spielstand zur Halbzeit manchmal anders aussieht. Die Einstellung, nichts zu tun und einen Gegenwert dafür zu erwarten rächt sich früher oder später. Unter Umständen auch in einem völlig anderen Kontext als dem beruflichen.

Bis dahin dürfte dieses Phänomen jedoch weltweit jährlich einige hundert Billionen Euro an Produktivität verschlingen. Genau bestimmen lässt sich das wohl nicht. Es ist wie eine Seuche, die letztlich dazu führt, dass vor allen Dingen große Konzerne immer mehr Schwierigkeiten bekommen, flexibel und kosteneffizient auf die sich immer schneller verändernden Marktgegebenheiten zu reagieren und darauf einzustellen. Dabei passieren gerade so viele spannende Sachen um uns herum wenn man nur die Augen öffnet, dass man kaum weiß, wo man zuerst hinschauen soll. Aber sind große Unternehmen mit ihren zähen Strukturen und ihrer Vielzahl von Parasiten derzeit wirklich in der Lage, neueste Entwicklungen effizient in den Markt zu tragen? Ein recht drastisches Umdenken ist wohl unvermeidlich wenn wir weiterhin mit den explosiv wachsenden Schwellenmärkten mithalten wollen, wo Arbeitskräfte und Technologien bei immer besserer Qualität zu einem Bruchteil der Kosten verfügbar sind. Wie kann eine solche Lösung denn aussehen?

Das durchschnittliche Unternehmen der Zukunft wird wohl deutlich kleiner werden, um überlebensfähig zu bleiben und dabei mehr und mehr auf externe Spezialisten setzen. Dadurch werden Fixkosten auf ein Minimum reduziert, aus einem trägen Tanker werden wieder mehrere wendige Schnellboote und es kann eher mit den rapiden Veränderungen am Markt Schritt gehalten werden. Kleine und spezialisierte Gruppen aus Unternehmern und Freelancern, die sich für einzelne Projekte auch zu größeren Netzwerken zusammenschließen, um an Schlagkraft zu gewinnen, werden dadurch immer relevanter. Wir haben bereits in unserer Generation miterlebt, in welch kurzer Zeit sich milliardenschwere Ideen durch die Vernetzung von Experten verbreiten können. Früher hat so ein Wachstum mehrere Generationen benötigt. Diese oder vergleichbare Sichtweisen vertreten übrigens auch Deutschlands Gründerpapst Günter Faltin sowie Serial Entrepreneur, Investment Experte und Autor James Altucher. Insbesondere Günter Faltin sei Dir mit seinem Buch „Kopf schlägt Kapital" wärmstens ans Herz gelegt.

Divide et impera - teile und herrsche, die Empfehlung von Niccolò Machiavelli ist kein so schlechter Rat! Um die Schönheit und Effizienz eines Netzwerkes aus dezentralen und autarken Unternehmenseinheiten richtig schätzen zu können, muss man jedoch zuerst seinem Ego aus dem Weg gehen, dass nach Konsolidierung und Größe schreit. Wer sagt denn, dass nicht auch Mitbewerber unter einem solchen Netz zusammenarbeiten können, um größere Teile des Marktes abzudecken?

„Die wichtigste Aufgabe eines Generals im Gefecht: Überblicke das Schlachtfeld!"

Mark Joyner

Positive Flucht nach vorne

Es ist also soweit! Du hast eine neue Führungsaufgabe übernommen und willst einen sensationellen Job machen! Gerade jetzt, wenn es am nebligsten ist und Dich die Ungewissheit plagt, wenn Dich Gefühle der Hilflosigkeit und Ohnmacht überkommen, wenn Du denkst, Du müsstest Dich vor lauter Angst im Keller verstecken, um ein ungewisses Schicksal abzuwarten, weil Du die neue Herausforderung unmöglich allein schaffen kannst. Genau jetzt ist es an der Zeit, die ‚positive Flucht nach vorne' anzutreten, wie es Maxwell Maltz nannte. Mutig nach vorne zu preschen, Aufgaben positiv in Angriff zu nehmen, obwohl Du das Gefühl hast, noch nicht bereit zu sein, verschafft Dir ein geradezu phantastisches Gefühl der Zuversicht, Kontrolle, Klarheit und des Selbstvertrauens. In der Gefechtsstrategie besteht die erste und wichtigste Aufgabe eines Generals immer darin, sich einen Überblick über das Schlachtfeld zu verschaffen. Nur dann kann man sich eine geeignete Vorgehensweise überlegen. Bemühe Dich immer zuerst um Dein eigenes Verständnis bevor Du Dich bemühst, von Deinem Team verstanden zu werden. Beobachten ist Stärke. Urteilen ist Schwäche.

Beobachten ist hierbei auch nicht passiv gemeint, sondern in seiner aktiven Form, im Sinne von „sich etwas zu eigen machen". Du verschaffst Dir einen Überblick, indem Du mutig bist und Dir die neuen Kenntnisse und Informationen zu bestehenden Herausforderungen zügig aneignest. Du tust das alles obwohl Du eigentlich das Gefühl hast, noch nicht so weit zu sein und intuitiv eher noch etwas abwarten würdest. Schnelligkeit ist hier essentiell. Wenn Du zu lange abwartest, setzt die Lähmung durch die aufkommende Angst ein. Dann wird es noch schwieriger, die Kontrolle über die Situation zu gewinnen.

In vielen Unternehmen werden Positionen nach Anzahl der zugehörigen Dienstjahre vergeben oder weil eine bestimmte Stelle besetzt werden muss. Es spielt dann keine Rolle, ob Du Dich und damit auch Dein Team weiterentwickelst. Aber ein Titel macht Dich noch nicht zu einem Leader. Ich habe einmal die E-Mail einer Führungskraft erhalten, in welcher stand, sie bräuchte ihr Team gar nicht nach ihren Problemen zu fragen, da es ihr gegenüber diese ohnehin nie offenlegen oder gar proaktiv adressieren würde. Das läge nun mal in der Natur eines Mitarbeiters. An dieser Aussage ist so viel falsch, dass man gar nicht weiß, wo man anfangen soll. Die Tatsache, dass diese Führungskraft sich so wenig für ihre Aufgabe interessiert, dass sie sich noch nie ernsthaft mit ihren eigenen Mitarbeitern auseinandergesetzt hat, geschweige denn mit einigen simplen Grundideen menschlicher Psychologie. Der Umstand, dass ungeprüfte Behauptungen auch nicht dadurch wahr werden, dass man sie verschriftlicht und an Kollegen verbreitet. Oder der Aspekt, dass dieser Manager sein ganzes Team bereits aufgegeben hat, noch bevor es überhaupt eine Chance hatte, zu erklären, warum es keinerlei Vertrauen in seine Führungskraft hat.

Der Punkt ist, sobald Du den Anspruch Deiner Führungsaufgabe ernst nimmst, nehmen Dich auch Deine Leute ernst und fangen an, mit Dir zu arbeiten. Und von da an wird es so richtig spannend! Entweder bricht jetzt die Hölle los und Du wirst stärker gefordert als jemals zuvor in Deinem Leben. Oder es passiert gar nichts. Das hängt in erster Linie von Dir ab und welches Taktmaß Du vorgibst. Welchen Kurs und welche Geschwindigkeit Du auch immer einschlägst, solange Du keinen Rapport zu Deinem Team aufgebaut hast und kein beidseitiges Vertrauen existiert, wird kein Taktmaß jemals greifen, das Du zu etablieren versuchst. Kommen wir also zum Kern einer Führungsphilosophie, die sich wie jede gute Philosophie durch zwei Dinge auszeichnet: Ihre geniale Einfachheit und ihre durchschlagende Effizienz!

„Feedback ist das Frühstück der Champions."

Ken Blanchard

Der „Ein-Minuten-Manager"

Es mag einige Jahre dauern, gute Führung und den richtigen Einsatz aller Kommunikationswerkzeuge zu beherrschen, aber das Prinzip dahinter lässt sich an einem Nachmittag erlernen. Es gibt ein exzellentes kleines Büchlein von Ken Blanchard und Spencer Johnson, das bereits in den frühen 80er Jahren unter dem Titel „The One Minute Manager" erschienen ist, mittlerweile etwa 20 Millionen Mal verkauft wurde und neben 25 weiteren Sprachen auch auf Deutsch erhältlich ist. Es ist eine unterhaltsam geschriebene, fiktive Geschichte, welche die essentiellen Führungswerkzeuge vorstellt und dabei den gesamten Bullshit weglässt, der vergleichbare Bücher zu dem Thema oft unnötig anschwellen lässt. Es zu lesen dauert weniger als eine Stunde, was im Angesicht der Tatsache zunehmend jüngerer Führungskräfte eine unglaublich lukrative, zeitliche Investition ist. Warum nehmen sich nur so wenige Führungskräfte diese wichtige Zeit, wenn sie doch einen Großteil ihrer beruflichen Laufbahn Teams professionell anleiten werden?

Die „Ein Minuten Ziele" (EMZ)

In der einen oder anderen Form wird in allen Unternehmen eine Scorecard mit den Zielen für jeden Mitarbeiters existieren. Falls nicht: Au weia! Wie soll der Mitarbeiter wissen, wo er hinsteuern soll, wenn das Ziel nicht kristallklar und unmissverständlich formuliert ist? Fast jede existierende Scorecard ließe sich aber noch verbessern. Blanchard und Johnson schlagen vor, eine Goal Summary mit einem oder mehreren Zielen und nicht mehr als 250 Wörtern zu definieren. Es dauert keine Minute für die Führungskraft und die Mitarbeiter, sich die Ziele regelmäßig durchzulesen und festzustellen, ob sie ‚on track' sind oder korrigierend eingegriffen werden muss.

Die „Ein Minuten Anerkennung" (EMA)

Finde als nächstes heraus, wann Dein Mitarbeiter etwas richtig macht. Das gilt insbesondere bei neuen Mitarbeitern. Sei dabei genau und achte auf Details. Anschließend lobst Du den Mitarbeiter zeitnah und konkret zu dem, was Dir besonders positiv aufgefallen ist. Warte damit nie bis zum nächsten Performance Review sondern sprich die Anerkennung sofort aus. Das kann im Zwiegespräch oder auch in Gegenwart des restlichen Teams erfolgen, sofern man niemanden bevorzugt und jeder Mal an der Reihe ist. Sag der Person, was sie besonders gut gemacht hat, wie froh Du darüber bist und wie sehr es dem Unternehmen weiterhilft. Lass das Lob durch eine kurze Pause etwas sacken. Ermutige sie, künftig mehr von diesem Verhalten an den Tag zu legen. Damit bewirkst Du gleich mehrere Dinge. Erstens ist Dein Lob echt und nicht eines dieser quartalsweisen „Wir sind echt froh, Sie an Bord zu haben". Zweitens sieht der Mitarbeiter, dass die Führungskraft seine Performance nicht nur beobachtet und bewertet, sondern sie auch zu schätzen weiß und wird sich allein dadurch noch mehr anstrengen. Aber vielleicht am wichtigsten ist, dass der Kompass des neuen Mitarbeiters auf den richtigen Kurs geeicht wird. Er bekommt ein klares und positives Ziel, auf das er hinarbeiten kann, welches durch ein positives Feedback auch noch bekräftigt wird.

Der „Ein Minuten Rüffel" (EMR)

Die dritte Maßnahme dieser Methode kommt bei Mitarbeitern zum Einsatz, die bereits einige Erfahrungen in ihrem derzeitigen Job haben und zwar genau dann, wenn der Mitarbeiter trotz klarer Kommunikation der Ziele und richtigem Training immer noch wiederholt den gleichen Fehler macht. Wende EMR nie bei neuen Mitarbeitern an und schon gar nicht, bevor Du über EMZ und EMA einen klaren Weg vorgegeben hast! Merke Dir diese Reihenfolge: ZAR! Ziele. Anerkennung. Rüffel. Auch hier ist es wichtig, dass nicht pauschal kritisiert wird, sondern immer der konkrete Fall und auch jeweils zeitnah. Der Rüffel muss im Gegensatz zur Anerkennung auf jeden Fall immer in einem Zwiegespräch stattfinden und darf niemals vor anderen Kollegen oder weiteren Vorgesetzten erfolgen! Sage der Person zuerst konkret, was sie falsch gemacht hat. Erkläre dann, wie Du darüber denkst und Dich fühlst. Bringe Deine Enttäuschung dabei deutlich spürbar zum Ausdruck, aber ohne zu schauspielern. Lass anschließend wiederum eine kurze Pause von einigen Sekunden einkehren, um die unangenehme Spannung des

Kapitel 9 – Leadership

Rüffels noch zu verstärken und den Tadel einsacken zu lassen. Dann schüttele der betreffenden Person entweder die Hand oder berühre sie an einer neutralen Körperstelle wie dem Arm oder der Schulter und lass sie wissen, dass Du auf ihrer Seite stehst und nur das Verhalten kritisierst, nicht die Person. Erinnere sie daran, wie wertvoll sie für Dich ist und dass Du ihre Arbeit schätzt. Wenn der Rüffel vorbei ist, sollte er auch spürbar vorbei sein und keine Spannung mehr in der Luft liegen. Stelle das insbesondere dann äußerst penibel sicher, wenn Du den EMR mal am Telefon machen musst.

Wenn Dich das alles ein wenig an die Erziehung eines Kindes erinnert, dann liegst Du damit dichter an der Wahrheit als Dir vielleicht bewusst ist. Die Konditionierung eines Menschen erfolgt unabhängig von Alter und Kontext sowohl im privaten wie auch beruflichen Umfeld immer auf die gleiche Art und Weise: Durch positive Anreize - der Freude auf einen möglichen Gewinn - oder der Vermeidung von Schmerz. Tony Robbins trichtert uns diese zwei treibenden Motivatoren seit fast 30 Jahren ein. Den Schmerz instrumentalisieren wir durch „kleinere" verbale Bestrafungen, die sich unangenehm anfühlen und die der Mitarbeiter aus dem Grund künftig gerne vermeiden möchte. Es geht bei den Bestrafungen nicht um physische Schmerzen durch grausame Dinge wie Auspeitschen. Es geht um den emotionalen Wert einer kleinen, aber spürbar unangenehmen Situation, die der Mitarbeiter in einer geschützten Umgebung - isoliert von seinen Teamkollegen - mit seiner Führungskraft durchläuft, um aus dieser Erfahrung zu lernen. Die isolierte Situation in Form eines Zwiegespräches beim EMR ist zum Schutz des Mitarbeiters vor einer peinlichen Situation besonders wichtig, da die Kritik schon erheblichen Stress verursachen kann und wir ja kein Trauma konditionieren wollen. Das könnte dazu führen, dass der Mitarbeiter dadurch eine erhebliche Angst ausprägt, künftig erneut zu versagen.

Für das Gelingen diese Methode muss vorab bereits eine extrem starke Vertrauensbasis zwischen Mitarbeiter und Führungskraft bestehen, da sonst der Mitarbeiter die unangenehme Lernsituation nicht als solche erkennt und bewertet. In einem solchen Fall wird er sie abblocken und damit auch die enthaltene Lernbotschaft ignorieren („So ein Vollidiot dieser Chef, was bildet der sich nur ein!"). Einen korrekt durchgeführten Rüffel wird der Mitarbeiter künftig gerne vermeiden wollen und dadurch auch auf unbewusster Ebene dazu ermutigt, den Fehler nicht zu wiederholen. Es ist im Grunde eine äußerst einfache Konditionierung, ähnlich wie damals bei Pawlow mit dem Hund und der Glocke. Nur ist der wesentliche Unterschied der, dass Du es hier mit einem Menschen und keinem Hund zu tun hast, was den meisten Managern natürlich irgendwo bewusst ist, aber im Eifer der täglichen Gefechte und des Termindrucks schon mal vergessen wird. Gute Führung ist sehr zeitaufwendig und sicher kein Teilzeitjob.

Neben Vertrauen ist natürlich auch der volle Respekt des Mitarbeiters vor der Führungskraft für das Gelingen ausschlaggebend. Dieser Respekt kann leider nicht erkauft und entgegen sich hartnäckig haltender Gerüchte auch nicht einfach über eine Beförderung zugewiesen werden. Über Deine Job Promotion erhältst Du den Titel und die Verantwortung, nicht mehr und nicht weniger. Vertrauen und Respekt müssen dagegen verdient werden. Fachliche Kompetenz und Führungskompetenz sind notwendige Voraussetzungen dafür. Klingt das alles so ungewöhnlich? Wie schon gesagt, intuitiv wissen wir um diese Dinge, aber wie schnell werfen wir sie über Bord, sobald wir uns selbst in eine Führungsrolle begeben. Sich regelmäßig in die Lage eines Mitarbeiters zu versetzen und dabei zu fragen „Würde ich wollen, dass mich jemand so behandelt?" kann ein hervorragendes Mittel sein, um Dich zu erden wenn Du mal die Bodenhaftung verlieren solltest.

Besteht eine Vertrauensbasis und beidseitiger Respekt, dann folgt daraus auch die Bereitschaft des Mitarbeiters, die Rüge anzunehmen, sofern Du alles richtig gemacht hast. In vielen Fällen bedanken sich Mitarbeiter später sogar für ihre erhaltenen Rüffel, weil sie den Wert der Lernsituation und den positiven Effekt auf ihre Persönlichkeit erkennen.

Kapitel 9 – Leadership

Langfristig steigen dadurch Vertrauen und Respekt des Mitarbeiters in die Führungskraft deutlich stärker, als wenn ein Vorgesetzter seine Leute immer nur lobt. Unser System speist sich dann aus dem eigenen Momentum. Das geschieht aber nur, wenn der Mitarbeiter spürt, dass man es ehrlich mit ihm meint und wirklich zu helfen versucht. Wenn der Mitarbeiter zunächst irritiert ist, wird er in den kommenden Tagen oder auch Wochen intensiv darüber nachdenken und die gewünschte Änderung schließlich zumeist doch noch vornehmen, selbst wenn er sich anfangs sehr stark gegen die Kritik gewehrt hat. Das alles gilt immer unter der Prämisse des verantwortungsvollen Umgangs mit diesem Instrument.

Ein wöchentlicher Serientermin für eine Hassparade, in welcher man seine Leute mit einer pauschalen Kritik und der guten Intention, die verwöhnte Gefolgschaft mal wieder etwas „herunterzuholen" frontal angreift - am besten noch in größerer Runde oder sogar vor der ganzen, versammelten Mannschaft - mag zwar zeitsparender sein, qualifiziert sich aber nicht für diese Form der Führung. Und nur der Vollständigkeit halber sei hier erwähnt, dass es wesentlich schneller geht, Vertrauen und Respekt durch falsches Verhalten zu verlieren, als es neu aufzubauen. Die Führungskraft muss mit viel Feingespür, Verantwortungsgefühl sowie hohen ethischen und moralischen Grundsätzen an die Lob- und Kritikgespräche herangehen. Ein Lob, bei dem der Mitarbeiter spürt, dass es nicht ehrlich gemeint ist, richtet genauso viel Schaden an, wie eine unangebrachte Kritik. Behalte das im Hinterkopf, damit es in Deinem Team nicht wie bei Pawlows Hunden zugeht. Wir wollen durch gezielte und positive Verhaltensmodifikation eine mündige und autarke Führungskraft entwickeln und keinen dressierten Hund, dem der Speichel auf Kommando im Mund zusammenläuft.

Erkläre den Leuten am besten schon im Vorfeld, wenn Du nach diesen Prinzipien führen möchtest. Das erleichtert es Deinem Team damit umzugehen. Du musst die Maßnahmen nicht explizit so benennen wie hier, aber mach deutlich, was Du erwartest und was Deine Leute von Dir erwarten können. Wenn wir das bisher Gelernte zum Verstand im

Zusammenhang mit diesen Ideen zur Mitarbeiterführung betrachten, schließt sich der Kreis und alles ergibt einen Sinn. Damit Suggestionen bei uns oder anderen eine positive Verhaltensänderung bewirken können, müssen sie bewusst in der ersten Aufmerksamkeit akzeptiert werden, damit sie in der zweiten Aufmerksamkeit - dem Unbewussten - verankert werden und sich dort vollständig und nutzbringend entfalten können. Werden sie vom Mitarbeiter abgeblockt, erfolgt auch nicht die gewünschte Verhaltensänderung.

„Talent ist gottgegeben. Sei demütig. Ruhm ist menschgegeben. Sei dankbar. Arroganz ist selbstgegeben. Sei vorsichtig."

John Wooden

Junk in = Junk out

Es ist merkwürdig, wie sehr sich Leader fähigere Mitarbeiter wünschen und dabei oft nicht im mindesten bereit sind, die nötige Zeit zu investieren, um aus ihren eigenen Leuten auch das Beste herauszuholen. Mein Eindruck ist, dass in vielen Unternehmen bei jungen Mitarbeitern ungern Zeit investiert wird, weil der Mitarbeiter sich erst einmal ‚bewähren' soll und es außerdem kein guter Einsatz seiner Zeit ist, zu viele Menschen zu trainieren. Wenn überhaupt trainiert wird, dann wird durch einen Junior oder einen Praktikanten trainiert, der die Aufgaben selbst erst seit kurzer Zeit ausübt. Bei seniorigen Mitarbeitern wird hingegen wiederum zu oft unterstellt, dass sie alle notwendigen Fertigkeiten bereits mitbringen und gar kein Training mehr nötig haben. In mehreren, besonders krassen Fällen wurden die vorhandenen Skills von Führungskräften nicht einmal im Bewerbungsgespräch abgefragt, weil es nicht ‚chic' ist, einer erfahrenen Führungskraft zu sehr auf den Zahn zu fühlen, und sie damit zu beleidigen oder in eine unangenehme Situation zu bringen. Die Personen wurden daraufhin eingestellt und anschließend ebenso schnell wieder entlassen, weil sie nicht die Erwartungen erfüllen konnten. Solche für alle Beteiligten unangenehmen und kostspieligen Fehler sind völlig unnötig und lassen sich auch recht einfach vermeiden.

Es ist eine merkwürdige Unsitte, Berufsstarter auf Herz und Nieren abzuchecken, so als ob man ihnen eine Lebensversicherungspolice verkaufen wollte und Führungskräfte nur ob ihrer gut frisierten Vita bei einem Kaffee oder Golfspiel zu rekrutieren. Es sollte genau umgekehrt laufen. Je länger eine Person in ihrem Job ist, umso wichtiger ist es zu prüfen, ob sie aufgrund ihrer bisherigen Konditionierung überhaupt noch zu dem Unternehmen passt. Eine junge Person kann bei vorhandener Begeisterung sehr leicht in die gewünscht Richtung entwickelt werden. Bei einer sehr erfahrenen Person ist das nur schwer möglich und eine Fehlentscheidung ist hier zudem auch wesentlich teurer.

Manchmal wird noch der Wert eines guten Trainings erkannt, aber der kapitale Fehler gemacht, drei neue Mitarbeiter aus Buchhaltung, Sales und Produkt mit jeweils völlig unterschiedlichem Dienstalter, Background und Erfahrungen in das gleiche Training zu stecken, um sich Zeit zu sparen. Das Einzige, was die drei in ihrem Schicksal miteinander verbinden mag, ist das Pech am selben Montag in den Job gestartet zu sein.

Ich habe eine völlig konträre Einstellung dazu und meine Erfahrungen haben mich in meiner Meinung bislang auch nur bekräftigt. Ob es sich um eine Führungskraft oder einen Praktikanten handelt; der Inhalt der Trainings mag sich unterscheiden, aber der Trainingsaufwand bleibt der gleiche! Es gibt dafür einfach keine Abkürzungen. Wenn ein Praktikant mit Potential den richtigen Start erhält, dann wird der anfängliche Mehraufwand durch deutlich weniger Fehler, wesentlich mehr Motivation und Eigeninitiative entlohnt. Immer! Ich habe noch keine Ausnahmen dazu festgestellt. Wenn hingegen eine falsch angelernte Arbeitskraft später Fehler macht, potenziert sich der Fehler mit dem zusätzlichen Zeitaufwand, weil das fehlende Training schließlich doch noch nachgeholt werden muss.

Hummeln im Hintern

Aber lohnt sich das denn, wenn ein Mitarbeiter noch sehr jung ist oder wie bei einem Praktikum sogar bereits nach wenigen Monaten das Unternehmen wieder verlässt? Nun, zum einen ist das eine sehr einschränkende Sichtweise, in zahlreichen Fällen können aus guten Praktikanten später die besten Mitarbeiter rekrutiert werden, die einen fliegenden Start hinlegen und wo es zu keinen bösen Überraschungen mehr kommen kann. Aber eben nur, wenn man am Anfang keine Fehler macht. Und zweitens, wenn man von vornherein nicht bereit ist, gute Informationen in den Mitarbeiter hochzuladen, gerade wenn es ein junger Kollege ist, der nur kurze Zeit da ist, warum dann überhaupt jemanden ins Boot holen? Wenn die Person die Zusammenhänge und die Relevanz ihrer Arbeit nicht versteht, insbesondere dann, wenn diese Tätigkeit nicht sonderlich spannend ist, was bei Praktikanten ja nun mal eher die Regel als die Ausnahme ist, dann sinken Aufmerksamkeit und Interesse, es schleichen sich Fehler ein und unvorhergesehene Situationen können nicht selbständig entschieden oder gelöst werden. Und wem das alles egal ist, dem hilft vielleicht dieser Punkt beim Umdenken: Die ersten Berufsjahre sind besonders prägend für einen Menschen und es ist wichtig, dass die Person hier besonders gute Erfahrungen macht. Fehler in der Führung während dieser Zeit können sich später auf das gesamte Berufsleben des Menschen auswirken und es negativ beeinflussen.

Der Kanadier Laurence J. Peter stellte schon in den 60er Jahren des vergangenen Jahrhunderts die These auf, dass jedes Mitglied einer ausreichend komplexen Hierarchie nur so lange befördert wird, bis es das Maß seiner absoluten Unfähigkeit erreicht hat, was in der Regel dann auch den persönlichen Höhepunkt der Karriereleiter markiert und weitere Beförderungen ausbleiben lässt. Die Konsequenz ist seiner Meinung nach, dass nach einer gewissen Zeit jede Position von einem Mitarbeiter besetzt ist, der unfähig ist, seine Aufgaben richtig zu erfüllen. Die Organisation kollabiert nur deshalb nicht, weil über das Verschaffen von Anreizen immer wieder neue Mitarbeiter aufsteigen und nachrücken, die den Großteil der Produktivität tragen. Dieses Prinzip der Inkompetenz wird auch als ‚Peter-Prinzip' bezeichnet.

Kapitel 9 – Leadership

Die Kur für das Peter Syndrom besteht in kontinuierlicher Weiterentwicklung aller Aspekte Deiner Intelligenz, um mit den wachsenden und sich stetig verändernden Herausforderungen umgehen zu können. Lernen, wie man besser lernt, ist hierbei der Schlüssel. Wir wissen, dass die einzige Konstante in der Natur die Veränderung ist. Und doch klammern wir uns lieber an den Dingen fest, die uns vertraut sind, die wir kennen und mögen. Obwohl wir um bestimmte Dinge wissen oder schon davon gehört haben, heißt das eben nicht immer, dass wir sie auch wirklich verinnerlicht haben und umsetzen.

„Es ist unglaublich, wie viel man erreichen kann, wenn man sich nicht darum kümmert, wer die Anerkennung dafür erhält."

Harry S. Truman

Let's talk, man!

Es ist immer wieder erstaunlich, wie schlecht Teams und ganze Abteilungen miteinander kommunizieren. Eine einzige Stunde gezielten Austausches kann mehr wert sein, als die kumulierte Arbeit eines ganzen Teams während einer Woche. Es ist wie bei den Zielen; sobald man eines hat, ist es gleich bedeutend einfacher, es auch zu erreichen. Aber selbst wenn man um diesen Umstand Bescheid weiß, kann man sich dennoch schuldig machen, zu wenig zu kommunizieren. Sowohl im eigenen Team als auch an den Schnittstellen zu anderen Teams. Ich weiß es, weil es bei mir so ist und ich kommuniziere schon äußerst bedacht. Es erfordert große Disziplin, mit einem vollen Terminkalender die nötige Zeit frei zu schaufeln, um Mitarbeiter oder Teams auch außerhalb regulärer Meetings vollständig zu briefen. Andererseits gibt es oft nur wenige Menschen um Dich herum, die die Zeit oder Lust für notwendigen Informationsaustausch haben. Gute Kommunikation bedeutet hierbei vor allen Dingen maximale Fokussierung und nicht maximale Streuung! Wer welche Aspekte wissen muss ist dabei genauso wichtig wie die Realisierung, wen man aus einer Kommunikation gezielt außen vor lassen kann oder welche Aspekte für die betreffende Person unwichtig sind. Das muss nicht mehr als ein paar Sekunden dauern, erspart aber bei konsequentem Einsatz sehr viel Zeit und Energie. Nicht nur Deine eigene, sondern auch die anderer Leute. Natürlich wird jede Führungskraft die Bedeutung guter Kommunikation sofort bestätigen, aber das Verhalten spricht oft eine völlig andere Sprache.

Stell Dich am besten darauf ein, dass es eher die Regel als die Ausnahme ist, dass Menschen schlecht kommunizieren. Stell Dich darauf ein, dass sie noch schlechter führen, da Führung nun mal auf den Prinzipien der Kommunikation aufbaut. Ohne das Fundament guter Kommunikation ist keine Führungsarbeit möglich. Was auch immer uns Leadership - Trainings und Kommunikationsseminare in Bezug auf die Erfolgsaussichten ihrer Methoden weismachen wollen. Die Realität ist, dass es kaum gute Kommunikatoren in der Wirtschaft gibt und demzufolge noch weniger kompetente Führungskräfte. Wenn Du darauf vorbereitet bist und nichts anderes erwartest, wird es leichter, in turbulenten Zeiten die Fahne zu schwenken, während alles um Dich herum im Chaos zu versinken scheint. Entweder Du funktionierst oder keiner tut es. Gewöhne Dich besser früh daran!

Und selbst mit hervorragenden Kommunikationsprozessen kannst Du die Situation leider nicht immer nur durch gute Sprüche verändern. Vielleicht kennst Du Quentin Tarantinos „From Dusk Till Dawn" worin George Clooney in gespielter Theatralik meint „Ich hab nie gesagt, tut was ich tue, sondern tut, was ich sage". Im Amerikanischen gibt es die Ausdrücke „Walk the talk" und „Lead by example". Beide treffen den Nagel hart auf den Kopf. Nur, was von einer Führungskraft vorgelebt wird, setzen die Mitarbeiter auch um. Das fängt beim Geschäftsführer an. Warum sollte ein Mitarbeiter länger im Büro sitzen als die verantwortliche Führungskraft, nur weil es dem Mitarbeiter so gesagt wurde? Sobald eine Führungskraft hohen Arbeitseifer und Einsatz vorlebt, übernehmen

Mitarbeiter dieses Verhalten fast automatisch und die Performance - Review Gespräche fallen nicht nur positiver sondern auch wesentlich kürzer aus.

> „Gutes Urteilsvermögen kommt mit Erfahrung. Und eine Menge davon entstammt schlechtem Urteilsvermögen."
>
> *Will Rogers*

Was zum Henker ist da nur los?!

Reports und Zahlen können Dir sagen, dass etwas in Deiner Organisation nicht ganz rund läuft. Aber um festzustellen, wo genau der Sand im Getriebe klemmt, benötigst Du das Feedback Deiner Leute. Feedback ist Dein Lebenserhaltungssystem. Ohne Feedback wirst Du irgendwann scheitern. Es war Stephen Covey, der sagte, „Führungskräfte aufgepasst! Je höher Du in einer Organisation aufsteigst, umso weniger geben Dir Leute aufrichtiges Feedback. Tue daher alles, um eine Unternehmenskultur zu schaffen, in der es sicher ist, Dir Feedback zu geben."

Ich kenne verschiedene Manager, die damit prahlen, dass ihre eigenen Mitarbeiter Angst vor ihnen haben. Und sie nehmen das als Anzeichen dafür, dass sie einen besonders tollen Job machen. Das kann dazu führen, dass Mitarbeiter ihren Vorgesetzten nur noch positive Dinge berichten und negative Entwicklungen einfach verheimlichen. Nur verschwindet ein auf Dich zu rollender Zug nicht allein dadurch, dass Du Deine Augen verschließt. Ich bin mir nicht mehr ganz sicher, wo ich es zuerst gehört habe, aber es muss wohl kein geringerer als Investmentlegende Warren Buffet gewesen sein, der es verstanden hat, dass ein Unternehmen nicht durch permanente Selbstbeweihräucherung wächst und gedeiht, sondern durch die konstruktive Kritik seiner Mitarbeiter und den daraus resultierenden, stetigen Maßnahmen zur Verbesserung. Das geht soweit, dass er keinerlei positive Updates durch seine wichtigsten Führungskräfte mehr zulässt. Er will einfach keine Dinge berichtet bekommen, die bereits rund laufen. Obwohl viele Manager am liebsten gerade diese Form von Updates in ihre Board Meetings hinein tragen. Ist ja auch logisch, da es viel angenehmer ist. Erkennst Du da allmählich ein Muster? Warren möchte jedenfalls gerne erfahren, was wirklich in seinem Unternehmen passiert. Ihn interessieren die Sachen, die in Angriff genommen werden müssen, bevor sie sich zu einem echten Problem entwickeln. Und die allerwenigsten Tage sind voll von romantischen und verklärten Business Success Stories. Positive News fördern sicher das Betriebsklima und die gute Laune in der Führungsetage aber nicht die wirtschaftliche Bilanz eines Unternehmens.

Es ist die logische Konsequenz einer Führungslogik, die auf Teamplay aufbaut und den Mitarbeiter im Fokus sieht, dass man seine Mitarbeiter auch dazu ermutigt, ihre Meinung lauthals kund zu tun. Der Wert dieser Meinung mag am Anfang noch recht klein sein. Aber darum geht es auch nicht. Wir fangen wie immer mit dem Üben an, lange bevor wir die Fertigkeit in der Praxis benötigen. Die Art, wie die Meinung an den Tag gelegt wird, mag anfangs ruppig, emotional oder gar regelrecht unverschämt sein. Mit steigender Erfahrung wächst jedoch nicht nur der fachliche Wert der Meinung sondern auch der Wert der daraus resultierenden Urteilskraft eines Mitarbeiters überproportional. Das Ergebnis bezeichnen wir als Expertise und es ist ein Irrtum anzunehmen, nur weil jemand eine fachlich relevante Meinung hat, dass er auch den Mut dazu hat, sie kund zu tun, wenn er das bisher nie gelernt hat. Spätestens wenn der Mitarbeiter versteht, dass seine Meinung nicht nur angehört wird, sondern dass auch Maßnahmen daraus abgeleitet werden, verstärkt sich das Vertrauen der Mitarbeiter in ihre eigenen Urteilskraft und in ihren neuen Leader - Dich - abermals. Sei also nicht dumm und nutze diesen Erfahrungsschatz zum Ausbau und zur Stärkung Deiner Organisation.

Kapitel 9 – Leadership

„Nur die Schwachen sind grausam. Güte kann allein von den Starken erwartet werden."

Leo Buscaglia

Bleib auf dem Teppich!

Eine wichtige Empfehlung zum Schluss für alle angehenden Führungskräfte lautet, sich selbst nicht allzu wichtig zu nehmen! Harvey Mackay sagte mal, egal wie hoch Du auch hinaus willst, um über den Rest der Welt zu triumphieren, am Tag Deiner Beerdigung hängt die Größe Deiner Bestattung immer noch zu einem erheblichen Teil vom Wetter ab.

Manchmal verwechseln gerade junge Leader den Sinn für Verantwortung mit schlichtem Imponiergehabe. Es ist und bleibt ein Job und obwohl ich nicht weiß, was Du tust, ist es sicher nicht das Wichtigste auf der Welt oder in Deinem Leben. Geh einen Schritt zurück und gewinne etwas Perspektive auf das, was Du tust. Angelegenheiten mehr Relevanz einzuräumen als sie verdient haben, erzeugt Stress. Wenn Du Dich selbst zu wichtig nimmst, leidet zudem auch noch Deine Glaubwürdigkeit als Führungskraft gegenüber Deinem Team darunter. Wer sich seine Autorität ehrlich verdient hat, wird sich nicht scheuen, gegenüber seinem Team auch mal Fehler einzuräumen. Dein Führungsstil muss deswegen keinesfalls zaghaft oder gar zimperlich sein, aber Deine Mitarbeiter merken sehr schnell, ob Du eher mit Deinem Ego als mit den Herausforderungen des geschäftlichen Alltags beschäftigt bist.

Ein sehr gutes Gegenmittel besteht auch darin, sich selbst öfter mal auf die Schippe zu nehmen. Das gibt den Mitarbeitern das Gefühl, dass es nicht nur ok sondern sogar völlig normal ist, Fehler zu machen und stellt damit in eigener Sache ein wichtiges Führungsinstrument dar. In einer sich immer schneller entwickelnden Unternehmenslandschaft wird manchmal vergessen, Raum für Fehler einzuräumen. Das ist ein äußerst gefährlicher Antagonismus, da ohne Fehler auch kein Lernen stattfinden kann. Damit wird erwartet, dass Mitarbeiter schon alle nötigen Skills und die entsprechende Reife mitbringen, sobald sie in einem Job starten. Es ist jedoch Aufgabe der Führungskraft, Defizite einzelner Mitarbeiter zu erkennen und durch gezielte Trainings, Spezialisierungen oder Wechsel von Verantwortlichkeiten auszugleichen, um aus einem heterogenen ‚Haufen' ein homogenes Team zu formen.

Action Steps
Attacke! Gang, kuppeln und Gas: Die Übungen für das Kapitel

Gang 1…2: Action

1. Stänkern für Fortgeschrittene: Lerne unbequem zu sein! Such Dir einen beliebigen Punkt, zu dem Du Deinem Vorgesetzten kritisches Feedback geben möchtest. Spare Dir aber die heikelsten Punkte auf, bis Du Dich sicher genug fühlst und stärkere Kontrolle über das Spektrum Deiner emotionalen Reaktionen hast.

Gang 3…4: Energie

2. Vertraut Dir Dein Team blind? Würden Dir Deine Mitarbeiter alles erzählen, was sie beschäftigt, im positiven wie im negativen Sinn? Kommen sie zu Dir, sobald sie etwas bedrückt? Oder sprechen sie hinter Deinem Rücken mit ihren Kollegen, Freunden und ihren Lebenspartnern über Dich und ihre Probleme? Wie Du das wissen kannst, fragst Du Dich? Es spielt keine Rolle, ob Deine intuitive Antwort der Realität entspricht oder nicht. Es geht darum, Dich darauf zu sensibilisieren, dass Du möglicherweise weniger Vertrauen genießt, als Du denkst. Als Leader musst Du Dir dieses Vertrauen durch Deine Taten wesentlich härter erarbeiten, als wenn Du unter gleichgestellten

Kollegen bist. Es kann Monate dauern, bis Dir Deine Mitarbeiter überall hin folgen, aber es braucht nur ein paar Minuten, um dieses Vertrauen komplett zu vernichten. Als Leader hast Du in Bezug auf Deine Verantwortung niemals Urlaub. Stell Dir diese Fragen regelmäßig von neuem.

Gang 5…6: Bestimmung

3. Schaffe immer wieder Situationen, die Dich zwingen, einen Schritt zurück zu treten und die Führung Deines Teams aus einem gewissen Abstand zu betrachten. Welche Methoden der Organisation hast Du von Deinem Vorgänger oder Vorgesetzten übernommen, die einfach nicht mehr effizient und der aktuellen Unternehmenssituation angemessen sind? Wenn Du Dein Team weiterhin so führst wie bisher, wo stehst Du dann vom heutigen Tag ausgehend in 12 Monaten?

KAPITEL 10

Produktivität

„Ich kreiere keine Unternehmen um der Unternehmen willen, sondern um Dinge erledigt zu bekommen."

Elon Musk

Okay, starten wir also in den Tag! Ich bin seit Jahren ein großer Verfechter des frühen Aufstehens. Und zwar nicht weil es mir sonderlich Spaß macht oder gar leicht fällt. Das Gegenteil trifft es eher. Nur weil jemand vor Dir steht und die Augen aufhat, heißt das nicht immer, dass er auch wach und ansprechbar ist. Wenn Du mir das nicht glaubst, frag meine Frau. Ich bin morgens unmittelbar nach dem Aufstehen zwar in keiner Weise schlecht gelaunt, aber dafür dermaßen lethargisch und antriebslos, dass man mich in dem Zustand mit einer Gabel anstechen könnte und ich würde nicht einmal die Kraft dazu aufbringen, mich zur Wehr zu setzen. Und auch wenn ich mich in Bewegung gesetzt habe, laufen Tätigkeiten wie das Zähne putzen oder das Decken des Frühstückstisches über automatische Programme bei mir ab. Sobald ich dann etwas nicht nach dem üblichen, vorprogrammierten Schema machen soll, gerate ich in ernsthafte Schwierigkeiten. Bewusstes Nachdenken erfordert bei mir zu dieser Tageszeit geradezu übermenschliche Anstrengungen. Kommt Dir das vielleicht bekannt vor?

Dennoch wäre es fatal, daraus zu schließen, dass ich morgens nicht wie die meisten Menschen über die größte Energie und Konzentration verfüge. Es müssen vorher nur einige Dinge geschehen, bevor diese Energie auch freigesetzt werden kann. Ich halte es da mit Benjamin Franklin, der einmal sagte "Early to bed, early to rise, makes a man healthy, wealthy and wise." Deine Wachheit, mentale Schärfe und Klarheit ist in den frühen Morgenstunden am höchsten. Ja, selbst bei Dir! Oder klang das eben nach der Morgenroutine eines geborenen Frühaufstehers? Frühes Aufstehen hat etwas Anmutiges und geradezu Magisches an sich. Wenn alles noch um Dich herum schläft und das ganze Viertel in Dunkelheit und tiefe Stille getaucht ist, schlürfst Du bereits im Morgenmantel durch Dein Wohnzimmer und nippst an Deinem ersten Kaffee. Und noch bevor der ganze, alltägliche Trubel überhaupt losbricht, schaffst Du häufig bereits mehr, als über den gesamten restlichen Tag. Wie?

Ich stelle mir seit Jahren auch am Wochenende einen Wecker. Das hat den angenehmen Nebeneffekt, dass man sich einen festen Rhythmus - eine weitere hilfreiche Routine - aufbaut, die einem das frühe Aufstehen unter der Woche enorm erleichtert, weil der Körper sich nicht ständig umstellen muss.

Nun ist ein Weckton aber noch lange kein Garant dafür, dass man sich auch herrlich frisch und wach fühlt, sobald er los trötet. Daher nutze ich ein Philips Wake Up Light, was über einen Zeitraum von 30 Minuten langsam das Licht hoch dimmt und mir meinen eigenen kleinen Sonnenaufgang direkt neben dem Kopfkissen inszeniert. Dadurch hat der Körper genügend Zeit, seine hauseigenen Narkosemittel herunter zu fahren und dafür mehr Wachhormone auszuschütten. Man ist dann nicht mehr ganz so groggy, sobald der Weckton schließlich einsetzt. Oft werde ich sogar schon vor dem Wecksignal wach. Vielleicht liegt das aber auch an meiner konditionierten Panik vor dem einsetzenden, akustischen Alarm des Lichtweckers. Denn der ist leider nicht so gelungen und fühlt sich an wie ein dumpfer Stiefeltritt gegen den noch leicht unterversorgten Frontallappen des Neokortex. Vielleicht ist das aber auch so gewollt?

Wenn Du Dir keinen Lichtwecker anschaffen möchtest, kannst Du das Wecken alternativ auch einer App wie z.B. der ‚Sleep Cycle Alarm Clock' überlassen, die Deine Bewegungen im Schlaf über den Gyrosensor des Smartphones aufzeichnet und den optimalen Zeitpunkt findet, um Dich zu wecken. Dazu legst Du das Telefon am Kopfende neben Dir auf die Matratze. Den Rest macht die App. Wenn Du drastisch früher aufstehen willst, weil Du in die Ben Franklin Gilde der Over-Achiever aufgenommen werden möchtest, dann empfiehlt sich auf jeden Fall ein stufenweises Vorgehen, bei dem Du den Wecker täglich um 15 Minuten zurückstellst, anstatt in einer Rosskur den Wecker von 7 Uhr auf 5 Uhr zurückzustellen. Damit findest Du auch unabhängig von einer App den für Dich optimalen Zeitpunkt zum Aufstehen. Beachte jedoch, dass der Zeitpunkt, wann Du ins Bett gehst genauso wichtig ist, wie der Zeitpunkt wann Du aufstehst. Normalerweise stellen wir uns ja keinen Wecker zum Einschlafen sondern nur zum Aufstehen, obwohl sich Dein Schlafrhythmus nur dann richtig festigen kann, wenn Du auch abends einigermaßen regelmäßig zu festen Zeiten ins Bett gehst.

Deine morgendliche Power Routine: So kommst Du wach und klar in den Tag!

Zunächst mal musst Du nun als erstes schnell aus dem Bett heraus, um Deinen Körper aus seiner physischen Lethargie und Deinen Geist aus seiner Wachtrance zu befreien. Solange Du noch im Bett liegst, ist der Drang nämlich extrem groß, einfach weiter zu schlafen. Insbesondere dann, wenn Dein Partner vielleicht noch neben Dir schlummert. Wenn Du das nicht tust, war es das dann auch schon mit dem Boost an Produktivität für diesen Tag. Alles, was ich Dir gleich noch an wertvollen Tipps geben möchte, kannst Du dann nämlich vergessen.

Um die Ausschüttung von Wachhormonen zu optimieren, brauchst Du einen Mix bestehend aus den folgenden Zutaten:

- **Licht**: Am wichtigsten ist Licht direkt nach dem Aufstehen. Idealerweise Sonnen- bzw. Tageslicht, aber wenn Du zu den 5 Uhr Legionären wechseln möchtest, wird das nicht immer verfügbar sein. Daher auch der Lichtwecker. Zum Arbeiten gibt es mittlerweile extrem günstige Tageslichtlampen, die ein dem Tageslicht nachempfundenes Frequenzspektrum haben und für Wachheit und gute Laune bei der Arbeit sorgen, sowie immer dann, wenn Du wenig Tageslicht abbekommen kannst. So kann man sie z.B. bei erhöhter Müdigkeit im Winter einsetzen. Auch zum Wachwerden ist so eine Lampe super geeignet, wenn es draußen noch dunkel ist.

- **Flüssigkeit**: Nach 7-9 Stunden ohne Flüssigkeitsaufnahme bist Du stark dehydriert. Trinke mindestens ein Glas Wasser!

- **Bewegung**: Du musst Dich nicht gleich als erstes nach dem Aufstehen auf die Beinpresse oder das Ergometer schwingen. Aber ein paar Schritte, einige Übungen und etwas Bewegung durch die Wohnung wirken Wunder.

- **Frische Luft**: Noch besser ist es, wenn die Bewegung draußen an der frischen Luft erfolgt oder am offenen Fenster. Auch Atemübungen aus dem Yoga sind perfekt zum Beleben Deiner verschlafenen Körperhülle, sofern Du damit vertraut bist.

- **Kaltes Duschen**

- **Stimulation** des Betabereichs Deiner Hirnfrequenzen, das ist die Arbeits- oder Wachfrequenz Deines Gehirns durch eine Mind Machine. Das ist natürlich optional und nicht jeder wird sich so ein Gerät zulegen wollen obwohl ich es dringend empfehle. Bei mir ist es mittlerweile eine der wichtigsten Komponenten in meinem ‚Wake up -

Setup', da ich morgens sonst einfach nicht richtig in die Gänge komme. Auch tagsüber nutze ich die Technologie wann immer ich mich stark konzentrieren muss, dann aber natürlich nur über Kopfhörer und nicht mit der visuellen Stimulation durch die Ganzframe Brille. In Kombination mit der Tageslichtlampe ein unschlagbares Power-Duo um wach in den Tag zu starten!

- **Kaffeeersatz**: Ilex Guayusa ist ein aus dem Amazonas Becken stammendes Gewächs, das wie ein Tee aufgebrüht und wie ein Kaffee getrunken wird. Es enthält Koffeine, die verträglicher für den Magen sind und die auch in größerer Dosierung keine Nervosität oder Zittern verursachen. Am besten ist es, Du kochst die Blätter für einige Minuten, dann wird der angenehme milde Geschmack etwas stärker. Auch das ist natürlich optional und Du kannst stattdessen auch echten Kaffee trinken oder gänzlich darauf verzichten.

Ein für mich einfach nicht mehr wegzudenkendes, extrem cooles Werkzeug ist meine bereits erwähnte Mind Machine, die „Kasina". Darauf gibt es eine nur etwa 10-minütige Session, die besser wirkt als jeder Espresso. Innerhalb von 10 Minuten synchronisiert das Gerät über Kopfhörer und eine Ganzfeldgesichtsbrille durch Klänge und Lichtimpulse Deine EEG - Gehirnwellenaktivität auf den sogenannten ‚Beta'-Bereich. Das ist das Muster, das den Wachzustand des Gehirns maßgeblich definiert. Ich nutze dazu die separat erhältliche Deep Vision Brille mit geöffneten Augen und lege mir das Gerät bereits am Abend zuvor einsatzbereit mit angeschlossenem Kopfhörer sowie der Lichtbrille neben das Bett. Morgens kann ich dann im komatös-lethargischen Aufwachzustand mit minimalen Handgriffen Kopfhörer und Brille aufsetzen und bei niedrigster Lichtintensität starten. Während ich langsam wacher werde, erhöhe ich schrittweise auch die Lichtintensität, damit sich die Augen immer mehr an größere Helligkeit gewöhnen können. Das geht mit den ergonomischen Bedientasten der Kasina wunderbar auch ohne hinzusehen. Falls gewünscht kann auch die Lautstärke sukzessive etwas erhöht werden - je nachdem wie es angenehm für Dich ist. Es ist überaus unwahrscheinlich, dass Du danach noch Probleme hast, in die Gänge zu kommen. Zudem wird Dein Partner nicht davon wach.

Hast Du schon mal erlebt, dass Du Dich selbst nach sportlicher Betätigung am Morgen noch träge, unausgeschlafen oder sogar regelrecht müde fühlen kannst? Der überwiegende Teil dieses Müdigkeitsgefühls rührt vom Kopf her. Daher funktioniert dieses kleine Gadget auch so grandios. Es schaltet Dich einfach in den Wachmodus! Mind Machines sind in ihrer Anwendung äußerst sicher, aber leider aufgrund der Natur ihrer Wirkungsweise für Menschen mit Photosensibilität nicht geeignet. Bitte checke daher in jedem Fall vorab mit Deinem Hausarzt gegen sofern Du Dir da nicht ganz sicher bist!

Bevor ich angefangen habe, die Kasina einzusetzen, hat es mir persönlich enorm beim wach werden geholfen, wenn ich bereits im Bett liegend etwas lese. Keine schweren Sachen, keine Krimis, keine Thriller sondern motivierende Dinge wie meine Ziele und Affirmationen, einen Artikel in der Süddeutschen, der Wired oder ein inspirierendes Buch. Das geht dann am besten, wenn Dein Partner zur gleichen Zeit aufsteht, da Du ja zum Lesen Licht benötigst und ihn damit unweigerlich ebenfalls aufweckst. Es ist ein sehr sanfter Weg zum wach werden. Durch das Lesen allein verflüchtigt sich häufig schon der Drang, sich ‚nur noch einmal umdrehen zu wollen'. Aber teste das für Dich selbst aus, vielleicht wirst Du davon gerade eher wieder müde. Am besten ist es, Du liest auf dem Smartphone oder einem Tablet. Dadurch werden Deine Augen gleichzeitig einer Lichtquelle ausgesetzt, was wiederum dabei hilft, Wachhormone in Deinem Körper auszuschütten. Aus dem gleichen Grund sollte man kurz vor dem Einschlafen nicht mehr fernsehen oder im Web surfen. Du kannst auch Übungen wie Sudoku oder Gehirntraining probieren, ich werde davon allerdings sofort wieder nebulös und schläfrig. Wenn ich auch nach all diesen Maßnahmen immer noch nicht ganz da bin, mache ich entweder einige Übungen aus dem Yoga oder Kampfsport oder gehe mit meiner Frau eine kleine Runde laufen. Seit ich die Kasina nutze, ist das aber nicht mehr wirklich notwendig gewesen.

Auf jeden Fall endet die morgendliche Dusche bei mir zu jeder Jahreszeit unter völlig kaltem Wasser. Im Sommer für ein paar Minuten, im Winter meist nur, bis der Schock nachlässt. In Tim Ferriss' Worten, von dem ich diese grandiose Idee habe: Diese Prozedur macht Dich wach wie ein Nebelhorn! Eiskalt Duschen ist das beste natürliche Antidepressivum, das ich kenne. Tim beschreibt in seinem Buch „The 4 Hour Body" auch, wie man durch ‚Thermal Loading' - also Bäder und Duschen in eiskaltem Wasser - Körperfett verbrennen kann und dadurch abnimmt. Ich habe es dahingehend noch nicht getestet, aber sein Buch ist auf jeden Fall wie alle seine Bücher aus der 4 - Stunden - Reihe spannend zu lesen und auch in deutscher Sprache unter dem Titel „Der 4-Stunden-Körper" erhältlich.

„Wie schön die Strategie auch immer sein mag, Du solltest von Zeit zu Zeit auf die Ergebnisse schauen."

Winston Churchill

Die tägliche Power Agenda: So planst und startest Du Deinen Tag!

Sobald etwas Leben in Deine Hülle eingekehrt ist, überlegst Du Dir, wie Du die Dir gegebene Zeit des anbrechenden Tages optimal ausnutzt. Es muss keine ganze Stunde für diese Planung sein, wenn Du es in nur fünf Minuten schaffst. Aber das Planen ist kritisch, wenn Du in Deinem Leben vorwärts kommen willst. Und so funktioniert ‚s:

Kapitel 10 – Produktivität

- **Identifiziere Deine kritischen Tasks:** Welche das genau sind, besprechen wir gleich.

- **Lerne richtig aufzuschieben:** Schiebe die Dinge auf, die Dich nicht voranbringen und fokussiere Dich auf Deine kritischen Tasks. Lerne zwischen wichtigen und dringenden Angelegenheiten zu entscheiden und konzentriere den Löwenanteil Deiner Energie auf die wichtigen Dinge anstatt auf die dringenden. Je mehr Du es schaffst, Dich auf wichtige Tasks (im Sinne von Planung, Grundsteinlegung und Vorbereitung) vor dringenden Tasks (Krisen und Katastrophen) zu konzentrieren, desto weniger wirst Du zum Spielball Deiner „dringenden Angelegenheiten", weil Du sie häufig bereits adressiert hast, noch bevor sie sich überhaupt zu solchen entwickeln können. Die verbleibenden Themen mit hoher Dringlichkeit, die aufpoppen („... wir brauchen da nochmal kurz dieses Feedback, eine umfassende Auswertung mit Stellungnahme dazu und zwei neue Angebote bis Mittag...") - bekommst Du dann in der Regel deutlich besser in den Griff. Wichtige Keywords sind hier Antizipation und Vorbereitung. Baue die Unterkunft, bevor die Nacht und der Sturm hereinbrechen.

- **„Pareto on Fire": Wirf Deine ‚To Do - Liste' weg** und erstelle statt dessen eine 90 - 10 Liste. Teile ein Blatt in der Hälfte und schreibe in den oberen Bereich die Dinge, die 10% Deines Aufwands erfordern, aber 90% der Ergebnisse ausmachen. Auf die untere Hälfte schreibst Du die Tasks, die 90% Deiner Zeit fressen, aber nur für 10% Deiner Ergebnisse verantwortlich sind. Arbeite ausschließlich am oberen Bereich. Natürlich brauchst Du das irgendwann nicht mehr zu machen, aber es hilft Dir anfangs bewusst die Unterscheidungen zu machen, wo Du Deine Zeit investierst. Du kannst immer mehr Geld verdienen. Aber vergeudete Zeit bekommst Du nicht zurück. Schreibe in dem Zusammenhang auch Deine langfristigen Ziele immer wieder erneut mit auf, um sie tiefer in Deiner zweiten Aufmerksamkeit zu verankern.

- **Time - Chunking**: Damit trainierst Du Deinen Fokus und Deine Willenskraft und stellst somit sicher, dass Du Ablenkungen auf ein absolutes Minimum reduzierst. Stelle Dir einen Timer auf Deinem Smartphone auf ein beliebiges Zeit-Intervall und arbeite in dieser Zeit ausschließlich an der vor Dir liegenden Aufgabe. Anfangs sind kleine Countdowns von 5 - 10 Minuten besser. Mit etwas Übung kannst Du bald 30 - 45 Minuten Blöcke einstellen. Danach solltest Du auf jeden Fall eine Pause von 4 - 5 Minuten machen, selbst wenn Du das Gefühl hast, noch stundenlang so weitermachen zu können. Wenn Du magst, belohne Dich ruhig etwas, Du hast es Dir verdient! Außerdem konditionierst Du Dich damit auf das Erledigen von Aufgaben. Zuerst habe ich durch Michael Masterson von dieser Idee gehört und sie funktioniert einfach sensationell. Probiere es aus!

- **Belohne Dich selbst:** Wann immer Du einen Block erledigt hast, ist es an der Zeit Dir selbst eine kleine Belohnung zu geben. Das kann etwas frische Luft, eine Tasse Kaffee oder Tee, ein Stück Schokolade oder eine Zigarette sein. Du kannst hier aber auch ruhig etwas kreativ werden. Schmökere im Internet, mach ein paar Übungen, meditiere oder shoppe etwas online. Ganz egal. Variiere dabei immer wieder die Form Deiner Belohnung, damit Du keine Sucht nach Deiner Belohnung aufbaust. Mit der Zeit bauen sich neue Gewohnheiten auf und Du benötigst die Belohnungen nicht mehr zwingend. Halte aber trotzdem immer die Pausen ein!

- **Konzentration steigern und mentale Ermüdung reduzieren:** Es ist bereits seit längerem bekannt, dass das Hören bestimmter Formen von klassischer Musik im Hintergrund die Konzentration steigern kann. Brian Tracy hat beim Schreiben seiner mittlerweile rund 70 Bücher die Erfahrung gemacht, dass es auch mentaler Ermüdung vorbeugen kann. Ich habe in eigenen Tests das Gleiche festgestellt. So kann man sein Pensum bei Tätigkeiten, die hohe Konzentration erfordern teilweise sogar verdoppeln ohne dabei geistig auszubrennen. Die Musikstücke sollten eher ein ruhiges Tempo von etwa 60 BPM haben. Du findest fertige Playlists mit geeigneten Tracks unter anderem auf Spotify. Suche dort einfach nach „Study" oder browse durch das Genre „Konzentration". In beiden Fällen wirst Du fündig. Auch bestimmte Naturgeräusche, wie z.B. die Geräusche von Regen im Hintergrund können dabei helfen. Persönlich bevorzuge ich Sound Atmosphären, welche mit Gewitter und leichtem Donnergrollen angereichert sind. Falls Du aber eher der Beach Typ bist und es nicht so mit Regen und Unwetter hast, probiere doch einfach das Geräusch von Meereswellen. Du findest einschlägige MP3s mit Naturgeräuschen von tropischen Regenfällen über fließende Bäche bis zum Zirpen von Grillen auf Amazon und auch auf Spotify gibt es etliche Playlists dazu.

- **Action Tipp ‚Turbo - Konzentration':** Wenn Du es auf die Spitze treiben willst, regelmäßig hochkonzentriert arbeiten musst und einen absoluten Schub benötigst, was Deine Konzentration anbelangt, melde Dich auf www.brain.fm an. Das ist die Geheimwaffe für Konzentration,

Meditation und Schlaf - ein Radiosender für Deinen Verstand! Dort kannst Du zwischen verschiedenen Audio-Programmen auswählen, die so encodiert sind, dass sie Deine Gehirnwellen synchronisieren. Idealerweise über Kopfhörer, aber es funktioniert auch über Lautsprecher, was den Vorteil hat, dass der hyperaktive Kollege Dir gegenüber ebenfalls etwas ruhiger und fokussierter wird.

- **Trainiere Deinen Körper:** Ein belastbarer Körper ist essentiell, wenn Du hohes Tempo gehen willst. Ganz abgesehen von den positiven Auswirkungen von körperlichem Training auf Dein Gehirn, worauf wir hier aber nicht näher eingehen werden, da es dazu bereits zahlreiche gute Bücher gibt. Ich weiß aus eigener Erfahrung wie schwer es sein kann, eine sportliche Routine in einen völlig überfüllten Terminkalender zu pressen. Aber es ist machbar, auch wenn Du vielleicht Einschränkungen in Bezug auf die Auswahl der sportlichen Betätigung in Kauf nehmen musst. Ich habe z.B. meine fast 15 Jahre währende Passion im Triathlon auf der Sprint- und Kurzdistanz aufgegeben und bin auf Kampfsport und Yoga umgestiegen, weil es mir eine bessere Kontrolle über meine Zeit erlaubt. Mit der Idee von Fitnesszentren kann ich mich leider einfach nicht anfreunden.

- **Nutze Leerlauf- und Wartezeiten:** Entweder zum kompletten Abschalten, Entspannen oder zum Meditieren via brain.fm - auch Dein Kopf braucht mal eine Auszeit - oder für Hörbücher mit für Dich relevanten Lerninhalten.

Kapitel 10 – Produktivität

„Es gibt Diebe, die nicht bestraft werden und einem doch das Kostbarste stehlen: die Zeit."

Napoleon Bonaparte

Aktivitäten Management: Attacke!

Hier ist das wichtigste Self-Management Prinzip in aller Kürze: Starte auf keinen Fall mit Deinem wichtigsten Task, auch wenn es oft so empfohlen wird. Bei mir hat das jedenfalls nur zu Frustrationen geführt und nie wirklich geholfen. Im schlimmsten Fall hab ich den Rest des Tages nichts anderes mehr gemacht, als nur diese eine Mammutaufgabe vor mir herzuschieben. Vielleicht bin ich dafür ja einfach nicht eisern genug zu mir selbst, aber warum ich mir etwas ohnehin Schwieriges noch weiter erschweren sollte, wenn es auch wesentlich einfacher geht, ist mir schleierhaft. Die folgende Variante funktioniert bei mir jedenfalls wesentlich besser. Probiere es doch mal aus.

Ich starte den Tag wie ein Ausdauersportler mit einem kleinen ‚Warm-Up', einem eher banalen Task, wie z.B. einem Telefonat mit bestehenden Kunden oder Geschäftspartnern oder etwas Vergleichbares. Irgendwas. Selbst der Einkauf von Lebensmitteln, Geschirr spülen oder den Müll hinaus tragen ist hierfür qualifiziert. Es geht darum, erst mal in Bewegung und ins Handeln zu kommen und die wenigsten unter uns sind zu Beginn der Arbeit sofort hyper-produktiv und in der Lage, Schlachten zu gewinnen. Der Warm-Up Task ist ein Kickstarter! Er bringt Dich in Schwung und sollte daher nicht zu lang sein, damit Du Dich nicht verzettelst und wertvolle Ben Franklin Zeit vergeudest. Starte also nicht mit den 50 E-Mails, die momentan in der Inbox auf Dich warten. Auch Surfen zählt nicht, weil es weder zielgerichtet noch zeitlich beschränkt ist. Und meistens auch nicht bezahlt wird. Der Kickstarter sollte ein gewisses Mindestmaß an Befriedigung verschaffen, so dass Du bereits etwas geschafft hast, was Du mit einer gewissen Genugtuung von Deiner Liste streichen kannst.

Hummeln im Hintern

Jetzt kommt der kritischste Punkt. Erst nachdem Du Deinen Warm-up Task erledigt hast, startest Du mit dem wichtigsten Todo auf Deiner Liste, dem ‚Big Todo', Deiner Grand Challenge, dem Blauwal auf Deiner Task Liste. Das kann Neukunden Akquise oder jegliche Form von analytischer und kreativer Arbeit sein, die Du verrichtest. Du erkennst Deine Big Todos daran, dass sie einerseits einen essentiellen Beitrag zu Deinem Ergebnis beitragen und manchmal auch daran, dass sie Dir ein wenig Furcht oder zumindest Respekt einflößen. Ist dieser Mammut Task ein größeres Projekt, dann teile ihn in kleinere Chunks auf - in Asana geht das übrigens wunderbar -, die Du dann einzeln abhaken kannst, um Dir Dein Erfolgserlebnis pro Task - Chunk zu sichern. Wenn Du so ein kleines Biest unmittelbar nach dem Warm-Up als erstes angehst, erreichst Du damit zweierlei Dinge. Erstens bist Du jetzt warm und mental in einem höheren Gang unterwegs und wirst neben besserer Motivation auch eine höhere Effizienz bei der Erledigung dieser Aufgabe an den Tag legen. Außerdem verschafft Dir das erledigte Big Todo sofort ein Gefühl von Erfüllung und weiterem Auftrieb. Was sollte denn jetzt noch mit Deinem Tag schief gehen, nachdem Du das Mammut bereits erlegt hast? Selbst wenn Du Dir den Rest des Tages frei nimmst, warst Du schon produktiver als 98% Deiner Kollegen.

Wenn Du diese Vorgehensweise umsetzt, geschieht etwas aber noch wichtigeres und viel interessanteres. Du möchtest oft gar nicht mehr aufhören. Denn Du bist jetzt in Deinem Momentum gefangen! Die kleine Aufgabe nährt die große Aufgabe und deren Erfolgswelle trägt Dich über den gesamten Tag! Du wirst sehen, dass Dir das in jedem einzelnen Fall mehr bringt, als sofort mit dem Jumbo Task zu beginnen, was viele Zeit Management-Trainer empfehlen. Und wo wir schon dabei sind, streiche doch gleich das Wort „Zeit-Management" aus Deinem Vokabular, kannst Du das tun? Zeit lässt sich nicht managen, wie schon Earl Nightingale in der Mitte des letzten Jahrhunderts feststellte. Ok, ich sehe schon, wie sich da einige Stirnfalten bei Dir runzeln. Es ist schwer so etwas zu verdauen, wenn man gerade von seiner Firma ein Zeitmanagement Seminar finanziert bekommen hat. Um also ganz genau zu sein: Angenommen Du fliegst in einer Kapsel mit annähernder Lichtgeschwindigkeit. Dann gewinnst Du Zeit. Aber nicht für Dich, sondern nur relativ zu jemandem, der nicht gemeinsam mit Dir in Deiner Kapsel reist. Außerdem ist Fliegen mit annähernder Lichtgeschwindigkeit als Wettbewerbsvorteil ziemlich unpraktisch im Unternehmensalltag. Also vergiss „Zeit-Management" schnell wieder. Das einzige, worüber Du echte Kontrolle hast, sind Deine Aktivitäten. Und diese wichtige Kontrolle solltest Du vollends ausüben.

„Umstände erschaffen einen Menschen nicht, sie offenbaren ihn."

James Allen

Mit dem Anfangen beginnen

Manchmal lässt sich unser Verstand recht einfach austricksen, wenn wir uns dabei ertappen, dass wir uns vor einer Aufgabe drücken. Die Aufgabe muss dafür nicht mal sonderlich unangenehm sein, und dennoch schieben wir sie vor uns her wie ein überreifes Stück Käse. Das passiert besonders, wenn Deine bewussten Wünsche noch nicht so richtig mit Deinen unbewussten Antrieben zusammenarbeiten. Deine Konditionierung lähmt Dich, wenn es darum geht, neue oder auf den ersten Blick schwierige Aufgaben in Angriff zu nehmen. Das wird mit der Zeit aber immer weniger der Fall bei Dir sein, wenn Du alle Schritte unternommen hast, die wir bisher besprochen haben. Es kann allerdings auch sein, dass Du Dir ein zu abstraktes Ziel gesetzt hast, anstatt ein konkretes Ziel, das Dich inspiriert. Etwa „reich zu werden" anstatt „ein Mittel gegen Krebs zu entwickeln, um meinen Lebenspartner vor dem sicheren Tod zu bewahren". Abstrakte Ziele motivieren uns nicht hinreichend, wenn es wirklich drauf ankommt. Aber gerade dann brauchst Du ja die Motivation. Solange alles gut läuft, trägt Dich der Flow. Indem wir uns also zum Beispiel sagen „Ich mach das jetzt erst mal für 5 Minuten und dann schaue ich weiter" kommen wir ins Handeln und ehe wir es merken, arbeiten wir bereits seit ein paar Stunden vertieft an dem Thema. Alles in kleinen Häppchen.

Mit dem Beenden aufhören

Anders herum funktioniert es auch: Wenn etwas sehr schwierig ist, kann es helfen, wenn Du Dir mehr vornimmst, als Du eigentlich schaffen möchtest, da Du sonst zu früh aufgibst. Du hast sicher schon gemerkt, dass Dir die letzten Anstrengungen einer Übungsserie im Sport immer am schwersten fallen, ganz egal ob du 10, 15 oder 20 Wiederholungen machst. Nimm Dir daher gezielt vor, deutlich mehr Wiederholungen zu machen oder länger durchzuhalten als Du es für Deinen Fortschritt tatsächlich benötigst. Selbst wenn Du dann nur 80% davon schaffst, bist Du nach Deinen ursprünglichen Mindestanforderungen immer noch deutlich über der Ziellinie. Schaffst Du sogar 90%, bist Du bereits weit über Deinem geplanten Soll und belohnst Dich damit nochmal zusätzlich selbst. Packe immer geringfügig mehr Termine in Deinen Kalendertag, als Du vermutest, unter normalen Umständen zu schaffen. Natürlich bist Du allein hier Richter und Henker zugleich, inwiefern Dich diese Aktivitäten nur beschäftigen oder tatsächlich nach vorne bringen. Aber so paradox das auch klingen mag, Leute, die viel zu tun haben, schaffen irgendwie auch mehr. Es ist, als ob sich der Körper darauf einstellt, dass wir einige Gänge höher geschaltet haben und uns mit mehr Fokus und Effizienz dafür belohnt. Sobald Du Dich einmal dazu entschlossen hast, Dich überhaupt mit einer Sache auseinanderzusetzen, kannst Du Dich genauso gut mit vollem Einsatz, Leidenschaft und Hingabe auf die Sache stürzen. Das bringt mehr für Dich - mehr Spaß, mehr Zufriedenheit, mehr Lerneffekte und besseren Output - und es bringt auch mehr für die betroffenen Leute um Dich herum, die von Deiner Arbeit abhängig sind.

Konzentriere Dich nicht nur auf Deine wichtigen Tasks sondern finde auch heraus, was Deine größten Zeitfresser sind. Fange an zu identifizieren, was fundamental unwichtig ist und ignoriere es dann. Das führt häufig schneller ans Ziel, als sich nur auf wichtige Dinge zu konzentrieren. Manchmal ist es eine bestimmte Sache, oft sind es aber mehrere Tätigkeiten, in die Du flüchtest, sobald Dein innerer Antrieb etwas nachlässt oder Du zu viel auf dem Tisch hast. Stell etwas von dem Junk aus, der täglich aus dem Internet oder vom Fernseher her auf Dich nieder prasselt. Willst Du eine Biographie über das Leben anderer Menschen schreiben oder lieber Dein eigenes Leben in vollsten Zügen genießen? Selbst ein Großteil der Nachrichten ist nicht wirklich essentiell für Dein Überleben. „Aber ich muss doch informiert bleiben!" Das musst Du. Aber welche der Informationen sind wirklich relevant für Dich? Was davon ist nur rauschendes Störsignal und was davon ist sogar richtiggehend schlecht für Deine Psyche und damit letztlich auch für Deinen Körper? Deine zweite Aufmerksamkeit kann nicht filtern oder ablehnen wie wir bereits festgestellt haben. Das musst Du bewusst über Deine erste Aufmerksamkeit machen.

Hüte Dich vor der Multitasking Falle!

Jede Tätigkeit, die Deine Konzentration erfordert, kostet mentale Prozessorleistung, die Dir für andere Aufgaben nicht mehr zur Verfügung steht. Das gilt selbst dann, wenn die Aufgaben unterschiedliche Bereiche des Gehirns ansprechen. Deswegen stellen manche Menschen beim Einparken das Radio leiser. Manche Autoradios machen das anständigerweise sogar schon von selbst. So wurde an der Carnegie Mellon University in Pittsburgh, Pennsylvania festgestellt, dass die Ressourcen zur Verarbeitung visuellen Inputs um 29% sinken, wenn die Person zur gleichen Zeit mit dem Zuhören beschäftigt ist. Die Gehirnaktivierung für das Zuhören sank wiederum sogar um 53%, wenn die Person zur gleichen Zeit visuellen Input verarbeitete. Zwei Dinge gleichzeitig zu tun, bedeutet keines davon richtig zu tun.

Hummeln im Hintern

Man kann das auch ohne Studien sehr gut an sich selbst beobachten. Sobald man an seine eigenen Belastungsgrenzen kommt und anfängt, mehrere Dinge gleichzeitig zu erledigen, kann man fast zusehen, wie die eigene Aufmerksamkeit und Verarbeitungsfähigkeit sinkt. Was ist denn nur los, laufen wir auf einmal alle mit einem Aufmerksamkeitsdefizit - Syndrom durch die Gegend? Wohl kaum. Das Problem besteht aus zwei Komponenten: Zu viel Stress und Multitasking. Häufig kommen die beiden Gefährten im Tandem daher. Und während das Thema Stress (genauer: Disstress) keine sonderlich große Überraschung sein dürfte, ist das Problem des Multitaskings noch weitgehend unbekannt. Und gerade dort kann recht großer Schaden entstehen, der nur sehr schwer wieder zu korrigieren ist. Immer mehr Forschungsergebnisse legen den Schluss nahe, dass Multitasking nicht nur ineffizient und langsamer ist, als das fokussierte Arbeiten an einer Aufgabe, sondern dass es uns auch regelrecht dümmer werden lässt.

Wenn Du zwei oder mehr Aufgaben parallel machst oder sie in schnellem Wechsel hintereinander bearbeitest, kann Dein Gehirn zum einen nicht seine volle Leistungskapazität entfalten und die maximale Aufmerksamkeit auf jeden Task richten. Das Gehirn benötigt immer eine gewisse Zeit zum Umschalten zwischen einzelnen Aufgaben. Und je komplexer diese Aufgaben sind, desto länger dauert auch der Umschaltprozess. Mit jedem Switch hin und zurück gleichst Du mehr und mehr einem Urlauber, der sich nicht richtig zwischen zwei Destinationen entscheiden kann und seine wohlverdienten zwei Wochen damit zubringt, im Flugzeug zwischen den Malediven und Kanada hin und her zu jetten. Das Zauberwort heißt Fokus. Fokus und Konzentration haben ihren Ursprung in aufrichtigem Interesse für ein bestimmtes Thema.

Regelmäßiges Multitasking unter Stress wird zudem auch mit einem Verlust des Kurzzeitgedächtnisses und der Schädigung von Hirnzellen in Verbindung gebracht. Nur falls Du versehentlich ohne jegliche neuronale Aktivierung über den vorangegangenen Satz hinweg gelesen haben solltest: Das Kurzzeitgedächtnis ist Dein Arbeitsgedächtnis und damit Dein wichtigstes Asset zur Verarbeitung und Aneignung von neuen Informationen!

Das ständige Umschalten aktiviert einerseits Regionen im Gehirn, die im Zusammenhang mit visueller Verarbeitung und körperlicher Koordination stehen. Gleichzeitig erzeugt es einen Kurzschluss in einigen der höheren Gehirnfunktionen, welche für das Lernen und unser Gedächtnis verantwortlich sind. Dadurch benötigen wir zunehmend mehr Energie für das eigentliche Aufbringen von Konzentration, als für das, worauf wir uns eigentlich konzentrieren wollen. Es ist ein Spiel, bei dem wir verlieren. Das Umschalten auf einen neuen Task geht nach einer Weile des konzentrierten Arbeitens auf dem jeweiligen Thema jedoch bereits wesentlich schneller, leichter und mit deutlich verbesserter Energiebilanz vor sich als wenn der Switch sehr rapide in kurzer Abfolge geschieht. Es ist, als ob das Gehirn seinen eigenen Rhythmus vorgibt, wann es sich mit einer neuen Aufgabe befassen möchte, weil es sich zu langweilen anfängt.

Die geradezu verrückt-einfache Lösung dafür haben wir bereits etwas früher angesprochen. Sie lautet „Chunking". Organisiere Deine Tasks in zeitlichen und thematischen Blöcken geclustert. Du kannst Dir etwa zwei Stunden am Morgen, wenn Deine Energie noch am höchsten ist, für das Erledigen wichtiger Telefonate blocken. Anschließend checkst und bearbeitest Du weitere zwei Stunden Deine Mails oder sonstige geschäftliche Korrespondenz. Am Nachmittag erledigst Du interne Rücksprachen, Meetings, Auswertungen oder kümmerst Dich um kaufmännische Themen - alles jeweils in Blöcken. Wenn Du fest wiederkehrende Meetings hast, organisiere Deinen Tag um diese Meetings herum. Bei kurzen Meetings, schalte ein später aufkommendes zweites Meeting direkt dahinter. Bei einer Meeting Mammut Session von zwei Stunden planst Du danach zum mentalen Umschalten eine völlig andere Aktivität. Damit beugst Du auch bereits in der Organisation Deines Tagesablaufes der natürlichen Ermüdung vor.

Hummeln im Hintern

Einer der größten Verursacher von Multitasking und damit sozusagen ein direktes Investment in Deine Dummheit sind schlechte Angewohnheiten beim Bearbeiten von E-Mails. Wer den ganzen Tag gebannt vor seinem Postfach sitzt und auf Signale für neue Aktionen wartet, der organisiert nicht seinen eigenen Tag, sondern lässt sich seine Aktivitäten von seinem Outlook und den Wünschen seiner Geschäftspartner diktieren. Wenn Du sehr viele E-Mails am Tag bekommst, ist die Gefahr des Hin- und Her- Springens zwischen einzelnen Mails extrem groß. Auf die eine E-Mail hast Du vielleicht gerade keine so richtige Lust, bei der anderen wartest Du noch auf internes Feedback, bei einem besonders schwierigen Kunden, schreibst Du die E-Mail über den ganzen Tag verteilt, wann immer Dir Deine Inspiration eine passende Textpassage eingibt usw. Jeder geistige Switch für das Umstellen auf eine neue Tätigkeit kostet Dich Zeit, stellt für das Gehirn eine energetische Belastung dar und verursacht dadurch Stress. Schalte den E-Mail Client testweise für eine Stunde aus und kümmere Dich in der Zeit um etwas gänzlich anderes. Vielleicht kannst Du sogar vom Rechner wegkommen und etwas erledigen, was keinen PC erfordert. Beim Zurückkommen wirst Du erleichtert feststellen, dass manche der Threads in der Zeit eine Art Eigendynamik entwickelt und sich auch ohne Dein Zutun bereits komplett erledigt haben. Als Minimalgewinn kannst Du aber mit einem raschen Blick den letzten Stand der Kommunikation überblicken und mit einer frischen Perspektive in das Thema einsteigen.

Nutze für die Bearbeitung von E-Mails also auf jeden Fall auch feste Zeitblöcke. Das können je nach Umfang und benötigter Responsezeiten auch mehrere Blöcke am Tag sein. Je wichtiger E-Mail Kommunikation in Deiner Tätigkeit ist, umso mehr musst Du darauf achten, dass Du genügend Auszeiten bekommst und nicht zum Sklaven Deines E-Mail Postfaches wirst. Genauso wie man beim Surfen im Netz das Gefühl für den Wert von Zeit verliert, so verliert man sich auch leicht in seinen E-Mails. Es ist eine Form der Sucht, bei der man übereifrig die nächste E-Mail erwartet, die einem aufzeigt, was wohl als nächstes zu tun ist. Oft switchen wir zwischen einzelnen Mails und Micro-Tasks so oft hin und her, dass es uns am Abend schwer fällt zu sagen, womit wir eigentlich den ganzen Tag verbracht haben, obwohl wir die ganze Zeit über geschäftig waren. Betrachte Dein Verhalten äußerst selbstkritisch und checke, ob Du nicht hin und wieder mal den E-Mail Client einfach schließen kannst. Wenn Du erst kurz überlegen musst, ob etwas dagegen spricht, weil Du Dir nicht ganz sicher bist, dann ist es erst recht an der Zeit dafür!

Schreibe insgesamt deutlich weniger und vor allen Dingen kürzere E-Mails. Wann immer möglich, greif lieber zum Telefon und ruf an! Wenn Du eine E-Mail verschickst, was erfährst Du dann von Deinem Gegenüber? Ein Telefonat kann unnötiges E-Mail Hin und Her mit zahlreichen Rückfragen eliminieren. Dazu kommt noch, dass E-Mails aufgrund des fehlenden nonverbalen Kommunikationskanals keine Tonalität übermitteln und sehr leicht missverstanden werden können. Was eigentlich als Scherz gedacht war, gelangt beim Empfänger schnell in den falschen Hals. Im Idealfall sollten alle relevanten Fakten vorab mündlich besprochen, final verhandelt und anschließend nur noch per E-Mail schriftlich fixiert werden. Wenn es Monate dauert, einen Vertrag zu fixieren, liegt es neben der Komplexität der Vertragsinhalte und der Anzahl der involvierten Personen oft daran, dass zu viel per E-Mail kommuniziert wird, was besser hätte telefonisch oder sogar persönlich besprochen werden sollen. Wenn Du nur diese wenigen Punkte berücksichtigst, bist Du der großen Masse bereits weit voraus!

**

Wir haben eine recht lange Reise hinter uns und doch stehen wir ganz am Anfang. Den Prozessen in der Natur folgend haben wir uns vom immateriellen zum materiellen hin vorgearbeitet und uns schließlich in diesem letzten Kapitel allein auf konkrete, direkt installierbare Handlungsempfehlungen konzentriert. Aber jede Idee in diesem Buch ist pragmatisch und sofort umsetzbar. Schlichtweg alles findet seinen Ursprung in Deinen Gedanken. Fang also genau da an, wo Du jetzt bist und mit dem, was Du hast, weißt und kannst. Konzentriere Dich einzig und allein darauf. Entwickle eine lebenslange Leidenschaft für das Lernen. Wenn Du das tust, wirst Du niemals aufhören zu wachsen. Wissensvorsprünge sind immer auf Seiten der Gewinner zu finden. Gehe einfach so weit wie Du sehen kannst und wenn Du dort angekommen bist, wirst Du sehen, wie es weitergeht. Bitte dabei ruhig andere Menschen um ihre Hilfe. Frag sie nach ihrer Unterstützung, saug ihre Expertise aus und nutze die Tatsache, dass sie bereits Fehler gemacht haben, die Du nicht zu wiederholen brauchst und Du wirst über Deine kühnsten Vorstellungen und Träume hinaus dafür entlohnt. Das ist der Weg, wie wir uns als Menschen mit rasant zunehmender Geschwindigkeit weiterentwickeln.

Kurz vor dem Ende dieses Buches möchte ich Dir noch eine weitere Empfehlung geben. Gewinner lesen Bücher, die ihnen zusagen, nicht einmal sondern immer mehrmals. Mit jedem Durchgang werden Dir dabei neue Dinge auffallen, die Dir zuvor entgangen sind. Wenn Du also magst und bereit dafür bist, dann schlage jetzt zurück auf die erste Seite und lies das Buch noch einmal von vorne! Mach Dir Eselsohren und signiere Stellen, die Dich ansprechen. Ignoriere den Rest und komm vielleicht später dorthin zurück. Mit veränderter Aufmerksamkeit werden auch Abschnitte mehr Sinn ergeben, die Dich anfangs noch irritiert haben.

Action Steps
Attacke! Gang, kuppeln und Gas: Die Übungen für das Kapitel

Gang 1…2: Action

1. Setze die Power Agenda in Deinem Leben um. Nutze dafür die Tools Evernote und Asana, die Du Dir bereits im zweiten Kapitel zugelegt hast. Tue ab sofort alles, was in Deiner Macht steht, um schädliches Multitasking zu vermeiden. Bleib bei einer Aufgabe, bis Du zumindest ein akzeptables Zwischenergebnis hast. Daher ist das Chunking größerer Aufgaben in Teilaufgaben so wichtig.

Damit sicherst Du Dir Deine Erfolgserlebnisse für jede dieser Teilaufgaben. Nutze auch das besprochen Chunking Deiner Zeit in Fokusblöcke.

Gang 3…4: Energie

2. Starte damit, jeden Tag 30-60 Minuten früher aufzustehen, um wertvolle „Ben Franklin - Zeit" für Dich zu gewinnen. Nutze dafür die morgendliche Power Routine, um schneller in die Gänge zu kommen und wach und vollkommen klar in den Tag zu starten. Versuche Deinen eigenen Rhythmus finden indem Du Dich der idealen Länge Deiner Nachtruhe immer weiter annäherst. Stelle Dir den Wecker im übertragenen Sinn nicht nur zum Aufstehen sondern achte äußerst penibel darauf, dass Du auch zu möglichst festen Zeiten ins Bett kommst. Beobachte, wie sich das auf Deine Produktivität auswirkt.

Gang 5…6: Bestimmung

3. Trainiere Deinen Willen und Fokus durch regelmäßige Meditation. Fange einfach damit an. Es geht nicht um Perfektion sondern um Fortschritt. Eine viertel Stunde am Tag genügt. Sobald Du die Resultate verspürst, wirst Du selbst die Dosis erhöhen wollen. Schau Dir auch nochmal Abschnitt aus Kapitel 7 zu diesem Thema an. Hier sind einige Webseiten und Apps, mit denen Du akustisch gestützt tief in Dich selbst hinab tauchen kannst:

>*www.brain.fm*
>*www.MyNoise.net (App)*
>*www.noisli.com*
>*www.calm.com*
>*www.headspace.com*

Hummeln im Hintern

Mein absoluter Favorit ist brain.fm, Du kannst dort zwischen sprachlich gestützter und rein tonaler Meditation wählen und die sich über die gesamte Sitzung hinweg entwickelnden Klangsphären sind einfach grandios. Zudem gibt es dort auch Programme, die den Fokus während der Arbeit verbessern sowie Sessions für Power Naps und bei Einschlafproblemen. Eine sehr gute Option ist auch die Kasina von Mindplace, wenngleich sie etwas teurer in der Anschaffung ist.

Epilog

Es war einmal ein Mann der alt wurde und nahezu alles bereute, was er bis dahin getan hatte. Er hatte nie seine Träume in Angriff genommen und das gemacht, was sein Bauch ihm gesagt hatte. Er wollte schon immer gerne eine Segelschule für Kinder eröffnen, die den Mädls und Jungen neben dem Segeln vor allem auch die Werte von Standhaftigkeit und Disziplin vermitteln sollte. Doch Angst davor zu Scheitern hielt ihn zurück, seinen Lebenstraum in die Tat umzusetzen. Nun war es zu spät.

Es war einmal eine junge Frau, die nie lernen konnte, Männer richtig an sich heranzulassen, weil sie zu sehr Angst davor hatte, geliebt und verletzt zu werden. Als Kind war sie regelmäßig von ihrem Vater missbraucht worden, ohne dass ihre Mutter jemals davon erfuhr. Seit dem Tod ihres Vaters fühlte sie sich noch stärker zu Männern hingezogen, die Dominanz und Aggressivität ausstrahlten. Diese Männer taten häufig das gleiche mit ihr, was sie von ihrem Vater kennengelernt hatte, bis sie es jeweils nicht mehr aushielt, den Mann verließ und sich kurz darauf in den nächsten Tyrannen verliebte. Als sie den Kreislauf endlich mithilfe einer Freundin, die sie auf das Muster ihrer Beziehungen aufmerksam machte, durchbrach, war sie 54 und bedauerte, was sie schon alles in ihrem Leben verpasst hatte.

Es war einmal ein überaus erfolgreicher Unternehmer, der keine Familie mehr hatte und verbittert und einsam starb, weil seine Prioritäten im Leben darauf lagen, seine wirtschaftlichen Ziele zu erreichen, um seiner Familie zu imponieren und für sie zu sorgen, was er als seine Pflicht ansah. Nachdem er seine 55 - Stunden Woche über mehrere Jahre hinweg schließlich gegen eine 75 Stunden Woche eingetauscht hatte, weil er stets das Gefühl hatte, sich um alles selbst kümmern zu müssen, da seine Mitarbeiter allesamt Versager waren, verließ ihn seine Frau mit den Kindern, die ihn ohnehin kaum kennengelernt hatten.

Es war einmal ein Chemiker, dessen Frau an Lymphdrüsenkrebs erkrankte und der fieberhaft nach einem Heilmittel suchte, um das Leiden seiner Frau zu lindern und sie wieder genesen zu lassen. Er konnte sich einfach nicht vorstellen sie zu verlieren und ohne sie weiter zu leben. Sie waren seit fast 30 Jahren eins, sie war zugleich Liebe seines Lebens und sein bester Freund. Als er endlich auf einen vielversprechenden Heilungsansatz stieß, verstarb seine Frau und er quälte sich noch weitere anderthalb Jahre, bevor er ebenfalls an Kummer verstarb.

Es war einmal eine überaus kompetente Sekretärin, die die Nase von ihrem unausstehlichen Chef voll hatte und sich ohne jegliche Business - Kenntnisse selbständig machte und dabei scheiterte.

Es war einmal eine ältere Dame, deren Mann überraschend starb und die plötzlich gezwungen war, sich stärker denn je mit sich selbst auseinanderzusetzen. Und zum ersten Mal lernte sie, den Wert ihres eigenen Lebens zu erkennen und richtig zu schätzen. Nicht, dass sie zuvor unglücklich gewesen wäre. Ganz im Gegenteil. Aber sie hatte sich nie Zeit für sich selbst genommen. Immer stand die Familie für sie an erster Stelle. Jetzt lernte sie, mit dem Computer und dem Internet richtig umzugehen, besuchte Tanzkurse, fing an, sich für Autorennen zu interessieren und begann schließlich sogar, selbst welche zu fahren. Sie heiratete neu, startete eine Yoga-Schule für schwangere Mütter und genoss ihr Leben noch in vollen Zügen, ehe sie 35 Jahre später in hohem Alter glücklich und erfüllt die Welt verließ.

Es war einmal ein schwules Pärchen, das über Seminare und durch fortwährendes Selbststudium lernte, wie man seinen Verstand richtig einsetzt und seine Emotionen kontrolliert. Schritt für Schritt stieg ihr gemeinsames Einkommen und sie zogen mehrfach von einem Appartement ins nächst größere, unternahmen spannende Reisen an

Epilog

die exotischsten Orte der Welt, wanderten schließlich aus und gründeten eine Familie, indem sie 7 Waisenkinder adoptierten. Sie erfüllten sich nach und nach alles, was das Leben zu bieten hat und etablierten ein Beratungskonzept, welches mittellosen Menschen dabei hilft, sich ein Micro-Business aufzubauen, um damit ein größeres Unternehmen zu finanzieren und sich schließlich finanziell unabhängig zu machen.

Es war einmal ein Mann, der 12 Jahre seines Lebens in einem Gefängnis für eine Tat verbrachte, die er gar nicht begangen hatte. Als er schließlich freikam, beschloss er seine verbleibenden Lebensjahre so gut es nur ging zu nutzen und schuf eine der weltweit führenden Einrichtungen zur Schulung und Rehabilitation von ehemaligen Gefängnisinsassen.

Es war einmal ein frisch vermähltes Paar, das sich gerade in den Flitterwochen befand. Die beiden fuhren mit ihrem Mietwagen durch das Paradies auf Erden. Die Frau saß am Steuer und lenkte das Fahrzeug in eine Steilkurve, als sie von einem anderen Auto, das viel zu schnell unterwegs war, geschnitten wurde, die Kontrolle über das Fahrzeug verlor und einen mehrere Meter tiefen Hang hinab stürzte. Die Frau wurde schwer verletzt, überlebte jedoch wie durch ein Wunder ohne bleibende Schäden davonzutragen. Ihr Mann war auf der Stelle tot. Der andere Verkehrsteilnehmer beging Fahrerflucht und wurde niemals gefasst. Nach mehreren Jahren der Depression konnte sie sich durch einen kompetenten Therapeuten von ihren quälenden Alpträumen und Schuldvorwürfen nach und nach befreien und entwickelte gemeinsam mit diesem Therapeuten eine neue Form der emotionszentrierten Kurzzeittherapie, speziell für die Behandlung von Trauma-Patienten. Sie begründeten beide eine neue, überaus erfolgreiche Praxis und heirateten kurze Zeit später.

Es war einmal ein Schüler, der bei einem Unfall beide Beine verlor und dachte, dass er nie den Genuss körperlicher Liebe würde kennenlernen, geschweige denn jemals eine feste Freundin bekommen würde. Noch im Krankenhaus verliebte sich seine nur wenige Jahre ältere, ihn betreuende

Hummeln im Hintern

Krankenschwester in den charmanten und ob seiner Beeinträchtigung extrem gut gelaunten jungen Herrn mit dem bissigen Humor und die beiden wurden ein Paar.

Es war einmal ein Mensch, dem etwas Gutes widerfuhr und der etwas Schlechtes daraus machte.

Es war einmal ein Mensch, dem etwas Gutes widerfuhr und der etwas noch Besseres daraus machte.

Es war einmal ein Mensch, dem etwas Schlechtes widerfuhr und der vor lauter Selbstmitleid in eine tiefe Depression stürzte, von der er sich nie wieder erholte.

Es war einmal ein Mensch, dem etwas Schlechtes widerfuhr und der etwas Gutes daraus machte.

Es war einmal ein Mensch.

Wenn Du es bis hierher geschafft hast, gibt es nur noch eines zu sagen: Nutze die Dir gegebene Zeit so gut es geht. Auch wenn wir hoffen, dass wir alle sehr, sehr alt werden; niemand kann genau sagen wie viel Zeit uns wirklich zur Verfügung steht. Fange an bewusster und präziser zu denken, fange an zu handeln aber fange vor allem an zu leben! Jemand anderes mag in Deiner Vergangenheit dafür verantwortlich gewesen sein, dass Du schlechte Angewohnheiten in Dein Verhaltensrepertoire übernommen hast. Aber Du bist dafür verantwortlich, sie jetzt zu ändern, wenn es nötig ist.

Du musst diese Reise nicht alleine auf Dich nehmen. Es gibt eine gewaltige Kraft, die Dich durchströmt, die mit Dir arbeitet und Dir zur Hilfe eilt, sobald Du gelernt hast, mit ihr zu kommunizieren. Du bist ein Instrument dieser Kraft und verfügst über schöpferische Fähigkeiten, die nur darauf warten, geweckt zu werden. Du bist das kreative Epizentrum

Epilog

in Deinem Leben. Setze den Prozess in Gang. Dein Leben ist dazu bestimmt, Dir alles zu geben und zu ermöglichen, was Du Dir wünschst. Sämtliche notwendigen Ressourcen stehen Dir dafür zur Verfügung und viele wunderbare Menschen mit Rat und Unterstützung zur Seite - wenn Du es zulässt!

Fang noch heute an!

Es lohnt sich.

Danksagungen

Auch wenn auf Büchern oft nur ein Autor erwähnt wird, sind es doch niemals Alleingänge, in denen solche Projekte entstehen. Viele tolle Menschen sind involviert, um etwas zu erschaffen, das von noch mehr Menschen gelesen und geschätzt werden soll.

Als erstes möchte ich deshalb Bob Proctor danken, der aus meinem monochromatischen Kubus eine farbenfrohe Welt gemacht hat. Die bedeutendsten Zusammenhänge im Leben haben erst durch seine Ideen Sinn für mich ergeben.

Ein dickes Dankeschön gilt auch den folgenden Ninjas, zum einen für ihre Freundschaft aber auch für ihre wertvolle Kritik als Betatester, die mir enorm dabei geholfen hat, das Buch noch besser zu machen:

Svenja Rendic
Bettina Wenzel
Marc-André Stahl
Kaya Zehrlaut
Christian Stock
Willemijn Krol
Florian Schlenker

Besonders hervorzuheben ist hier Bettina Wenzel, die mir mit Ihrer Erfahrung, ihren Tipps und ihrer Gründlichkeit während des gesamten Projektes zur Seite stand und die mit ihren Kinderbüchern die Welt vieler junger Menschen etwas schöner macht.

Danke auch an Ronald Cruz von Cruzialdesigns für das exzellente und perfekt passende Cover Design.

Danksagungen

Ein ganzer Stab von Experten, deren Know-how mir im Leben bereits unglaublich viele Fehler und damit wertvolle Lebenszeit erspart hat: Jeff Walker, Brendon Burchard, Brian Tracy, Timothy Ferriss, Frank Kern, Ed Dale, Mark Victor Hansen, Robert G. Allen, Steve Siebold, Dr. Kenneth McFarland und Bill Gove.

Christian Bengsch für alles, was ich von ihm über Sales, Führung und Business lernen durfte und der mir stetig Mut gemacht hat, meinen eigenen Ideen hinterherzulaufen. Auch wenn diese anfangs noch wesentlich schneller laufen konnten als ich.

Werner Katzengruber für das gründliche Benchmarking meiner Stärken und Schwächen, unzählige Tipps sowie den Perspektivenwechsel vom Mitarbeiter zum Unternehmer.

Meiner Mutter und meinem Vater, die nie viel hatten und mir dennoch alles davon gegeben haben. Ohne euch wäre ich heute nicht da, wo ich bin. Meinem Bruder René, der schon an meine Ambitionen und mich geglaubt hat bevor ich es konnte und der mich immer unterstützt hat wo es nur ging. Ich liebe euch!

Meiner wunderschönen, witzigen und derzeit überaus schwangeren Niederländerin für ihre Liebe, Geduld und Unterstützung sowie meine künftige Tochter oder meinen künftigen Sohn. Für euch erschaffe ich täglich aufs Neue!

Ressourcen

Hier findest Du Empfehlungen für weiterführende Literatur, Apps & Webseiten.

Verstand

Der Ursprung des Bewusstseins - Julian Jaynes

Die Kunst des klaren Denkens - Rolf Dobelli

Der Streik (Atlas wirft die Welt ab) - Ayn Rand

You were born rich - Bob Proctor

As a man thinketh - James Allen

You2 - Price Pritchett

Psycho Cybernetics - Maxwell Maltz

How your subconscious mind rules your behaviour
- Leonard Mlodinow

Die Macht der Gewohnheit - Charles Duhigg

The power of your subconscious mind - Dr. Joseph Murphy

Deep Strengths - Price Pritchett

Hard Optimism - Price Pritchett

How the mind works - Steven Pinker

Der Buddha des Alltags - Richard Causton

The laws of spirit - Dan Millman

Tresholds of the mind - Bill Harris

Worte in Zeit und Raum - Albert Einstein

The science of getting rich - Wallace D. Wattles

Gehirn

Das Gehirn in 30 Sekunden - Anil Seth

Ayahuasca - Adelaars, Rätsch, Müller-Eberling

Bewusstseinsverändernde Pflanzen von A-Z - Angelika Prentner

Therapie mit psychoaktiven Substanzen - Jungaberle, Gasser, Weinhold, Verres

Erfolg

The Charge - Brendon Burchard

The Motivation Manifesto - Brendon Burchard

The new common denominator of succes - Albert E. N. Gray

Hummeln im Hintern

The One Minute Millionare & Cash in a Flash - Mark Victor Hansen, Robert G. Allen

Der Weg zum Wesentlichen - Stephen R. Covey, A. R. Merrill, R. R. Merrill, A. Altmann

Your greatest power - Genevive Behrend

Think and grow rich - Napoleon Hill (Unbedingt die englische, ungekürzte Classic Version, die dt. Übersetzung ist schlecht und teilweise sinn-entstellend gekürzt)

The greatest salesman in the world - Og Mandino

Der reichste Mann von Babylon - George S. Clasen

Das Maximum Prinzip - Brian Tracy

48 Gesetze der Macht - Robert Greene

24 Gesetze der Verführung - Robert Greene

The sermon on the mount - Emmet Fox

Working with the law - Raymond Holliwell

Influence - Robert B. Cialdini, PH. D.

The 7 habbits of highly effective people - Stephen R. Covey

Choose yourself - James Altucher

God explained in a taxi ride - Paul Arden

Ressourcen

Das Robbins Power Prinzip - Tony Robbins

Getting things done - David Allen

Die Kunst, Recht zu behalten - Arthur Schopenhauer

Psychologie der Massen - Gustave Le Bon

Die Kunst des Krieges - Sun Tsu

Tao Te King - Laotse

Vom Kriege - Carl von Clausewitz

How successful people think - John C. Maxwell

How successful people grow - John C. Maxwell

"Early to Rise" Newsletter

Business

Die 4 Stunden Woche - Timothy Ferris

The irresistible offer - Mark Joyner

How successful people lead - John C. Maxwell

Launch - Jeff Walker

The Long Tail - Chris Anderson

Blue Ocean Strategy - W. Chan Kim, Renée Mauborgne

Hummeln im Hintern

The One-Minute-Manager - Kenneth Blanchard

Rich Dad, Poor Dad - Robert T. Kiyosaki

The Sticking Point Solution - Jay Abraham

No B.S. Business Success - Dan Kennedy

The Ultimate Marketing Plan - Dan Kennedy

The Ultimate Sales Letter - Dan Kennedy

Making them believe - Dan Kennedy, Chip Kessler

Sale - Die neuen Verkäufer - Werner Katzengruber

Lead - Mythos Führungskraft - Werner Katzengruber

What great sales people do - Michael Bosworth & Ben Zoldan

How the best leaders lead - Brian Tracy

Negotiate this - Herb Cohen

Ready, Fire, Aim - Michael Masterson

The Robert Collier Letter Book - Robert Collier

Ogilvy on Advertising - David Ogilvy

Confessions of an advertising man - David Ogilvy

Tested Advertising Methods - John Caples

http://www.marketingexperiments.com

Entrepreneurship

Elon Musk - Die Biographie - Ashlee Vance

Unlock your inner entrepreneur - John P. Margaritis

Kopf schlägt Kapital - Günter Faltin

https://www.entrepreneurship.de

Entrepreneurship als Prozess - Fernuniversität Hagen

The Lean Startup - Eric Ries

The E-Myth revisited - Michael Gerber

Awakening the entrepreneur within you - Michael Gerber

How To Start a Startup Course - Sam Altman (iTunes University oder *http://startupclass.samaltman.com/*)

Startup Playbook - Sam Altman (Eines der besten Bücher für angehende Unternehmer überhaupt. Das wichtigste auf gut 20 DIN A4 Seiten komprimiert und damit perfekt zum wieder und immer wieder lesen. Dazu auch noch kostenlos erhältlich unter *http://playbook.samaltman.com/*)

The Entrepreneur's Guide to Getting your Shit together - John Carlton *http://www.emyth.com* Online Dashboard für angehende Unternehmer

Forschung & Physik

Energie wird zu Materie - CERN

Quantentheorie und Philosophie - Werner Heisenberg

Physik und Philosophie - Werner Heisenberg

Mein Leben, meine Weltansicht - Erwin Schrödinger

Was ist Leben? - Erwin Schrödinger

Einsteins Schleier - Die neue Welt der Quantenphysik - Anton Zeilinger

Einsteins Spuk - Teleportation und weitere Mysterien der Quantenphysik - Anton Zeilinger

Die Evolution der Physik - Albert Einstein, Leopold Infeld

Das Buch der Unendlichkeit - Antonio Lamúa

Die illustrierte, kurze Geschichte der Zeit - Stephen Hawking

Persönliche Veränderung

Die Kunst der Entspannung - Joel Levey

Autogenes Training - Hannes Lindemann

Ressourcen

Über Träume, Trance und Kreativität - Gerhard Schütz

Die Kunst der Hypnose - Gerhard Schütz

Hypnose in der Praxis - Gerhard Schütz

Kompaktkurs Hypnose: Wie man Phänomene tiefer Trance hervorruft - Tad James, Lorraine Flores, Jack Schober

Der Reigen der Daimonen - Vorbedingungen persönlichen Genies - John Grinder, Judith DeLozier

Therapie in Trance - John Grinder, Richard Bandler

Neue Hypnose - Araoz

Unbändige Motivation - Richard Bandler

Der Zauberlehrling - Alexa Mohl

Die Kunst schöpferischer Kommunikation - Bernd Isert

Der erleuchtete Bio-Computer - Fries, Gruber, Leistikow, Buchner, Lasko

Hinter die Erinnerung schauen - Eckard Winderl

Frag nicht warum... - D. K. Chong, J.K.S. Chong

EFT Manual - Gary Craig

Globale Veränderung

Atlas der Globalisierung, Die Welt von Morgen - Le Monde diplomatique

Global Challenges - 12 Risks that threaten human civilisation
www.globalchallenges.org

How to change the world - Michael S. Roth, President, Wesleyan University (Coursera Seminar)

Climate Change in Four Dimensions - Kennel, Oreskes, Ramanathan, Somerville, Victor, University of California (Coursera Seminar)

Ocean Solutions - Professor Carlos M. Duarte, BSc, PhD (Coursera Seminar)